墨人著

本全集保留作者手批手稿

墨人博士作品全集【全60冊】

第十三冊 紅塵3

文史哲出版社印行

紅塵3目次

第三卷

第三十章 春蠶到死絲方盡 蠟炬成灰淚始乾

文珍回到家裏，發現母親並沒有病懨懨的躺在床上，她一看見女兒，連忙趕過來一把摟著女兒哭泣。文珍睜大眼睜望著母親說：

「娘，您沒有病倒？」

「珍兒，娘好好的，妳怎麼咒我？」龍從容也睜大眼睛望著女兒。

「娘！」文珍倒在母親懷裏啊的一聲哭了出來：「我被他們騙得好苦！」

「誰騙妳？」龍從容搖搖女兒。

「除了爹和哥哥以外，還有別人？」文珍哭著說。

「該死的東西！要妳回來，也不該咒我。」龍從容四面望望，已經不見他們父子兩人的影子。他們早已悄悄地溜走。

「娘，就是為了您我才回來，現在我又墮入阿鼻地獄了！」文珍愈哭愈傷心。

「回來是該回來，一個黃花閨女也不能老流落在外。」

「娘，我並沒有流落，我是在紫竹菴打算出家的。」

「珍兒，妳花兒未開，果兒未結，妳怎麼能出家？」龍從容也哭了起來：「妳是從紫竹菴回來的？」

「我是被爹騙回來的！」

「阿彌陀佛，謝天謝地！」龍從容雙手合十。

「娘，您怎麼又糊塗起來了，爹把我騙回來，您還謝什麼天地？」文珍生氣地說。

「妳沒有出家，我當然要謝天謝地了。」龍從容擦擦眼淚說。

「娘，出家總比墮入阿鼻地獄好！爹和哥哥始終不存好心，我怎麼得了？」

「回來就好了，別的事兒我們娘兒兩個再慢慢商量。」龍從容拍拍女兒說。

「娘，商量什麼？有什麼好商量的？要您不讓彼得進門，您都辦不到，還有什麼好商量的？」文珍艾怨地哭著說。

「妳爹是怎麼騙妳的？」

「他除了說您病重之外，還答應我不嫁彼得。」

「那我們娘兒兩個就把這句話咬住他！」

「娘，我們咬他不住，他像泥鰍一樣滑，說話不算話！」文珍又氣又哭。

龍從容只要女兒回來，在她身邊，她就放心，別的問題她可以暫時擺開；文珍回來一發現母親並沒有病懨懨地躺在床上，她就恍然大悟，知道這是一個騙局，心裏更惱更急；楊通父子只要文珍回來，就不耽心她再跑出去，他們已經將後院耳門封死，前門日夜有人加強看守，她插翅也飛不出去，他們不怕她不屈服。

天行跑到一片空無一人的荒地上才停了下來，仰天狂嘯，似哭非哭，似嚎非嚎。香君落後很遠，她上氣不接下氣地跑到他身邊時，身子向前一仆，雙手抱住他的大腿跪了下去，叫了一聲「少爺！」便啊的一聲哭了出來，哭得上氣不接下氣，終於兩人抱頭痛哭起來。

「少爺，我們快回去告訴老夫人，讓她作主！」香君先清醒過來，搖搖天行說。

「香君，造物弄人，告訴老夫人又能怎麼辦？」天行無可奈何地說。

「去把小姐搶回來！」香君說。

「本來她已逃出魔掌，現在又自投羅網，這又怎麼說？」

「小姐是聰明人，怎麼一下子又那麼糊塗？」

「我們要是早到一步，這種事情也不會發生。偏偏就這麼陰錯陽差？我們趕到，她已經走了！」

「這真氣死人！」

「如果不是這麼多牽藤絆葛的關係，投鼠忌器，今天我真會和妳打過去，先打他個落花流水再說。」

「少爺，可不能出人命！」香君又害怕起來。

「如果不是礙著姑姑和我們骨肉相連，像姑爹、楊仁這種人，我會打出他的牛黃狗屎來！」

「少爺，你別生氣，我們回去再說。」香君看天行氣得眼睛都紅了，愈看愈怕，愈聽他的話愈心慌，生怕再發起狂來，不可收拾，連忙拉住他的手勸他回去。

「怎麼？妳怕事了是不是？」天行望著香君冷笑。

「少爺……」香君看他臉色發青，兩眼睜得圓圓的，佈滿血絲，嚇得渾身發抖，叫了一聲，哭了起來。她生怕他一氣衝走，緊緊抓住他，不敢放手。

「老天爺！這到底是緣？是孽？」天行仰天長歎。

「少爺，不管是緣？是孽？我們回去再說。」香君拖著他走。她想只有回到家裏才會安全。

他們回到家裏已經天黑，一家人都在家裏，古美雲也在，大家都期待他們三人一道回來，想不到回來的是兩個垂頭喪氣的人。尤其是天行，看來像是打了一場架，生了一場病，他從來沒有這麼失神，他一到家就走進自己房裏把門一關，和外面隔絕。香君雲鬢蓬鬆，又委屈、又氣憤，又驚嚇的樣子，大家都望著她，不知道發生了什麼事？

「香君，妳怎麼這副樣子？」老太太問。

「老夫人，」香君哭了起來：「表小姐又回去了！」

「我不是要你們去接她的嗎？怎麼她又回去了？」老太太生氣地說。

香君便將經過情形說了出來。老太太聽完後一聲長歎，眼淚也流了下來。

「文珍怎麼這樣老實？也不防防她老子使詐？」龍太太說。

「她們母子臍帶相連，這也正是這孩子純真孝順的地方。」老太太說。

「姑老爺真太不厚道，他就利用她們母女兩人這個弱點，使文珍上鉤。」古美雲說。

「表小姐這次再入牢籠，就休想出來了！」蝶仙說。

「說來也真是陰錯陽差，如果我們早到一刻，就正好碰上，我就不會讓她走了。」香君說。

「莫非這真是劫數？」老太太說。

「也許是好事多磨？」古美雲說。

「二少爺這次刺激不小，他好像發了狂！」香君說。「我從來沒有看見他那種可怕的樣子。」

「香君，我們去看看他。」龍太太對香君說。自己先站了起來。

香君跟著她來到天行房間，叫開了房門。天行看母親過來，打起精神、強作歡笑。

「今天的事情我都知道了。我跟你說過：『男子漢，大丈夫，何患無妻？』你千萬不要灰心喪志，如果那樣，你就不是我的兒子了！」龍太太說。

「娘，我沒有這個意思，我只是一時難過。」天行說。

「想開一些，」龍太太說：「『有緣千里來相會，無緣對面不相逢』。煮熟的鴨子都會飛掉。你姑爹既然想把文珍當作豬頭捧進廟門，你爹和我還不願意再有他這門親戚呢！」

天行不好作聲，香君卻斗膽說：

「太太，表小姐對二少爺是一往情深的。」

「她有了那樣的老子，她也只好認命，怨不得我們。」龍太太說：「妳好好侍候少爺就是了！」

香君不敢再說什麼，天行縱有千言萬語也說不出來，龍太太再交代他們兩人幾句，逕自走了。

「太太倒是很殺伐的，提得起，放得下！」香君對天行說：「可惜這就苦了你和小姐。」

古美雲、梅影、蝶仙隨後也過來安慰天行。梅影對天行說：

「二少爺，老夫人要我告訴您，不要太難過，保重身體要緊。」

「梅影姐，如果我說不難過那是假話。有兩句詩不知道妳讀過沒有？」天行說。

「那兩句詩？您說說看？」梅影說。

「春蠶到死絲方盡，蠟炬成灰淚始乾。」天行唸了出來。

「唷！二少爺。」蝶仙搶著說：「要是你真的這樣，那就太傷心了！」

「蝶仙姐，妳說天下還有什麼事兒比這更傷心的呢？」天行反問她。

「二少爺，我不是您，我怎麼知道？」蝶仙抱歉地一笑說：「不過依我看來，我們女人心腸最軟，恐怕表小姐比您更傷心？」

「蝶仙，不要再提什麼傷心不傷心的了，老夫人是要我們來安慰安慰二少爺的。」梅影說。

「梅影姐，這種事兒豈是我們幾句空話兒安慰得了的？二少爺是性情中人，我們不和他說真心話難道還和他說門面話不成？」蝶仙說。

「蝶仙姐真是快人快語，我們這位二少爺寧可你撐他幾句，也不愛聽假話。」香君說。

「妳們會錯意了，我何嘗不清楚二少爺的性格？我是怕妳們老在這上面煩他，他已經夠煩了。」梅影說。

「哦，對了，天行，明兒我去天津，我帶你去天津散散心好不好？」古美雲忽然向天行提議。

「雲姑，您怎麼突然要去天津？」天行沒有想到她會再去天津，他已經把她當作自家人了。

「我是來避難的，難道我還能在你家裏住一輩子？」古美雲笑道。

「雲姑，您給我們帶來不少熱鬧，也給我們解決了不少難題，您要是去了天津，那我就更寂寞了！」天行說。

「你放心，我去天津是料理一下私事兒，三五天就會回來的。我已經在百順胡同買了一棟房子，準備在京裏久住，只要你不嫌棄，我隨時歡迎你去。」古美雲說。

大家聽了都很高興，天行更引以為慰地說：

「那就好！我也有個地方可以走動走動了。」

「那我們也可以去玩玩。」蝶仙高興地說。

「不過我可得先說明白，」古美雲望望蝶仙她們說：「那是男人去的地方，妳們可不宜去。」

她們都一怔，頓時臉一紅，蝶仙嘀嘀咕咕說：

「雲姑奶奶，那是什麼稀奇古怪的地方嘛？」

「它和巴黎的沙龍差不多，我們中國叫做書寓，是文人雅士去的地方，在外國，女人也可以去，在我們中國可不行。不怕你們笑話，我不能坐吃山空，也不能喝露水生活，我總得有一條生路是不是？」

「雲姑，虧您能幹，我們怎麼敢笑您呢？」天行說。

「我還不敢和乾娘講，也不敢和你爹講，我想等我從天津回來之後再說，你們也不必先講出來。」

「這是您自己的事兒，我想他們也不會有什麼意見的。」天行說：「我們當然也不會多嘴。」

「我當初幹這種事兒也有人不諒解，我也怕乾娘怪我，所以我一直不敢讓她知道。這次從天津來你家避難，我才對乾娘直說。幸好她賞了我一點兒面子，沒有攆我走路。現在聯軍走了，我也該自謀生活，但是我一個婦道人家，肩不能挑，手不能提，做官又沒有我的份兒，我一向熱鬧慣了，又冷不下來，想來想去，只好厚著臉皮重開書寓了。」

古美雲歷經滄桑，她做夢也沒有想到這次來京避難還做了一些造福萬民的事兒，如果她是什麼欽差大臣，少不得要加官晉爵，功勞簿上也要記上一筆，可是她只是個婦道人家，一個老百姓，那種好事兒，那有她的份？幸好程慶餘程老闆還講義氣，送了她五千銀票，她送了龍從雲三千還有兩千。楊通送的兩千本來她不想要，後來她看楊通是過河拆橋的人，也就不客氣地收下了。瓦德西也送了她五千，外加上一盒珠寶，這些錢和珠寶本來都是中國人的，她也收下了。她送了老太太一顆最大的夜明珠，這是宮裏的寶物，聊表她的孝意。連梅影、蝶仙、香君她們也都送了小寶石戒指，只有文珍不在，她沒有送到，心裏十分遺憾。她有了這些錢和珠寶，再加上原來的積蓄，她就可以東山再起了。百順胡同的房子也是撿便宜買來的。雖然比不上這座翰林第，但也有庭院、有魚池，還有一百多個房間，很有幾分侯門氣派。她取名為「金谷園」。只等去天津邀集過去的一些老人回來，就可以飛花逐月，笙歌燕舞了。

蝶仙他們對她都有好感，而且十分佩服；天行對她的灑脫、能幹、通情達理，世故而不失純真更是既景仰又同情，他認為她真是愧煞許多鬚眉，楊通、楊仁那種市儈俗物就更不能相提並論了。因此他們對她這種決定都沒有話說。

古美雲這一打岔，天行也分了心，暫時撇開那份苦惱。古美雲看他心情輕鬆一些，又笑著問他：

「要不要同我一道去天津玩玩？」

天行上次經過天津時都有文珍一道，還有香君、蝶仙她們，十分熱鬧，這次要去只是孤單的一個人，古美雲還有事，怎能陪著他玩？他自己也實在沒有心情遊玩，因此他婉謝了。

古美雲瞭解他的心事，也不勉強，香君卻說：

「上次我們經過天津時，不知道姑奶奶正在天津，不然我們真要去開開眼界。」

「那次我們經過天津，現在想來像是做了一場夢。」梅影說。

「本來人生如夢，」古美雲也感慨地說：「想當年我在外國是欽差夫人，今天卻落到這種地步，將來還不知道是怎樣的結局呢？」

「姑奶奶，我們女人有妳這個樣子還真不容易，我們這幾個人將來怎樣？真不敢想。」蝶仙說。

「妳們將來還不是走女人的老路子——嫁人、生孩子？」古美雲說。

「那多可怕？」梅影皺皺眉說：「我情願在這兒服侍老夫人一輩子。」

「傻丫頭，」古美雲向她一笑：「那有女人不嫁人的？」

「嫁得好倒沒有話說，嫁得不好就是冤家對頭。像素蘭姐好沒來由的被丈夫休掉，有情人又不能成為眷屬，」梅影迅速掃了天行一眼說：「那還不如不嫁。」

「那妳就做老閨女好了。」蝶仙笑說。

「我是有這種打算！」梅影說：「我就沒有看見什麼好姻緣，何必去自尋煩惱？」

「梅影姐，妳這樣說來，真教人寒心。」香君膽怯地說。

「妳怕什麼？」蝶仙向香君一笑，嘴兒向天行一呶：「妳的好姻緣是遠在天邊，近在眼前，除非妳想當皇后娘娘，妳還有什麼不滿足的？」

「蝶仙姐，人家說正經話，妳怎麼胡扯起來？」香君嬌嗔地白了蝶仙一眼。「太太說煮熟的鴨子都會飛掉，萬歲爺的江山都靠不住，將來的事兒誰敢作準？」

「既然人生如夢，人生如戲，那我們又何必認真？我們也遊戲人生好了。」蝶仙說。

「虧妳有這種想法，妳的膽子倒真不小！」梅影望著蝶仙說。

「不然那怎麼辦呢？我們總不能苦惱一輩子呀？」蝶仙一面回答，一面望望古美雲：「雲姑奶奶，您說是不是？」

「我雖然比妳們多吃幾碗飯，這話我可不敢回答。」古美雲向她們三人笑道：「我看這要看妳們自己的造化了！」

「我們誰也不知道自己的造化怎樣？連表小姐也不知道她會突然遇到這種打頭風！」香君說。

「這樣看來，人生真沒有意思？」梅影說。

「妳是不是看破紅塵了？」蝶仙笑問。

「說不定有一天我真會看破。」梅影說。

「好了，妳們年紀輕輕的，別說這種喪氣話。」古美雲笑著對她們說：「都怪我不好，不該起了個頭，妳們知道我是打春的蘿蔔立秋的瓜，不過不管將來怎樣？別人對我的看法如何？我還會咬著牙含著淚挺下去的。我們既然來到這個世界，就不能中途開小差，就算人生如戲，不論是唱生、旦、淨、丑，總得唱下去，不然別人就沒有戲看了。」

「雲姑奶奶，您的話真有意思！」蝶仙笑著拍手：「別人唱戲給我們看，我們也唱戲給別人看，別人賺我們的眼淚，我們也賺別人的眼淚，別人逗我們笑，我們也逗別人笑，這世界就是這個樣子。」

「還是妳看得開？」古美雲望著蝶仙笑笑。

「雲姑奶奶，人生痛苦的事兒多得很，看不開怎麼辦？我們只能活一次，總不能天天上吊？」蝶仙說。

「妳總有許多歪理，許多話說！」梅影笑著白她一眼。

「我的好姐姐，如果都像妳這樣，我們只好去紫竹菴當尼姑了！」蝶仙拍著梅影說。

「像妳這樣六根不淨，當什麼尼姑？」梅影笑著罵她。

「我本來就不想當尼姑！」蝶仙笑了起來。「女人剃光頭，穿袈裟，那多難看？」

「阿彌陀佛！妳也不怕罪過？」梅影低頭雙手合十，隨後又指著蝶仙笑罵。

天行看她們兩人如此對答，也不禁展顏一笑。蝶仙看天行笑了，便指著梅影說：

「老夫人本來是要我們來安慰二少爺的，如果像妳一樣，只唱閨門日，不唱彩日，那二少爺怎麼笑得起來？」

「妳狗掀門簾子，全憑一張嘴！」梅影笑著罵她。

大家都高興地笑了，蝶仙又自說自話：

「我現在可以去向老夫人交差了。」

說著她就輕移蓮步出去，梅影、古美雲都跟著她出去，香君把她們送到門口，古美雲悄悄地在香君耳邊一語雙關地說：

「妳近水樓臺，可要好好地侍候二少爺。」

香君自然會意，以前老太太也有過這種暗示，但那是因為文珍和她合得來的關係，現在發生了這麼大的變化，她就不敢存這種幻想了。她一進來，天行就問她：

「雲姑和妳講什麼？」

「她要我好好地侍候您。」香君只說了一半。

「她們這麼關心我又有什麼用呢？」天行說。

「不管有沒有用，總是她們的一番好意，您也應該感激。」

「誰說我不感激？」天行不禁好笑：「我是把它藏在心裏，沒有掛在嘴上，連妳在內。」

「我是服侍您的，是理所當然的事兒，怎麼當得起您感激？」

「和文珍在一起時，我沒有注意這些小節，現在很後悔。」

「過去您是有些大而化之，沒有體會出小姐的心意，今後……」

「別說什麼今後了！」他向香君搖搖手。

「您也不必這麼喪氣，或者老天爺會……」

「會可憐我是不是？」天行慘然一笑。

「我的意思是人算不如天算，不論姑老爺怎麼精明勢利，他總是算不過老天爺的，或者它會成全您們？」

「老天爺又不是我家的老天爺，它才不會管這種事兒！『天地不仁，以萬物為芻狗』，我不過是芸芸眾生之一，在老天爺眼裏又算老幾呢？」

「在我眼裏您可是個大少爺呀！」香君說。

「大少爺又怎樣？」天行望望香君：「也不過是叨祖上的餘蔭而已。」

「少爺，俗話說：『虎死不倒威。』您不過是在這件事兒上受了挫折，怎麼就不自尊貴起來？」

「本來我眼睛就沒有長在頭頂上，我看妳和蝶仙姐她們都是和我一樣，沒有分什麼彼此，分什麼高低。」

「這我知道，但是您也不能不顧老祖宗的規矩？」

「這次八國聯軍把姑爹那種二毛子打得雞犬升天，我看我們也該醒醒才是。」

「少爺，我不懂那些大道理，我不要談題外話，我關心的是您。」

「妳放心，我不會自殺。」

「少爺，您別說得那麼可怕！我是希望你和平日一樣生活。」

「這可不是那麼容易，我這一輩子心裏都會留下這個疙瘩。」

「這我知道，小姐又何嘗不是和你一樣的？」

「香君，妳能不能去看看她？」天行覺得文珍離開紫竹菴時沒有能和他見面的確是一件憾事。香君要能去看看她，把當時的情形說清楚，她心裏可能好過一些。

「其實我也想去看看小姐，就怕姑老爺給我吃閉門羹？」

「或者他會看在文珍的面子上，讓妳見見她也未可知？」

「恐怕太太也不會讓我去？」

「娘這邊由我擔待。」

「我可不敢惹惱了太太。」香君耽心地說。龍太太因為香君她們原是老太太的丫鬟，不大管她們。秋月、玉蘭可不一樣，她管得很嚴。但是香君心裏還是怕她。

「這又不是什麼十惡不赦的事兒，太太知道了也沒有什麼大不了。」

「少爺，您能不能先向太太稟告一下？」

「我先跟娘說了，萬一她不讓妳去，那不是弄巧成拙？」

「好吧！就算是跳火坑，我也要給您跳一次！」香君咬咬牙說。

香君知道要是在平時，龍太太不會問這些事兒，現在姑老爺這樣無情無義，給他們這麼難堪，所以香君特別小心。

第二天上午吃過早飯，她就悄悄地溜出去，趕往楊家。沒想到還沒走到楊家門口，遠遠就望見一位頭纏紅包頭、滿臉大鬍子，像一座鐵塔似的印度人站在那兒，比人家大門上貼的那兩個門神更可怕，她還沒有走過去腿就先軟了。她想轉身就跑，但又怕辜負了少爺的託付，只好硬著頭皮一步步捱過去。她一走近，那個紅頭阿三就大喝一聲，她聽不懂，嚇得差點兒哭了出來。幸好原來那個門房走了出來，她一看見老李彷彿得救似的說：

「老李，我是來看小姐的。」

可是老李不像往日一樣笑臉相迎，他冷冷地看了香君一眼說：

「妳來的不是時候兒了！」

「老李，現在是大白天，怎麼不是時候兒？」他滿臉堆笑地問。

「我家老爺吩咐，凡是龍家來的人，概不歡迎。」老李回答。

香君一愣，隨後又說：

「我和小姐感情不同，我是私人來看她的。」

「我家小姐也不能見客，妳最好識相一點兒，趕快回去。」老李把手向外一指。

「拜託您傳個話兒好不好？要是小姐不肯見我，我立刻回去。」

「不必傳了，妳趕快回去吧！」老李向她揮揮手說。

那紅頭阿三，對她虎視眈眈，她心裏害怕，不敢不走。不過她向老李告別時，指著紅頭阿三順便問了老李一句：

「這位是從那兒蹦出來的？」

「告訴妳也無妨，」老李大模大樣地說：「是彼得少爺從洋行裏派出來的，他是有名的印度大力士。」

香君望望紅頭阿三那鐵塔般的身體，一聲不響地走了，老李卻哈哈大笑起來。

香君帶著滿腹羞辱回來，她沒有想到彼得這樣工於心計，這分明是用來對付卜天鵬的，大概是他怕卜天鵬來搶文珍。

天行看見香君回來原先很高興，但細看她的臉色，發現沒有半點笑容，像隻鬥敗的公雞，不禁問她：

「妳和小姐談了些什麼？」

「人都沒有見到，還談呢？」香君憮憮地回答。

「他們真的不讓妳進去？」

「這還假得了？」

「連妳都不讓進去，虧他們做得出來。」

「氣人的還不在此。」

「妳還受了什麼委屈？」

「連老李也變了相，不肯傳話，要我趕快走，彼得還派了一個兇神惡煞的紅頭阿三把門，真嚇死我了！」

「他們是以小人之心度君子之腹，想的倒很周到。」天行冷笑一聲說。

「其實要搶老早就搶回來了，還會等他派紅頭阿三把門？」香君說。「不過，聽老李的口氣，小姐是被看得死死的，再也逃不出來了！不知道她的日子是怎麼過的？」

第三十一章　古美雲開金谷園 龍天行進美人窩

古美雲去天津走了一趟就搬到金谷園去了。

臨別前夕，她有些依依不捨，陪老太太她們聊天，她對老太太說。

「乾娘，這次我決定留在京裏，不光是給您老人家丟人現眼，也是為了看看您老人家比較方便。」

「美雲，難得妳這份孝心，」老太太既高興又悲傷地說：「這次聯軍打進京來，把我親生的骨肉打成了陌路，妳這個乾女兒倒有情有義，反而勝過親生骨肉，這真是我沒有想到的。」

「乾娘，容姐並未變心，骨肉還是骨肉。我沒有什麼親人，更沒有親娘，我落難得您搭救，我把您老人家當親娘侍候也是應該的。」

「妳這次來京裏避難，積了很大的陰功，簡直是萬家生佛。妳開書寓這又不是第一次。妳有妳的世界，我不便阻止。不過人生到處好修行，妳只要心存一個仁字，一個善字就行。這比那些嘴裏仁義道德，心裏男盜女娼的人反而好些。」

「多謝乾娘的教訓。我從來沒有昧著良心做事，今後自然也是周瑜打黃蓋，姜太公釣魚了。我是愛熱鬧，冷不下來，才走上這條路的。」古美雲說。

「這我知道，」老太太說：「當年妳風光慣了，要妳過著荊釵布裙的生活自然不大容易。何況妳本來也不是池中之物，只可惜妳生為女兒身，不能蟒袍玉帶上廟堂罷了。」

「這真是生我者父母，知我者乾娘！」古美雲眼圈一紅說。

「從容要是有妳一半兒能耐，這次也不會使我這麼尷尬。」老太太也感慨起來。

「乾娘，君子可以欺其方。像姑老爺那種人，容姐怎麼應付得了？這也不能怪她。」

「雲姑奶奶說得對，蛇怕叫化子，四川猴子服河南人牽。容姑奶奶既不是叫化子，怎麼能盤蛇？又不是河南人，怎麼能牽猴子？」蝶仙說。

大家聽了蝶仙的話，不禁莞爾，梅影卻指著蝶仙笑罵：

「我們這些人，就數她貧嘴！」

「像妳這樣阿彌陀佛，日後人家把妳賣掉了妳還要幫他數銀票呢！」蝶仙也望著梅影笑。

「不勞妳操心，誰也賣不了我，我有我的打算。」梅影說。

「妳有什麼打算？」蝶仙笑問。

「還早得很呢！犯不著和妳講。」梅影白了她一眼。

老太太望望她們兩人，笑著對梅影說：

「說真格的，我不耽心蝶仙，我真有點兒耽心妳呢！」

「老夫人，您不必為我操心，我雖是黃連命，但我不會丟您的人。」

「乾娘，一株草，一滴露，各人頭上一片天。像小貴兒他都活過來了，梅影的事兒您更不必操心了。」古美雲說。

「妳不提起小貴兒，我幾乎把他忘了！」老太太一面說一面望望兒子：「他現在怎樣了？」

「我要他在門房裏管事，倒過得很好。」龍從雲說。

「他是大內出來的人，禮數是不會差的。」老太太說。

「乾娘，我倒有個不情之請，不知道您和二哥同不同意？」古美雲說。

「妳說說看？」老太太說。

「我想借用小貴兒。」古美雲說。

「妳那種地方怎麼用得上他？」老太太問。

「乾娘，我那種地方正好用得上他呢？」古美雲笑說。

「妳再說說看？」

「第一、他是宮裏調教出來的人，懂規矩，懂禮教。我的金谷園雖比不上皇宮內院，但也不是下三濫的地方，我要做到『談笑有鴻儒，往來無白丁』，沒有他這種人行嗎？」

「妳還想當老佛爺不成？」老太太說。

「那可不敢，我也不願那麼做，那樣活著沒有一點人味兒。」古美雲笑道：「第二，他在宮裏南府戲班學過戲，也可以調教調教我手下那些女裙釵。」

「那沒有問題，他會的戲多，又沒有倒嗓。」龍從雲說。

「第三，他的武功底子也很紮實，必要時也可以對付對付一些紅眉毛綠眼睛的傢伙。」

「那也不會有什麼問題。」

「還有一點也很重要。」古美雲提了一下卻沒有說下去。

「雲姑奶奶，還有一點是什麼？您怎麼不說？」蝶仙急著問。

古美雲一笑，輕輕地說：

「妳們都知道他淨過身，我手下那麼多鶯鶯燕燕就不會有麻煩了。」

蝶仙臉一紅，龍從雲手一拍說：

「美雲，妳想的真周到！」

「二哥，金谷園可不是翰林第，吃我這盌飯可不容易。」

「我的年齡雖然比你大，妳的歷練可比我多，有很多地方我是不如妳的。」龍從雲坦然地說。

「二哥，您這又太謙了。」古美雲歎然笑道：「不過您的八個字兒可比我好！您是一盌飯長大的，您一生都在天堂裏生活，交往的都是有頭有臉的人物。我可下過地獄，見過牛頭馬面，這是我們兩人大不相同的地方。」

「妳這種閱歷是買不到的。」龍從雲說：「妳真想把小貴兒帶到金谷園去？」

「二哥，我是有這個意思，不知道你離不離得開他？」古美雲說。

「本來他是來投靠卜師傅的，不是我請來的，我是愛屋及烏，所以才收容了他。不過我看他人還不錯，所以最近才派他在門房照顧照顧，如果妳想用他，只要他自己願意，我自然可以割愛。」龍從雲說。

「可不可以請他來當面談一下？」古美雲問。

龍從雲點點頭，蝶仙自動去把小貴兒請了過來。

龍從雲把古美雲的意思告訴小貴兒，他望望古美雲，古美雲又坦白的向他說明金谷園是怎麼一回事兒？最後又補充幾句：

「不知者以為那只是個聲色犬馬的地方，其實我這個金谷園和別的胡同裏什麼班子、茶室是有些不同的。」

「有什麼不同？」小貴兒問。

「雖然它比不上皇宮內院，可是格調兒決不會低，它要多那麼一點兒名士氣、書卷氣，決不是一般趕驢兒的拉洋車兒的可以去得的。就算是王公大臣、有錢的大爺，也不是說住就住得的。你明不明白我的意思？」

「我知道欽差夫人是有來歷的，我信得過。」小貴兒連忙點頭。

「還有一點我要向你說明，我絕不會虧待你，比你在宮裏的月俸銀子一定要多，更比宮裏自由。」古美雲說。

「可是我對二老爺還沒有半點報效，我怎麼好意思離開？」小貴兒望望龍從雲說。

「有心拜年，端午不遲。」古美雲說。

「你放心，我不會怪你。」龍從雲說：「只要你願意，你可以跟雲姑奶奶過去，如果你在金谷園過不慣，你也可以隨時回來。」

小貴兒在龍家過得十分愉快，沒有人罵他，更沒有人打他，起先根本沒有事做，最近才看看門，也輕閒的很，自由自在，比在宮裏舒服多了！金谷園雖然是個鶯鶯燕燕的地方，但對他來說是司空見慣。他進宮以後就是在女人堆裏長大的，後宮粉黛三千，什麼樣的女人他沒有見過？至於那些走馬章臺的男人，在他來說，也不算什麼，他見過不少王公大臣，他們總管的那種威風更是少有。他相信他都能應付。除了古美雲是衣食父母之外，他再也沒有什麼首領、掌案的、大總管、九堂總管都領事這一大堆頂頭上司了。而這唯一的老闆古美雲顯然比老佛爺要通情達理，要有人情味兒得多，比老佛爺要好伺候一百倍了。而且龍從雲還給他留了一條後路，隨時可以回到翰林第來。因此他十分感激地說：

「多謝老爺，我小貴兒在府上吃了不少日子的閒飯，也不好意思再吃下去了。既然欽差夫人肯賞我一份差事，我就跟她過金谷園去好了。老爺以後要是有什麼差遣，我小貴兒會隨傳隨到。」

老太太聽了他這一番話，誇獎了他一句：

「到底是宮裏出來的。」

「謝謝老夫人的誇獎，」小貴兒連忙向老太太打個欠兒說：「奴才不敢忘恩負義。」

老太太又興起一份感慨，對大家說：

「你們看人家小貴兒，比楊通、楊仁那對父子要有人味兒多了！」

「乾娘，人是難說得很，往往雞鳴狗盜之徒，有情有義；衣冠楚楚之輩，無恥無行的倒多著呢！這些年來，我見了不少，也學了不少。」古美雲說。

「美雲，我看我倒真要向妳學學了。」龍從雲拱拱手說。

「二哥，我是士大夫瞧不起的人，您怎麼能取法乎下呢？」古美雲笑道。

「我看現在已經很難分出是非上下了，楊通這一攪，實在把我們過去做人處世的標準攪亂了。」

「幸好他這樣的人還不多，美雲、小貴兒就和他不一樣。」老太太說。

小貴兒真有些受寵若驚，以前在宮裏不是打就是罵，從來沒有人誇獎他，現在老夫人一連誇獎他兩次，他覺得承受不起，加上再也沒有什麼事兒吩咐他，他千恩萬謝地弓著身子倒退出來。一回到前面他就將古美雲要他去金谷園的事情報告卜天鵬，卜天鵬聽了很高興地說：

「那很好，恭喜你有個窩了。」

「要不是師父您中途搭救，這些日子我就喝西北風了。」小貴兒說。

「這得感謝東家，」卜天鵬說：「要不是他們好心收留你，我也沒有辦法。」

「這我知道，剛才我已經謝過了，老爺還說要是我去金谷園過不慣，還可以隨時回來。師父，您看東家多厚道？要是宮裏才不管奴才們死活的。」

「我們這個東家對下人很好，不像宮裏不把人當人。你的新主子我也替他辦過事兒。她豪爽、義氣，通情達理，也很好侍候，她看中了你是你的造化。」

「師父，恕我說句不該說的話……」小貴兒吞吞吐吐。

「你想說什麼？」

「如果她是老佛爺，事情就不會弄得這麼糟。」

「老佛爺丟下個爛攤子跑了，幸虧有她暗中收拾一下，你說這是不是異數？」卜天鵬望著小貴兒說：「現在老佛爺回鑾了，她卻去開金谷園，你說這是怎麼個講法？」

「師父，我實在不明白這個道理。」小貴兒摸摸後腦殼說。

「我們東家祖孫三代都很正直厚道，偏偏遇上那個有奶就是娘，過河拆橋的姑老爺，你說這那有天理？」

「師父，我在宮裏看到許多不平的事，也不知道老天爺是什麼意思？」

「我們都是凡人，猜不透這裏面的玄機。」卜天鵬無可奈何地一笑：「不過你去了金谷園，可得要好好地效勞，要做到問心無愧。」

「多謝師父指教，我會感恩圖報。」小貴兒欠欠身子回答：「不過我只是可惜……」

「你可惜什麼？」

「我以為像欽差夫人這樣的人，應該有更好的福氣？」

「我也這樣想，」卜天鵬敲敲自己的腦袋說：「可是我就想不通！這或者就是紅顏薄命吧？」

他們師徒兩人談來談去，都找不出一個答案，也就不了了之。

第二天，小貴兒就和古美雲一道去金谷園了。

金谷園還沒有開張，人手還不齊全，不過佈置裝潢已經好了。這也是個朱紅大門的大宅院，也是一連五進，庭園、影壁、花木扶疏、大金魚缸，各種鳥籠，油漆粉刷一新，一塵不染。每個套房前面都有名人字畫、棋盤、牆壁上還掛了京胡、二胡、琵琶、笛子、簫……等清唱的樂器，有的房間還有古箏，精緻的檀香爐，後面才是香閨，碧羅帳、紫銅架子床。梳妝檯、桌、椅、茶几等家具都是絳色的上等木器，十分高雅。古美雲的房間更大、更高雅，裏面重重複複，大房間裏還有小房間，一進房就聞著一股淡淡的清香味，侍候她的小妞兒叫小玉的，大約十四、五歲，又標緻，又伶俐，一對水汪汪的眼睛像會說話似的，不知道是從那兒謀來的？宮裏也很少有這種角色。已經來到金谷園的十幾位鶯鶯燕燕，個個如花似玉，花樣年華，風度、氣質，彷彿大家閨秀，毫無小家子氣，她們都是古美雲從天津召來的舊屬、臺柱，都親熱地叫她「二爺」。

古美雲帶小貴兒參觀了一遍，問他：

「你看我這個金谷園如何？」

「這和宮裏也分不出上下，我看連皇上也住得的。」小貴兒說。

「日後來我這兒的大爺們，都可以過過皇上癮了。」古美雲笑說：「不過卻比那個可憐的皇上自由得多。」

「欽差夫人，能來這兒消遣的大爺恐怕不多吧？」

「要是人人能來，那還成金谷園嗎？」古美雲笑說：「我那有那麼多閒功夫和那些趕驢兒的、拉洋車兒的窮磨菇啦？」

「夫人說得是，老鼠尾巴生癤子——痛死也沒有膿。」

「俗話說：『富人一席酒，窮人半年糧。』來我這兒的大爺們，開個盤子也得十塊、八塊大洋哪！」

「這比我在宮裏的月俸還多啦！」

「男人就有這個毛病兒，王孫公子和有錢的大爺們來這個地方就愛擺擺闊，那些陪著公子趕考的也打腫臉充胖子，說來也頂好笑的。」

「夫人看得可真透澈。」

「吃這盌飯眼睛不亮一點兒行嗎？」

「是的，夫人，以後可夠我學的了。」

「以後你不要再稱我夫人，那已經是古話兒了。」古美雲說。

「那小的怎樣稱呼才好呢？」小貴兒恭敬地問。

「你也叫我二爺好了，」古美雲說：「姑娘們都這樣叫我，你這樣稱呼才像自家人。」

小貴兒連忙點頭稱「是」，他心想難怪師父說她豪爽了。他覺得她不但豪爽，而且親切，很有人情味兒，這是宮裏上自老佛爺下至小太監都沒有的。在宮裏除了老佛爺之外人人都是奴才，不過是大奴才與小奴才而已，他是奴才的奴才，活著沒有一點人味兒。自從逃出宮以後，龍家上下都把他當人，現在古美雲更把他當自家人，他真是稱心如意了。

古美雲手下有一位四十多歲的女人叫做金大娘的，更是她從上海帶到天津又從天津帶來北京的，是鶯鶯燕燕的總管，徐娘半老，風韻猶存，是個眼觀四面，耳聽八方的女人，她和古美雲談話時用的是吳儂軟語，小貴兒聽不懂，聽起來卻怪舒服，和姑娘們談話時，又是一口的京片子，姑娘們對她都是敬畏三分，她對古美雲又恭恭敬敬。古美雲介紹小貴兒給她認識，她對小貴兒很有分寸，小貴兒對她也不敢含糊。園子裏的事兒古美雲要小貴兒多向她討教；宮裏的規矩，說戲的事兒，又要金大娘和小貴兒多多琢磨。

一切籌備停當之後，古美雲又帶著小貴兒提了一籠畫眉來看老太太。老太太和大家看了那隻眼圈兒上一道白眉，神采奕奕，羽毛發亮，在紫銅製作的精緻的籠裏蹦蹦跳跳的畫眉，十分高興。古美雲笑著對老太太說：

「乾娘，這隻畫眉清早叫起來千迴百囀，才真好聽，是金谷園十幾籠畫眉中最好的一隻，我特地提來孝敬您。」

「妳是那兒謀來的？」老太太笑問。

「是一位行家送的，我也不知道他是從那兒謀來的？」古美雲說：

「看樣子是一隻細心調教了三、五年的頂尖兒好鳥，難得妳這份孝心。」老太太既讚鳥又讚人。

「這可得麻煩她們兩位小心侍候。」古美雲指指梅影和蝶仙說。「這的確是一隻難得的好鳥。」

「我是外行，這可得偏勞她了。」蝶仙指指梅影一笑。

梅影白她一眼，把籠子提了起來，掛在窗外的一棵梅樹上。

「你在那種地方習慣不習慣？」老太太轉問小貴兒。

「回老夫人的話，金谷園鳥語花香，琴、棋、書、畫、笛子、簫樣樣俱全，我看連皇上也住得下去。小的真是老鼠掉進糖罐裏，喜都來不及，怎麼會不習慣呢？」小貴兒欠著身子回答。

「習慣就好，」老太太欣慰地笑笑：「你在宮裏苦了那麼多年，沒有熬出頭來，能遇上美雲拉你一把，這也是你的造化。」

「這都是託老夫人的福。」小貴兒又欠欠身子說。隨後又向老太太和古美雲說，他想抽個空兒去看看他的師父卜天鵬，她們兩人當然同意。

「乾娘，我想選個黃道吉日開張，您看那一天好？」古美雲問老太太。

「妳那種行業也信這一套？」老太太笑著打趣。

「乾娘，我們雖然不行船跑馬，對吉凶禍福的事兒，可信得很呢！」古美雲也笑著回答。

「黃曆上有現成的記載，妳要是不放心，再請教一位擇日的先生不就得了？」

「我是想託您老人家的福，沾您老人家的光，討您個金口玉言。」古美雲笑著說。

「我才不管妳這檔子事兒，蹚妳這塘子混水。」老太太笑著搖頭。

「乾娘，有道是『水太清則無魚』，我不找一條生路，難道在翰林第吃一輩子不成？」古美雲也笑著逗趣。

「像妳這個大菩薩，我這個小廟裏一天也供奉不起，別說養一輩子了。」

大家都被他們逗笑起來，古美雲也好笑，她邊笑邊說：

「到底薑是老的辣，我在上海、天津翻觔斗翻了這麼多年，還是翻不過如來佛的手掌心。」

「雲姑奶奶，飯是沒有白吃的。」蝶仙笑著接嘴：「我看我們這一輩子是莫想佔老夫人一丁點兒的便宜了！」

「我做夢都不敢想佔她老人家的便宜，她不吃掉我的老本兒就算萬幸了。」

古美雲的話又把大家逗笑了。老太太也笑著說：

「她小小年紀，從中國吃到外國，又從外國吃回來，吃來吃去，還咬了我這個乾娘一口，她要是再不到金谷園去吃那些孝子賢孫，我看我這身老骨頭都保不住了。」

老太太逗得大家更好笑，古美雲乘機對老太太說：

「乾娘，說真格的，金谷園還沒有開張，我本想請您老人家去品鑑一下，又怕褻瀆了神明，所以先送一雙畫眉來討好您！」

她還沒有說完，大家又笑了，老太太故作正經地說：

「我辛辛苦苦修了幾十年，我才不去妳那個盤絲洞呢！」

古美雲聽了嗤的一笑，又望了天行、天放一眼說：

「所以我就不敢請您老人家去了，不過，我倒想……」

「阿彌陀佛。」老太太馬上雙手一合說。

大家看老太太那種正心誠意的樣子又好笑，古美雲又接著說下去：

「我倒想請天行、天放兩兄弟去看看，讓他們見識見識。」

「拜託，拜託！妳千萬可別把他們帶壞了。」老太太說。

「乾娘，我的意思剛好和您老人家的相反……」

「難道妳這也是好意？」老太太望著古美雲說。

「正是！」古美雲點點頭。

「妳說說看？要是有理，我就讓他們去一下；要是胡說，我就先要卜師傅去把妳的金谷園拆了。」

「這也使得。」古美雲說：「我不想天放、天行變成王進士那種沒有見過世面經不起風吹雨打的假道學、書獃子，所以我才想到要他們先到金谷園去看看那種場面，那些千挑萬選的鶯鶯燕燕，那他們就會『五嶽歸來不看山』了。當年唐僧要不是經過十磨九難，百般誘惑，怎麼到得了西天？成得了正果？」

老太太聽了沈吟一會說：

「妳的話倒也有幾分歪理。」

「乾娘，這不是歪理，是正經。」古美雲理直氣壯起來：「如果不讓他們先去金谷園看看，您還能保得住他們不去別的胡同？既然去了，還能保得住不下水嗎？」

老太太望著兩位孫子，半天不說話，古美雲笑著問她：

「您老人家怎麼不說話了？」

「要是沒有壞人勾引，我想他們是不會去的。」老太太說。

「乾娘，食色性也，那有貓兒不吃魚腥的？男人嘛，就愛這個調調兒。當年同治皇帝老官還從宮裏溜出來偷吃魚腥呢！」古美雲說。

「照妳這樣說來，男人是一定要去那種地方了？」老太太望著古美雲說。

「正像出疹子一樣，是很難免的。」古美雲點點頭。「如其由他們日後瞎摸亂闖，不如讓他們早點兒見識見識，什麼事兒只要看穿了，就不會入迷了。」

「雲姑，您怎麼把我們男人都看成色鬼？」天放不服氣地說。

「天放，你別和我抬槓，你還年輕得很，不瞭解的事兒還多著呢！」古美雲向他一笑：「我不妨說給你聽：男人即使不個個是色鬼，也不會個個是聖人。我可見得多啦！像你們的老師王仁儒，他是個非禮勿視、非禮勿聽、非禮勿言的老古板，還要弄個李桂花兒作小呢！這是不是好色？」

「弄到家裏和去胡同裏可不同呀！」天放說。

「在那兒都是一樣。」古美雲說：「八大胡同和皇帝老官的三宮六院也沒有什麼不同，都是因為你們男人吃在嘴裏望著鍋裏興起來的。」

天放、天行聽了也不禁一笑。古美雲說：

「愈是沒有去過的地方愈想去，去過了也就不那麼新鮮了，男人就是這個毛病兒。因此我想先帶你們去金谷園看看，免得你們日後偷偷地往別的胡同跑。」

蝶仙、梅影望著天放、天行兩人笑，老太太卻說：

「美人窩是英雄塚，多少男人的壯志都在那種地方消磨掉了，妳可別誤了他們！」

「乾娘，我只是讓他們開開眼界，免得他們像王進士那樣不通氣兒，我可不許他們下水啦。」

「雲姑，您這不是尋我們兩兄弟開心嗎？」天放說。

「不是尋你們兩兄弟開心，我是想讓天行散散心，免得他老悶在翰林第。」古美雲望望天放說：「你不是志在四方嗎？一個志在四方的人，更應該海闊天空呀，怎麼能做土包子？現在不是關起門來治天下的時候，王進士的時代該過去了，你去看看會有好處。」

「雲姑，本來我是不想去金谷園散心的，您這樣一說，我也不能不去看看了。」天行說。

「那敢情好，現在只等乾娘的令下了。」古美雲點點頭又望望老太太。

「我不讓他們去，又怕你說我是老古板；」老太太望著古美雲說：「我讓他們去，又怕他們一進了盤絲洞就不想回來。妳看我該怎麼辦？」

梅影、蝶仙、香君她們都好笑，古美雲卻笑著對老太太說：

「最好您老人家一道去，那就兩面光了。」

「阿彌陀佛！妳居然想拖我老太婆下水了？妳不怕罪過？」

老太太還沒有說完，蝶仙就格格地笑了起來，別人也好笑，古美雲卻雲淡風輕地說：

「乾娘，『色即是空』。如果您老人家連這點兒定力都沒有，那不是成了豬八戒了？」

「我還沒有成正果，所以我不能不防妳一手兒。」

老太太的話又使大家笑了起來。

窗外的畫眉突然千迴百轉地叫了起來，十分清亮悅耳，老太太側過頭去傾聽了好一陣子，等畫眉停住不叫，她才對古美雲說：

「看在妳送我這隻畫眉的孝心上，我就讓他們兩兄弟去見識一下，妳可不能把他們帶壞！」

「乾娘，我又沒有吃熊心豹子膽，金谷園也不是盤絲洞，他們清清白白地去，也會清清白白地回來，我不會讓他們帶回金谷園一點兒泥土。」

「那你們就去吧！」老太太笑著對天放、天行說：「不過到了金谷園，你們只能聽聽鳥兒叫，聞聞花兒香，看看金魚，看看名人字畫，可不能東張西望……。」

老太太還沒有說完，古美雲就噗嗤一聲笑了起來，一手拖著天放，一手拖著天行，碎步跑了出去。

小貴兒本來在前面和卜天鵬聊天，看古美雲和天放、天行一道出來，連忙趕了上來。古美雲看見卜天鵬，笑著問他：

「卜師傅，你要不要先去金谷園看看？」

卜天鵬遲疑了一下才說：

「好在小貴兒在那邊，我改天再去好了。」

他們四人一道來到金谷園。金大娘、小玉都迎了上來，小玉接過古美雲手腕上掛著的披風，古美雲吩咐她先沏好茶、準備果盤，然後介紹金大娘和天放、天行認識，又同金大娘陪著他們兩人前前後後參觀。金大娘在一旁介紹，她對每一位鶯鶯燕燕的號數、花名、才藝，都記得清清楚楚，說起來如數家珍。

看完之後古美雲便把他們兩兄弟帶到自己的大會客室休息，小玉用薄得透明的精緻蓋盌泡了三盌最好的茶，用金色托盤端了過來，向他們雙手奉上，隨後又端上一個龍鳳果盒，裏面盛好了桂圓、紅棗、瓜子、點心，他們兩人看看這個擺著古色古香的紫檀木家具，牆上掛著懷素草書《自敘帖》，米芾行書尺牘，宋徽宗瘦金體五律「風霜正臘晨，早見幾枝新；預荷東皇化，偷回北苑春。旗槍雖不類，荈蘗似堪倫；已有清榮諭，終難混棘蓁。」蘇東坡致季常尺牘，宋徽宗《文會圖》，文同《墨竹》，白駒《漢宮圖》，趙孟頫《鵲華秋色》，仇英《春遊晚歸圖》，茶几上還擺了幾缽蘭花，《文會圖》下放著一隻大金魚缸，養的是幾條名貴的鶴頂紅，她這個大約八丈見方的大會客室，比他們家的客廳還高雅。這些字畫都是她的狀元丈夫許鼎文生前的珍藏，是金大娘從天津帶來的，她都用上了。

「雲姑，您這兒除了那麼多如花似玉的姑娘外，真看不出是供人尋樂消遣的地方。」天放說。

「我就是要王孫公子和大爺們刮目相看，金谷園就是金谷園，不是什麼茶室什麼戲班子。」古美雲自負地說。

「那這兒不知道要出多少王金龍和玉堂春了？」天放笑著說。

「那倒不會！」古美雲搖搖頭：「我這兒的姑娘們都是自願的，沒有兩手兒我還不要呢！更有的是賣藝不賣身，再則我也不會那麼心狠手辣。要是真有王金龍這種人，我還會送他一筆盤川路費呢！」

「雲姑，善門難開，金谷園可不是救濟院啦？」天放說。

「我會抓一把撒一把，該結善緣的時候我自然也會結個善緣。我又不是殺豬的，不能見豬就宰。」

天放、天行都被她說得笑了起來。

「你們兩位今後有什麼打算？想不想做官？」古美雲忽然正色地問。

「我們還年輕得很，朝廷又這麼腐敗，還做什麼官？」天放回答。

「朝廷當權的都是些自私自利的冬烘，完全不瞭解外面的世界，我看愛新覺羅的氣數是快盡了。」古美雲說。

「因此我不想老待在京裏。」天放說。

「你想到那兒去？」古美雲問。

「我想到國外去闖闖。」

「有沒有目標？」

「聽說日本在維新，很有朝氣，離我們又近，我想先去日本。」

「是學武還是學文？」

「我想學軍事。」

「現在去日本的人很多，我會替你留意。」古美雲說：「不過聽說日本士官很苦。」

「我不在乎。」天放說。

古美雲點點頭，又問天行：

「你呢？」

「如果有機會，我也想去日本讀書。」天行說。

「如果你們兩人都出去，恐怕乾娘不會同意？」

「我留在家裏也沒有什麼意思。」天行說。「不過我這種想法千萬不可洩漏，免得我們兩人一個也走不成？」

「我明白你的心情，不過文珍的事兒還沒有一定，你不妨暫緩一步，等個水落石出再說。」古美雲說。

「雲姑，除非我們動武，我看這件事兒沒什麼希望了。」天放說。

「動武是不會的。」古美雲說：「你爹不是這種人，你娘心裏更不舒服，她有意順水推舟。」

「這就絕了！」天放說。

「現在只看文珍一個人的了。」古美雲說。

「她除了死以外，還有什麼辦法？」天放兩手一攤。

「真沒有想到你們的事兒會弄到這個地步？」古美雲同情地望著天行說。

「天不會塌下來，除了一口窩囊氣外，也沒有什麼大不了！」天放說。

「以後要是發悶的時候，就到我這兒來散散心，不必再和婆婆講了。」古美雲對天行說：「一切由我擔待。」

天行謝謝古美雲的愛護，喝了一口茶就起身告辭。古美雲陪他們走到門口，小貴兒要送他們回家，他們謝了。

回到家裏，香君悄悄地問天行：

「金谷園到底是個什麼地方？」

「是個神仙也想去的地方。」天行回答。

「少爺說笑話兒，神仙怎麼會去那種地方？」

「呂洞賓曾三戲白牡丹，真神仙是什麼地方都可以去的，假神仙才不敢去。」

「少爺，你這話兒就更玄了！」

「一點兒也不玄！心中有鬼，到處見鬼；心中無鬼，自然不見鬼了！」

香君睜大眼睛打量他，嫣然一笑：

「少爺，你去了一趟金谷園，好像悟道了？」

「我倒沒有悟道，我覺得雲姑是更看透人生，懂得人生了。」

「少爺，那要好大的學問啦。」

「生活就是學問，所以六祖惠能能明心見性。天天念經的未必能成佛得道，在生活中打滾的，倒能洞徹人生。」

「我承認姑奶奶是個大聰明人，只怕未必能成正果？」

「她是福慧未能雙修，所以才墮入風塵，妳才有這種看法，可是她有善根，良知未泯，實在是個好人，比起我姑爹來，不可以道里計，我們不能以世俗的眼光看她。」

「這次她在京裏暗中救了不少人，算得上是積功積德。」

「可是她既不居功，也不望報，這就是為而不恃了。凡夫俗子是辦不到的。」

「這倒是真的。」香君點點頭。

「以後我會帶妳去金谷園看看。」天行望望香君說。

「我才不敢呢！」香君臉一紅說：「少爺，那種地方以後你最好也少去！」

第三十二章　古美雲神通廣大　老夫人語重心長

金谷園開張以後，由於古美雲的特殊身分地位，炫赫傳奇事蹟，舊雨新知，聞風而來的多如過江之鯽，真個是車水馬龍，盛況空前，一枝獨秀。她真的做到了「談笑有鴻儒，往來無白丁」，其中不乏王公大臣、王孫公子，有的還是她丈夫生前的故交。一些外地的富商巨賈，沒有朋友引薦還進不了大門呢！趕驢兒的、拉洋車兒的，連望都不敢望一眼。

有一位曾經在日本當過武官，現在是侍郎的牛存信，是金谷園的常客，對日本士官學校情形很熟，他正迷戀一位花名小鳳的姑娘，卻未能一親芳澤，時常在古美雲面前獻殷勤，古美雲卻對他直說：

「小鳳賣藝不賣身，牛大人天天來開盤子都可以，其他的事兒免談。」

「什麼賣藝不賣身，不過是自高身價罷了。」牛存信不相信。

「這也要看牛大人的手腕，要她自願，我可不能強迫她。」

這位牛大人雖然已經四十多歲，倒真有一股牛勁，他一直不死心。古美雲看透了他的心思，便想利用他介紹天放去日本讀士官學校，有一次她試探地問他：

「聽說牛大人在日本當過武官，和士官學校的人頭很熟，有沒有這回事兒？」

「那是十年前的事兒，您問它則甚？」牛存信打量她說。

「我有一位親戚晚輩，想進士校，不知道牛大人肯不肯引薦？」

「您這位親戚是什麼來頭？」牛存信不是吳下阿蒙，他反問她一句。

「他的來頭可不小啦，不過我不便先告訴牛大人。」

「那您又何必問我呢？」

「因為我還沒有得到他家長的同意，他家長是不會要我賣這個面子的。」

「看來這來頭的確不小？」牛存信笑笑。

「因為他們並不贊成我幹這個行業，我為了表示到我這兒來的不是趕驢兒的、拉洋車兒的，所以我才想借您的光，賣一次薄面。」

「這倒不是什麼大事兒。」牛存信望著她說：「不過令親要是不領您這個情，您二爺可得領我這個情哪？」

「牛大人，我是姜太公釣魚，直鉤兒。如果您願意引薦，對您牛大人來說，未必沒有好處？不然您想自己送上這個人情，恐怕還未必送得上去？」古美雲向牛存信笑說。牛存信一怔，隨即陪著笑臉探問：

「您可不可以吐露一點兒消息？」

古美雲打量他一眼，慢吞吞地說：

「牛大人可知道龍繼堯這個人？」

牛存信聽了肅然起敬，一個字一個字兒地說：

「戶部尚書龍繼堯老大人，在下怎麼會不知道？」

「牛大人不愧是科班出身的官場中人。」古美雲向他笑笑。

「二爺，您和龍老前輩是什麼關係？」

「他是先夫的至交，也是我的乾爹。」

「這位想進士校的後生又是龍老前輩的什麼人？」

「是他的嫡孫，文武全才的武舉人。」

「這個人情我做了！」牛存信連忙點頭：「我寫信給士官總教習山本就行。不過，二爺您可得領我這個情呀？」

「牛大人，我說了我是直鉤兒釣魚，龍尚書的孫子又不是非去日本當兵吃糧不可的，您說對不對？」古美雲似笑非笑地說。「信寫不寫在您，龍家的親朋好友的關係可比我多著呢！我是好心替你們拉線。」

「二爺，您這樣說來，我倒要領您的情了？」牛存信笑了起來。

「那倒不必，」古美雲笑著搖頭：「幹我們這行業的，固然要廣結善緣，你們做官的，更要到處放線，這樣紗帽才能戴得穩，現在這年頭兒不大太平，要是有個風吹草動，也不至於吃悶虧。」

牛存信上上下下打量了古美雲一眼，看她雍容華貴，舉重若輕，八面玲瓏，右手在茶几上一拍說：

「二爺，真是人的名兒，樹的影兒，我服了您！」

「這樣說來，牛大人是願意結這個善緣了？」古美雲笑著問他。

「恭敬不如從命。我寫，我寫。」牛存信說著就站起來。

「小玉，文房四寶侍候。」古美雲立刻吩咐小玉。

小玉隨即將牛存信引到書房，擺好文房四寶，牛存信便照著古美雲的意思寫了一封信給山本。他的文筆雖然不能和狀元翰林出身的文官相比，但也辭能達意。寫完以後他把筆一放，笑著對古美雲說：

「我總算向二爺交差了吧？」

「牛大人雖然是舉手之勞，我可得請牛大人吃頓便飯，不知道牛大人肯不肯賞光？」古美雲望著他說。

「多謝二爺的美意，今兒晚上我還有事，改天再來。」他說著突然湊近古美雲輕言細語起來：「只要二爺在小鳳面前美言幾句，在下就感激得很了！您何必破鈔？」

「金谷園的廚子不賴，桌把酒席隨時可以辦到，不算破費。」

「那我改天再來，我只請二爺對小鳳說一聲，我一定會娶她作小，我不會虧待她的。」

「我一定把牛大人的話傳到，不過成與不成，就要看您的桃花運了。」古美雲笑著回答。

牛存信要走，古美雲立刻吩咐一聲「送客」，小貴兒、金大娘都趕了過來，向牛存信行了一個禮，恭恭敬敬地把他送出金谷園。

第二天上午，古美雲收著這封信，帶著小貴兒到龍家來，她先不動聲色，當著老太太和龍從雲的面故意問天放：

「天放，你想到日本本土校的事兒講過了沒有？」

「講是講過，婆婆和爹娘還沒有同意。」天放回答。

「為什麼呢？」古美雲望了老太太和龍從雲夫婦一眼說。

「『好鐵不打釘，好男不當兵』。我們龍家世代書香，從來沒有當兵吃糧的。」老太太說。

「乾娘，日本士官學校出來，一回到國內就是奇貨了。最少也可以統領千兒八百人馬，怎麼會是當兵呢？」古美雲說。

「不管統領多少人馬，都是吃糧，我們龍家可沒有這個風水。」

「乾娘，三十年風水輪流轉，現在時代變了，不比往日耍大刀片兒的，現在要洋槍桿兒的可要抬頭了！」

「即使他能當上九門提督，我也不稀罕。」

古美雲望望天放，笑著對他說：

「婆婆不讓妳去，那怎麼辦呢？」

「我不是做瓷器生意的料，又不懂骨董字畫，更不想向朝廷謀個一官半職，坐在家裏良不良，莠不莠，這總不是辦法？」天放說。

「你去日本讀書可以，進士校我可不同意。」老太太說。

「乾娘，日本現在也是武人吃香，文人也要在槍桿兒下面低頭。」古美雲說。

「那不是什麼好事兒，」老太太搖搖頭說：「要是槍桿兒說話，天下就不會太平。」

「要是沒有槍桿兒，就會受欺，八國聯軍打進京來，就是人家的槍桿兒行。」古美雲說。

「光會耍槍桿兒還是不行，會造槍桿兒才是真行。」老太太說。

「先學會了玩槍桿兒，再學造槍桿兒也不遲。會造不會玩還是不行。」古美雲和老太太狡辯。

「在我們老家，都瞧不起吃糧的，我們龍家更沒有一個當兵的，父親進京以後，交往的又都是文人雅士，沒有武人。天放要進日本士官，沒有門路，恐怕也不容易？」龍從雲說。

「二哥，這您就不必耽心，包在我身上好了。」古美雲輕鬆地笑道：「只要乾娘點頭，我就能辦到。」

「妳有這麼神通廣大？」老太太懷疑地望著她說：「妳能呼風喚雨？」

「乾娘，看樣子您老人家是不信我有這個能耐了？您敢不敢和我打個賭？」古美雲用激將法。

「這有什麼好賭的？」老太太鼻太子嗤了一聲。

「要是您老人家輸了，那很簡單，只要您一桌酒席。」古美雲先提了出來。「讓我們娘兒們再聚一聚。」

「要是妳輸了呢？」老太太望著古美雲問。

「要是我輸了，我就關掉金谷園，從此洗手作羹湯。」古美雲笑著回答。

「妳費了那麼多氣力，妳不會後悔？」老太太問。

「君子一言，快馬一鞭。我雖然是個婦道人家，可講話算話。」

「我一桌酒席事小，金谷園事大，我怕妳會耍賴！」老太太搖頭一笑。

「乾娘，我還怕您老人家連一桌酒席都輸不起呢！」古美雲懶洋洋地說。

「一桌酒席不算什麼！」老太太說：「不過妳可得依我一個條件？」

「什麼條件？」

「要是三天之內妳能辦到，我就讓天放去，要是三天之內妳辦不到，妳就關掉金谷園。」

古美雲故意裝出為難的樣子，誆老太太說：

「乾娘，您老人家能不能寬限幾天？」

「不能。」老太太用力搖頭。

「七天如何？」

「一天也不能寬！」老太太斬釘截鐵地說。

「乾娘，您老人家是存心要我關掉金谷園了？」古美雲皺眉苦臉地說。

「本來我就不贊成妳搞這種旁門左道的行業的，現在又是妳自己要打賭，妳怨誰？」老太太白她一眼。

「好吧，我既然騎上了老虎背，赴湯蹈火我也要辦好這件事兒，乾娘，我們就一言為定了？」

「雲姑，您慢著，」天放搖搖手說：「金谷園佈置得那麼漂亮，關掉了太可惜！我情願自己想辦法，遲走一步，您這賭也不必打了。」

「你到底是我的好姪兒！」古美雲望著天放笑說：「不過乾娘不把我當親生女兒，關掉了金谷園她也不心疼，那就讓它關吧！我還是一言為定。」

「老夫人，您看姑奶奶說得多可憐？」梅影說：「您老人就寬限幾天吧？」

「三天就是三天，我說出去的話不會收回來，我也一言為定。」老太太掃了古美雲一眼說。

「二哥，你可肯作個見證？」古美雲笑問龍從雲。

「大家都聽見的，大家都是見證。」龍從雲笑著回答。

「好吧，二哥，我給您看一樣東西。」古美雲一面說一面打開小提袋，抽出牛存信的那封信來，交給龍從雲，還在他耳邊輕輕地說：「您可別驚了她老人家？」

龍從雲看了這封又驚又喜，最後忍不住笑了起來。別人都不知道是怎麼回事兒？老太太連忙問兒子：

「你笑什麼?是不是著了魔?」

「娘，我倒沒有著魔，是您輸了這桌酒了！」龍從雲笑著雙手把信遞給老太太。

老太太看了先是一怔，隨後也笑了起來，又指著古美雲笑罵：

「妳這猴兒，妳是存心來誆我老太婆這桌酒席的，算我陰溝裏翻船，我認了！」

古美雲格格地笑了起來，大家都好笑，蝶仙笑著說：

「雲姑奶奶真是神通廣大，像變戲法兒似的，變出一封信來。」

「蝶仙，這封信得來不易，我可花了一點兒心機。」古美雲笑著對蝶仙說：「這桌酒嘛！也不過是讓乾娘作個順水人情，給牛侍郎一個面子罷了。」

龍從雲問她是怎樣弄到這封介紹信的?她便將經過情形說明，龍從雲豎起大拇指說：

「美雲，要是妳當欽差大臣，就不會訂下這一百年也難翻身的十二條款了！」

「二哥，誰瞧得起我這個婦道人家?」古美雲淡然一笑：「連乾娘都存心要關掉我的金谷園呢！」

「妳佔了便宜還賣乖?」老太太笑著白她一眼，可是她對古美雲的能耐心裏十分欣賞，只是嘴裏不肯說出來。

「娘，美雲是買了鞭砲給您放，我看您就出個名兒請牛侍郎來吃頓便飯好了。」龍從雲說。

「信雖然是她誆來的，請人家來吃一頓倒是正理，你就備個帖兒請她當面交給牛侍郎好了。」

「我看不必這麼急，」古美雲說：「官場中人總愛個面子，因為我的關係請他，恐怕他不好意思來？倒不如日後用個冠冕堂皇的理由請他一下反而好些。」

「妳說得倒也有理，」老太太點點頭。「那我這桌酒席就賴了。」

「乾娘，您賴不掉的。」古美雲搖搖頭。

「怎麼賴不掉。」老太太問。

「日後景德瓷莊和萬寶齋重新開張，你們得好好地請一次有頭有臉的人物，把牛侍郎夾在裏頭，既不露形跡，他臉上也很風光，同時表示您們東山再起，這豈不是一舉數得？」

「妙！這真是高招！」龍從雲點頭拊掌。

「三哥，現在不是羲皇上世，不能直來直往。」古美雲說。

「這我知道，可是有些事兒我想得到，做不出來。」龍從雲說。

「我講的是俗人俗事，你是雅人，雅俗之別，就在這些地方。」古美雲說：「不過比起姑老爺來，我就差一大節了。」

「這我倒要說句公道話，妳比他高多了。」老太太說。

「多謝乾娘誇獎！」古美雲望了大家一眼，莞爾一笑：「總算我不白跑一趟了。」

「不過妳把天放送進日本士校，他將來要是變成個禍國殃民的大軍閥，我可不依妳！」老太太指著她說。

「乾娘，我一片好心，妳怎麼給我戴起緊箍咒兒來了！」古美雲望著老太太苦笑：「那我不成了孫猴子了?」

「我看妳也是從花果山水簾洞裏來的?」老太太望著她似笑非笑地說:「妳縱然不是大鬧天宮的齊天大聖,也是他的猴子猴孫。我不怕妳鬧個天翻,也怕妳弄個地覆,所以我不得不把話說在前頭。」

古美雲又格格地笑了起來,笑得花枝顫抖,她指著天放說:

「你可要記住老太太的話,不然她將我壓在五行山下我就翻不了身了。」

大家都被她說得笑了起來。

她帶來快樂,帶來歡笑,吃過午飯,又帶著小貴兒回金谷園了。

最高興的自然是天放,他正愁去日本士校沒有門路,又耽心祖母、父母不同意,想不到古美雲一下子都替他把問題解決了。

天行看哥哥問題解決了,他也暗自高興。他私自對香君說:

「哥哥先去日本打前站也好,這無異是替我開路。」

香君聽了一驚,怔怔地望著他,眼圈一紅說:

「少爺,你也想遠走高飛?」

「妳看我待得下去嗎?不走我也會悶死的。」天行望著香君說。

香君沒有作聲,眼淚卻不自禁地流了下來。天行又安慰她說:

「妳不要見了風就是雨,哥哥都沒有動身,我還早得很呢!」

「你人沒有走，心已經走了，還說早呢！」香君流著淚說。

「我想去日本，也是逼上梁山。眼不見，心不煩。」

「你和大少爺不同，他無牽無掛，一身輕鬆，拍拍屁股不帶走一粒塵土。只怕您走到海角天涯，也會牽腸掛肚？」

天行望著香君倒抽一口冷氣。他不但忘不了文珍，又何嘗忘得了她？但是不走他心裏窩囊，也會更苦，變換一下環境，或者可以沖淡一些？

「妳不贊成我去金谷園，我也不想天天泡在雲姑那兒，我總該有一條出路？」

「你可以回到南邊老家去，上牯嶺住住。」

「傷心之地，不可重遊，而且光是逃避也沒有什麼意思。」天行搖搖頭說：「去日本我還可以看看人家，學學人家。」

香君不作聲，只是默默地流淚。天行囑咐她說：

「這件事兒天知、地知、你知，妳千萬別走漏了風聲，免得影響哥哥的行程。」

香君點點頭，黯然地說：

「少爺，要是您能上天堂，您要我下地獄我也會去，別說是要我瞞著這件事兒。」

天行深深歎了一口氣，也不禁黯然落淚。

天放積極準備出國，忙著辦各種手續。一切準備妥當，他就啟程。行前，龍從雲夫婦給了他不少叮嚀。天行卻悄悄地對他說：

「哥哥，我的事兒希望妳隨時留意，我在家裏也待不久的。」

「你讀書的事兒比較好辦，不過我走之後恐怕你難脫身了？」

「你知道我是非走不可的。」

「我也贊成你走，不過恐怕你不能一走了之。」

「不了也得了。」

「自古道：『英雄氣短，兒女情長。』你不像我毫無瓜葛，你和文珍的感情很難了斷，連香君也糾纏在一起。」

「我是身不由己，剪不斷，理還亂，當初如果不是我是你，你怎麼辦？」

「揮慧劍，斬情絲。」

「我想去日本也是這個意思。」

「這種事兒全在一念之間，與在東京、北京的關係不大。」

天行從來沒有和哥哥談這些問題，想不到他看得很清楚，他也就無話可說了。

老太太可不同，她把天放叫到面前，既慈祥又嚴肅地對他說：

「既然你一心要學武，我也不便阻止。不過你不能不摸書本兒，變成個大老粗。自古以來，文章韜略是一貫的，縱然馬上能得天下，可還要下馬能治天下。歷來就沒有一個不學無術的粗人能把天下治好的。」

「婆婆，那您是希望我做岳武穆還是做郭汾陽？」天放問。

「這要看你的際遇了？不過，我寧願你做郭汾陽。」老太太說。

「不知道我有沒有那個造化？」

「一切盡其在我，但願你好自為之。日後萬一發達起來，千萬可不要擁兵自重，霸據一方，像土匪一樣，禍國殃民。要是那樣，我情願你做個安分守己的小百姓。」

「婆婆您放心，我不是那樣的人。」

「現在你是不會。」老太太冷笑一聲：「不過人是難說得很，一旦你掌了兵權，你就會耍威風了。權力像鴉片一樣，一沾上了它就會上癮，放不下來。」

天放怔怔地望著老太太，他還體會不出她話中的意思。他在想權力怎麼會像鴉片一樣呢？

「你不懂我的話是不是？」老太太又笑著問他。

「婆婆，我是有些不懂，權力怎麼和鴉片扯得上關係？」

「你或許知道鴉片菸是害人的東西？自中英鴉片戰爭之後，鴉片菸就使我們中國人變成了東亞病夫，很多人因為吸鴉片菸傾家蕩產，但是你聞過鴉片菸那股香味嗎？你知道剛吸幾口時會精神百倍嗎？」

「婆婆，凡是抽大菸的人，您都不准許我們接近，我怎麼知道大菸的味道？」

「我為什麼不讓我的子孫接近大菸呢？你知道嗎？」

天放沒有作聲，老太太又說：

「我就是怕你們上癮！權力也是一樣，尤其是兵權！兵權用得好的話可以保國衛民，濫用的話就生靈塗炭、天下大亂了！」

天放從來沒有聽過這樣的話，更沒有想到祖母在他臨走之前會突然講出這樣的話來？他怔怔地望著她，一句話也說不出來。老太太卻接著說：

「別人不談，就以你們的老師王仁儒來說，他手無縛雞之力，連大刀片兒都不會耍，不過沾了義和團一點兒邊，就在我們家裏耍起威風來了，這是你親眼見到的，這就是權力作怪，這你該懂吧？」

「婆婆，您這一番教訓，使我勝讀十年書。」天放恭敬地說：

「我不止讀過十年書，我活了七十出頭才體會出來。你再讀十年書也未必能悟得出其中的道理？」老太太似笑非笑地望著他。

「婆婆教訓得是，日後如果我發達起來，我會把您這番話當作座右銘。」

「我不會用眼淚鼻涕送你，我送你的就是這些話。」老太太說。

天放連忙跪下磕了三個頭，才起身告辭。

天放一轉身邁步，老太太就背轉身來，眼淚也撲簌簌地滾了下來。

梅影連忙遞上手絹，老太太拭過眼淚之後，自言自語：

「翅膀長硬了的都要飛了！看來我抱曾孫的希望是沒有了！」

「老夫人，二少爺還在家裏，想抱曾孫也不是什麼難事兒。」蝶仙說。

「本來我也以為這是眼面前的事兒，想不到煮熟的鴨子居然飛了。」老太太黯然地說。

「這件事兒不止傷了老夫人一個人的心，也傷了很多人的心。」梅影說。

「不知道表小姐現在到底怎樣了？」蝶仙說。「真是教人掛念？」

「聽香君說，姑老爺請了個又高又大的印度阿三把門，現在表小姐真是插翅難飛了。」梅影說。

「姑奶奶也應該來一下才是？」蝶仙說。

「也只怪我沒有這個福氣，」老太太歎了一口氣：「如果美雲是我親生的，她又是文珍的親娘，就不會有這種事兒了。」

「雲姑奶奶是真能幹，這次大少爺去日本的事兒，我們想都沒有想到，她一下子就辦好了。」蝶仙說。

「可是這也使我耽心！現在只留下天行一人在家，他又遭受這種打擊，他肯不肯留在家裏？還很難說。」

「有的人家會用大菸纏住子弟，不讓出門。」梅影說。

「我不能害他，寧可讓他飛出去，也不能讓他抽大菸。」老太太說。

「那就讓二少爺早點兒圓房，有個新娘子或者也能絆住他的腳？」蝶仙說。

「這又談何容易？」老太太慘然一笑。

「找個門當戶對的千金小姐，當然不是那麼容易，不過據我看來，二少爺和香君的感情很不錯，要是能將就一下，那就好辦了。」蝶仙說。

「香君這孩子是不錯，我原來也想讓天行日後把她收作偏房，不過如果讓她做天行的正室，不但別人會笑，楊通就更瞧不起他了！這是萬萬使不得的。」老太太說。

「老夫人顧慮得有理。」梅影說：「表小姐的事兒要是真沒有一點兒轉機，二少爺的婚事就更要慎重，不但要門當戶對，人品兒學問方面也不宜比表小姐差，不然不僅姑老爺會笑話，二少爺心裏恐怕也不會滿意。」

「剛才我只是為老夫人留住二少爺，早點兒抱曾孫著想，沒有想到別的事兒。」蝶仙說：「至於說到二少爺個人，他雖然並不心高氣傲，可是眼光兒卻高，一般小姐的確不在他眼裏。」

「所以文珍這件事兒就給我們帶來了好多難題。」老太太說。

「老夫人，聽人家說姻緣是有一定的，是不是二少爺和表小姐的緣分不夠呢？」蝶仙說：「不然怎會發生這種事兒？」

「這就很難說了！」梅影說：「我們多少代的老祖宗和現在許多人的婚事，不都是這麼定下來的？」

「當初我也是這樣想，」老太太說：「所以我就沒有請柳老前輩看看他們兩人的八字。」

「老夫人，請別人看看也可以呀！」蝶仙說。「算命先生多得是。」

「這是一門大學問，差之毫釐，失之千里。」老太太說：「江湖術士瞎子、聾子一大堆，不過是人云亦云混飯吃而已，有的還藉此行騙，說什麼造命改命，那更是胡說八道了！要找一位真能像柳老前輩那樣參透天地造化至理的高人，可真不容易。」

「老夫人，算八字這件事兒真有那麼難嗎？」蝶仙問。

「老太爺在世也會推算，」老太太說：「不過據他說這件事兒學會是不太難，但要判斷準確可就要大學問。必須真正瞭解宇宙生命起源的道理，天地人三者之間的位置時間運轉的關係，自己又是一位有大智慧的人，才不會發生失之毫釐，差之千里的錯誤，才能百發百中，尤其是那些錯綜複雜，不成格局的八字，再加刑沖合害糾纏在一起就更難判斷了，所以他不敢替人算命。」

「老太爺有沒有替二少爺算過呢？」梅影問。

「二少爺出生時他還在世，他算是算過，只是始終都不肯講。」老太太說。

「難道對老夫人也不肯講？」

「他只對我說，人可以知命，只是知的程度有高低，但是任何高人也不能奪天地造化之功，不能改命，不能推翻宇宙自然法則、定律，所以他不肯講。」

「這麼說來老太爺也是高人了？」蝶仙說。

「他的學問是不錯，但他不敢承認自己是高人，他時常請教柳老前輩，他們兩人能成為莫逆就是這個原因。」

「真沒有想到，算八字還要這麼大的學問？」蝶仙說。

「這本來就是大學問家研究出來的方法，像李虛中、邵康節、徐子平、劉伯溫、陳素庵這些人，個個都有大學問。他們可不是江湖中人。」老太太說。

「照老太爺那樣說，我們這種賤命就不必算了？」梅影說。

「那可不一定，」老太太搖搖頭：「有的人先貴後賤，先富後貧，有的人先賤後貴，先貧後富，這種例子多得很，要看得準可不容易。」

「那又是什麼原因呢？」蝶仙問。

「據老太爺說，那是運程好壞的關係。」老太太解釋：「好命遇到壞運就發不起來。壞命遇到好運，也能小草春風。一輩子好到底，或是一輩子壞到底的人都不太多，人生總難免起伏波折。不過格局好的人本錢足，賠得起，總要好些。」

「要是我們懂得這門學問，那就很有意思了！」蝶仙笑說。

「老太爺就是因為懂得這門學問，所以他才看得開，不患得患失。」老太太說。

天行送天放回來，來看老太太，老太太連忙問他：

「你哥哥走了？」

天行點點頭，老太太又問：

「你送到什麼地方？」

「本來我想送他到天津，但送到前門車站他上了車就要我們回來，只要卜師傅一個人送他。」天行回答。

「他留什麼話兒沒有？」

「他請您多保重，不要耽心他，他會記住您的話。」天行說。

「還說什麼沒有？」

「再就是璧人的事兒。」

「大少爺也關心璧人？」蝶仙笑問。

「他說如果婆婆還用得著璧人，就叫璧人還是回到婆婆身邊，侍候婆婆，如果婆婆用不著她就叫她回家，他是再也用不著她了，留在家裏，不但浪費，也會耽誤她的青春。」

「他不明白我的意思，」老太太歎了一口氣說：「既然如此，我也只好另作安排了。」

「婆婆，您怎樣安排？」天行問。

「她要是願意回家，我會讓她回去；她要是願意留下來，我也不會計較她一個人的開支。你不知道她家裏很窮，多一個人的衣食，就多一分負擔，何況她又是女孩兒，遲早總是人家的賠錢貨。」

梅影、蝶仙聽了他們祖孫兩人的談話也不禁黯然，她們的情形和璧人差不多，老太太看出她們兩人的心情，笑著對她們說：

「妳們兩人放心，我會按照妳們的意思行事，不會勉強妳們，也不會委屈妳們。」

「多謝老夫人，我們情願侍候您老人家一輩子。」她們兩人異口同聲說。

「好了，我不談妳們兩人的事兒。」老太太又轉問天行：「你爹呢？」

「他去景德瓷莊和萬寶齋了，」天行說：「爹正準備復業。」

「我看你以後得跟妳爹多歷練歷練，」老太太對天行說：「你哥哥是遠走高飛了，他對你爹的事兒也沒有興趣，我看你倒可以撐得起這分家業。」

「我不是生意人，只怕我也會使婆婆失望。」天行說。

老太太聽了一怔，隨後又說：

「這和別的生意不同，你爹也不是生意人，他還不是做得很好？」

「婆婆，現在我心裏很亂，這件事兒以後再談好吧？」天行說。

「我不過是提醒你一下，」老太太向他慈祥地說：「我知道你心裏不大好受，你自便吧。」

天行告辭出來，香君趨前迎接，她看看香君，想起哥哥對璧人的決定，又想到自己遲早要離開這個家，心裏在一陣陣絞痛。他想到古美雲那個避風港，他沒有走進自己的房間，反而低頭對香君說：

「我想去雲姑那兒一下。」

「少爺，你……」香君叫了一聲，眼淚就像斷了線的珍珠串兒似的滴溜溜地滾了下來。

第三十三章　佳人已屬沙吒利　俠士跟蹤打不平

天行來看古美雲，古美雲把他安排在書房裏，書房比客廳小，但更素雅，書櫥裏除了許多線裝書是她丈夫許鼎文的遺物之外，還有從國外帶回來的一些書籍畫報，印刷很好，只是舊了一些。牆壁上的字畫，更是她丈夫收藏的小幅珍品，扇面更多，也有她丈夫自己的手蹟。

古美雲看他神色頹唐，笑著問他：

「哥哥走了沒有？」

「走了。」天行回答。

「他倒乾淨利落，說走就走。」古美雲笑道。「也真想不到，你們家裏要出一個武人了。」

「雲姑，要不是您幫忙，哥哥不會走得這麼快，說不定還走不了？」

「我是先斬後奏，生米煮成了熟飯，乾娘不同意也得同意了。」古美雲面有得色地說。

「雲姑，我也下定決心要走。」天行說。

古美雲望著他，十分同情，半天沒有說話。天行忍不住問她：

「雲姑，您還有沒有什麼門路？」

「這倒容易，」古美雲輕鬆地說：「現在去日本唸書的人多得很，只要繳得起學費，就不愁沒有學校唸。」

「我不懂日文，恐怕唸書有困難？」

「這也不成問題，日本漢學家多得是，中國學生多半是先在一個日本漢學家家中租間房子住下來，先學日文，然後上學。不過我怕的是乾娘不讓你走？」

「雲姑，您想想看，我在家裏怎麼待得下去？」天行無可奈何地望著她說。

「你是不是真的下定了決心？」古美雲謹慎地問他。

「哥哥一走，我的決心更加堅定。」

「好，那我就告訴你一個消息。」

「什麼消息？」天行連忙問。

「你別緊張，我才敢說出來。」古美雲仔細觀察他的臉色。

「雲姑，是福不是禍，是禍躲不過。」天行頭一昂說：「您直說好了。」

「文珍和彼得就要成親了。」古美雲故意緩緩地說。

天行一怔，眼圈一紅，咬著牙忍住眼淚。古美雲拍拍他說：

「不要難過，既然您姑爹要棒打鴛鴦，這件事兒就不能怪文珍了。」

「我沒有怪她。」

「這就好。俗話說：『天涯何處無芳草？』你要什麼樣的美人兒包在我身上，我一定能替你找到。我手邊現在就有不少才貌雙全的好女孩兒，有的還是名門之後，清清白白，賣藝不賣身，隨便你挑好了。」

「雲姑，多謝您，我現在那有這種心情？」天行搖搖頭，搖落了兩滴眼淚。

古美雲摘下自己腋下的手絹，替他擦乾眼淚。天行抬起頭來問她：

「雲姑，您是怎麼知道的？」

「今天有位貴客李大爺，和你們兩家都有交往，他接到了楊通的囍帖，他很奇怪，是他悄悄告訴我的。」

「他們在什麼地方成親？」

「新開的八國飯店。」

「照理他們應該在教堂成親的。」

「這裏面或許另有文章？」

天行沈思不語，他不知道這裏面有什麼文章？但文珍和彼得成親已成事實。他和文珍指腹為婚、親上加親、青梅竹馬、共桌讀書、一起生活了十幾年，他心目中一直以為文珍是屬於他的，他一下子怎麼能接受這個事實？接受這種奚落與侮辱？

「雲姑，我愈想愈窩囊，我真想不顧一切，鬧他個天翻地覆，再到日本去。」天行突然用力在桌上一捶說。

「千萬不可鹵莽！」古美雲雙手按在他的肩上溫柔親切地說：「你還年輕得很，前途無量，不要因為這件事兒鑄成大錯。」

「雲姑，我真會憋死！」天行望著古美雲，眼淚不禁奪眶而出。

古美雲把他摟在懷裏，輕輕拍著他說：

「我說了你不要難過，我負責給您作媒就是。」

「雲姑，您能不能再給我一個文珍？」天行推開她反問她。

「你怎麼說這種著話？」古美雲向他苦笑：「雲姑又不會變戲法兒，怎麼能再給你一個文珍？」

「那您就不必費心了。」

「但是我自信可以謀一個比文珍更漂亮的姑娘給你。」古美雲說。

「雲姑，我相信您可以辦到，但是她能像文珍一樣瞭解我嗎？」

「你這孩子，你怎麼這樣倔？」古美雲無可奈何地一笑。

「雲姑，人與人之間貴在氣味兒相投。男女相愛貴在心有靈犀一點通，不在色相。我知道比文珍美的女人還多得是，但是和文珍一樣瞭解我的女人就不容易找到了。」

「人相處久了自然會彼此瞭解，」古美雲說：「你和文珍一來是表兄妹，有血緣關係；二來又自小一塊兒長大，所以彼此十分瞭解。」

「雲姑，這可不一定，」天行搖搖頭：「文珍和她哥哥楊仁，是一母所生，卻南轅北轍；我和我哥哥的想法看法也不大一樣；很多夫妻相處了一輩子，還是冤家對頭。這就是氣味兒不投，彼此不瞭解的原因。真正的瞭解不在朝夕相處，只要見一次面就能心心相印。」

古美雲聽了一笑，望著他說：

「想不到你年紀輕輕的就有如此妙論？但你又怎麼知道我就不能替你介紹一個一見面就能心心相印的人呢？」

「雲姑，太難，太難！人生最難的事兒無過於男女心心相印。」

「天行，你說這話兒好像七老八十似的？」古美雲笑了起來。「我過的橋比你走的路還多，我怎麼還沒有你這種感覺呢！」

「雲姑，恕我說句冒犯您的話，您交往的男人那麼多，您怎麼到現在還是一個人呢？」

古美雲一時語塞，愣了半天才說：

「大概是緣分未到吧？」

「雲姑，您這麼些年來緣分還未到，或許我這一輩子再也沒有這個緣分了！」

「你是男人，機會多得是，三妻四妾也沒有關係，不像我們女人，嫁雞隨雞嫁狗隨狗，既不能隨便換一個，也不能多一個，所以很難。」

天行被她說得一笑，隨後又說：

「偏偏我不想換，也不想多，所以這就更難了。」

「那你也要往好處想，不要老往壞處想。」

「以前是老往好處想，以為肉爛了也在鍋裏，從來沒有想到煮熟的鴨子也會飛掉？」

「你這孩子，你叫我怎麼說呢？」古美雲望著他苦笑。

「雲姑，您什麼也不必說，您只要像幫助哥哥一樣，幫助我去日本就行了。」

「我說了去日本容易，只是你去了日本，未必就能忘記文珍？」

「我一輩子也難忘記，但是人在日本就不像在北京這麼窩囊。」

「你說得也是，不過不要性急，我會託人替你在東京找一個漢學家，你哥哥也可以就近打聽，你爹的交遊也廣，也不難找到這種關係，問題是乾娘讓不讓你去？」

「雲姑，這也得拜託您。」

「我把你們兩兄弟都從她身邊弄走了，她會罵我的。」

「婆婆是講理的，您又最會講理，她不會怪您的。」

「你可得給我一點兒時間，不要逼我？」

「我也不能拖得太久，我真怕我忍耐不住，會帶著卜師傅去鬧個天翻地覆。」

古美雲怔怔地望著他，她想這件事兒要是出在天放身上，他早就鬧得不可收拾了。幸好是他，不像天放那麼火爆，但萬一他按捺不住，那一定會鬧出事來，這也不可不慎，因此她說：

「這件事兒也包在我身上，但千萬不可意氣用事，鬧出笑話兒來？」

天行不作聲，古美雲吩咐小玉端來一盒點心請他吃，一來怕他餓，二來也想緩和一下他的情緒，天行不吃，她搭訕地對他說：

「別人不談，你看侍候我的這個小玉丫頭，人就長得不俗吧？」

「我看她年紀雖小，卻像梅影、蝶仙兩位一體似的。」天行第一次來時就有這種印象，因此脫口而出。

「乾娘的眼光兒很高，像梅影、蝶仙、香君這幾位丫頭，都是頂尖兒角色，一般大戶人家的小姐還比不上呢！」古美雲說。

「可惜她們的身世不好，以後還不知道是怎樣的下場呢？」

「我們女人都是黃連命，身世好又怎樣？」古美雲向他說：「文珍還不是身不由己，落個這樣的下場？還是你們男人好！」

「雲姑，我又好在那兒？」

「最少你還可以去日本，以後也是海闊天空，如果你不這樣死心眼兒，你還可以風流浪蕩，愛怎樣挑就怎樣挑，我們女人可只有一次機會，這一次機會還不能自己作主，你說冤不冤？」

「外國是不是一樣！」

「人家可是自由戀愛，男女平等。」

「那我們也得改一改。」

「談何容易！」古美雲搖頭苦笑：「那不知道要多少人頭落地呢？」

「怎麼會這麼嚴重？」

「你還年輕得很，有很多事兒你還不大瞭解，往往看起來是一件個人的小事兒，可是牽一髮動全身，關係可大著呢！所以我是贊成你們兩兄弟去日本的。」

「雲姑，原先我還以為您不肯幫我的忙呢？」

「我怎麼會不幫你的忙呢？」古美雲望著他關切地笑道：「日本我雖然沒有去過，但我聽說日本人有一個最大的長處。」

「什麼長處？」

「就是學習別人的長處，保存自己的優點。日後你到了日本，要在這些地方多多留意，要是有機會最好還是到歐洲走走。」

「現在不想得那麼遠，要是日本去得成，就免得老憋這口氣，在家裏真會把人憋瘋。」

「那你就在我這兒住幾天，散散心好了，這個書房大概你也住得下去？」

「這個書房比我的考究，我就怕婆婆不放心？」

「我叫小貴兒先過去稟告乾娘一聲，順便也把文珍的事兒說明，這比你自己開口要方便些。」

天行想想這倒有理，他自己開口就會動氣，會使婆婆更加難過，會使爹娘更加難堪，所以他點頭同意。

古美雲便把小貴兒叫到一邊，悄悄吩咐他一番，小貴兒在宮裏待久了，知道輕重，也會察言觀色，他聽過古美雲的吩咐之後，拍拍胸說：

「二爺您放心，小的會把您的話確實傳到，不會傷到老太太她們的自尊。」

「還有一點你要說明……」古美雲鄭重地對小貴兒說。

「二爺，是那一點？」小貴兒伸著脖子問。

「你說二少爺是住在我的書房裏，我這個書房雖然比不上宮裏的南書房，大概皇上也住得的，我不會把二少爺帶壞就是。」

「小的知道。」小貴兒點點頭。

「你去吧！」古美雲說。

小貴兒心裏很同情天行，他樂於跑這一趟腿，只是他想不透，一樁這麼好的姻緣，怎麼會弄成這種結局？那個彼得難道是什麼洋太子殿下不成？姑老爺又為什麼不顧兩代人的感情？做出這種絕情絕義的事兒來？這究竟是什麼原因？什麼魔力？是不是和老佛爺皇上逃難的事兒也有關係？想來想去他都想不透，最後他又引以為慰，自言自語：

「還是我好！雖然斷子絕孫，可沒有這種苦惱。」

他來到龍家，先將這件事兒悄悄地告訴卜天鵬，卜天鵬聽了很生氣，拳頭在桌上一捶：

「真是欺人太甚！姑老爺太豈有此理！惱了我卜天鵬可要他好看的！」

「師父，您且息怒，這件事兒暫時不宜聲張，我看待會兒您不妨和我一道去金谷園一趟，先和二爺商量一下再看，二爺見多識廣，比那些王爺還強。如果她贊成，就是取下姑老爺的腦袋瓜兒也不是什麼難事。」

卜天鵬聽小貴兒這麼一說，火氣息了一半，便對小貴兒說：

「好！你先去後面稟告老夫人一下，回頭我們一道去金谷園。」

龍從雲因為忙著景德瓷莊和萬寶齋復業的事兒，很少在家，小貴兒直接到後面來看老太太，梅影、蝶仙、香君、璧人都在，原來香君看天行去了金谷園，很不放心，生怕他一時想不開，沈迷在美人窩裏，終於忍不住來稟告老太太，老太太怕他血氣未定，很容易陷入脂粉陣裏，毀了他的前程，女人也和大菸一樣，男人一旦陷進去就很難自拔。她正為這件事兒苦惱，小貴兒剛好進來，老太太連忙問：

「二少爺是不是在金谷園？」

「回老夫人的話，二少爺是在那兒，不過一直在書房裏，未曾移動一步。」小貴兒弓著身子回答。

老太太鬆了一口氣，小貴兒才說：

「小的回來是稟告老夫人一個消息。」

「什麼消息？」老太太急著問。

小貴兒望了大家一眼，才放低聲音，緩慢地說出文珍和彼得成親的事兒，老太太眼睛直直地瞪著。香君卻以手掩面啊的一聲哭了出來。梅影、蝶仙她們也陪著抹眼淚。過了一陣，老太太才喃喃地說：

「要來的終於來了！」

「老夫人，雲姑奶奶要我稟告您一聲：她要二少爺暫時在金谷園住三兩天，讓他散散心，雲姑奶奶的書房素雅得很，皇上也住得的，二少爺也不會住花了心。」

「那也只好這樣了！」老太太歎口氣說：「不過金谷園不是住家的地方，你告訴二少爺，住三、兩天就得回來。」

小貴兒唯唯告退，香君抹抹眼淚說：

「老夫人，我可不可以去看看二少爺？」

「妳怎麼能去那種地方？」老太太望著香君說：「等他回來了妳再好好地勸勸他就是。男子漢，大丈夫，不能為了這件事兒就倒下去爬不起來。」

小貴兒回到前面，卜天鵬和他一道來金谷園。卜天鵬突然到來，古美雲和天行都有點兒驚訝。他開門見山地對古美雲說：

「雲姑奶奶，表小姐和彼得的婚事小貴兒都已經告訴我了。我很想打個抱不平，也讓姑老爺臉上不大好看。但我又不敢冒失，所以特來請教您。」

「不敢當！」古美雲謙虛地說：「卜師傅，天行的心情不好，我們借一步說話。」

她把卜天鵬帶到另外一個房間，一坐下卜天鵬就說：

「雲姑奶奶，我冷眼旁觀了許多年，覺得姑老爺這個人見利忘義，這件事兒做得更不應該！但是東家太愛面子，胳膊斷了往袖子裏藏，這只有長姑老爺的志氣。我人一個，命一條，我什麼都不在乎，我決定要插手這件事兒！」

「卜師傅，您怎麼插手法子？」古美雲問。

「我準備大鬧八國飯店，當眾丟姑老爺的臉，出他的醜。」卜天鵬回答。

「卜師傅，難得你這分義氣！」古美雲向他微笑：「我們兩人也辦過幾件事兒，不過這件事兒最燙手，我們不能不顧慮龍家的身分、地位。俗話說：『醜了媒人，也醜了小姐。』你在大庭廣眾之中大鬧，別人一定以為您是受了龍家的指使，那龍家就跳進黃河也洗不清了。」

卜天鵬想想要是這樣做的話，一定會把東家捲了進去，是不太好，因此他又問古美雲：

「雲姑奶奶，那您的高見呢？」

「我覺得您千萬不能把東家捲進去，你要打抱不平，也不能讓東家知道。」

「那當然，東家一知道我就幹不成了。」

「楊通使東家吃了悶虧，您也讓楊通吃個啞吧虧，使他不敢講出來，一報還一報，這很公道。不過千萬不能弄出人命來。」

「我懂了！」卜天鵬點點頭。

「你是明白人，我相信不會出大紕漏。」古美雲向他贊賞地一笑。

「那我就告辭了。」卜天鵬站起來說。

古美雲留他吃飯，他不肯，他說：

「東家停鑼停鼓已經很久，現在正準備復業，他很忙，我也得隨時聽用。」

他向天行告辭一聲，逕自走了，小貴兒送他到門口，他問小貴兒：

「二少爺在這種美人窩裏，真的不會花心，不會消磨志氣？」

「二爺待人處事很有分寸，所以她把二少爺安在書房裏，再則我看二少爺也不是個花花大少，聽說他正請二爺幫忙他到日本去呢。」

「他也要到日本去？」卜天鵬一怔。

「師父，您想想看？出了這種事兒，他在京裏怎麼待得下去？」小貴兒說。

「我要替他出口氣。」卜天鵬說著便邁著大步走開。

從這天起卜天鵬就隨時注意楊通的行蹤。楊通的家裏、店裏，以及他經常去的地方他都很熟。

楊通自從那天把文珍從紫竹菴騙回家軟禁起來之後，看看龍家一直沒有動靜，香君也被把門的印度阿三嚇回去了，他知道龍家被他將住了，聽說天放又去了日本，因此他更加放心，更加得意，認為他做任何事兒都萬無一失。

就在文珍婚禮前夕，卜天鵬在一個胡同裏釘上了楊通。胡同裏的燈光十分黯澹，他又穿著一身黑布短裝。頭上覆著三塊瓦的破黑毡帽，和平時完全不一樣，胡同又窄，路面不平，楊通自用的東洋車停在胡同口，他伺著楊通從一個大戶人家的小門低頭鑽了出來，便用匕首把他逼到胡同的另一端的牆上，突然摘下破毡帽，沈聲問楊通：

「楊通，你看大爺是誰？」

楊通驚魂未定，揉揉眼睛仔細辨認，終於認了出來，突然怒氣橫生地說：

「你不是卜天鵬嗎？」

卜天鵬嘣的一聲，刮了楊通一個耳光，打得他暈頭轉向，又沈聲喝叱：

「卜大爺的名字也是你這狗東西叫得的？」

「卜大爺！卜大爺！我們是老交情啦，您怎麼突然反臉了？」楊通馬上滿臉堆笑、低聲下氣地說。

「你別拉著何仙姑叫二姨，誰和你這混帳東西是老交情？」卜天鵬說著又順手一耳光，又打得楊通暈頭轉向，楊通兩腿一軟，跪了下來，雙手作揖說：「卜大爺，有話好說，有話好說，您大爺要是少個千兒八百銀子，我楊通一定雙手奉上。」

「放你娘的狗臭屁，你卜大爺會是那種小人？」卜天鵬嘴裏罵著又踢了他一個窩心腳，他倒了下去，半天才雙手撐在地上跪著，連連磕頭說：「卜大爺，有話好說，有話好說，求您高抬貴手，別再打了！再打我就會見閻王了！」

卜天鵬突然想起古美雲要他千萬不要弄出人命的話來，他才不敢再打，但他用匕首指著楊通說：

「卜大爺今天打你這個狗東西是打個抱不平！我問你：龍家那一點對不起你？」

「卜大爺，沒有，沒有。」楊通怕打，連忙回答。

「那你為什麼要忘恩負義？把事情做得這麼絕？」

楊通低著頭不作聲，卜天鵬一把抓住他的辮子，用匕首抵著他的前額問：

「你說，你為什麼要做得這麼絕？」

「卜大爺，人往高處走，水向低處流，我是生意人，求你別再問了！」

「生意人就可以認賊作父？就可以沒有心肝？」

「卜大爺，我承認我利慾薰心，我做錯了！但是木已成舟，我回不了頭，求您饒了我好不好？」

「沒有這麼便宜！我得給您做個記號，你要是敢哼一聲，你卜大爺就一刀子捅進去！」卜天鵬說著就飛快地在楊通的前額上一橫一直劃了兩刀，成了一個十字，血隨著冒了出來，他的手法很準，傷皮不傷骨。楊通果然沒有哼一聲。卜天鵬把匕首往褲管裏一插，他突然發現牆腳有一個小水坑，他又抓住楊通的辮子把他的頭往臭水坑裏一按，楊通咕嚕咕嚕地喝了幾口臭水，他又將楊通提了起來，這樣反覆提按了三次，楊通哇哇作嘔，卜天鵬這才放下他的大辮子，指著他說：

「我卜天鵬一人做事一人當，這和龍家任何人都扯不上關係，你要是歪點子再動到龍家人頭上，我會立刻取下你這個忘恩負義的二毛子的腦袋！我人一個，命一條，你划算划算？我隨時候教。」

卜天鵬說著大搖大擺地走了。楊通蹭蹭蹬蹬地爬了起來，用手在腦殼臉上摸了一下，摸了一手的血水，哭喪著臉喃喃地說：

「莫非我真是遇見鬼了？」

但他想想卜天鵬那個樣子，那個熟悉的聲音，又分明不是鬼。他便恨恨地罵了起來：

「卜天鵬，你這個斷子絕孫的傢伙，你會不得好死！真是戲子、王八、吹鼓手，沒有一個好東西！」

他晃晃蕩蕩向胡同口走來，他心想沒有被卜天鵬宰掉已經是萬幸了，要是真的被他宰掉，還沒有人知道自己是怎麼死的？他生平最怕的就是這種無家無室玩兒命的人。

「卜天鵬這該死的東西，比義和團厲害多了！」他心裏這樣想。

他走到胡同口時，車夫看他滿臉血污，十分驚駭，忙問他是怎麼回事兒？他平淡地回答：

「遇到一個攔路打劫的，被我打跑了，我只不過受了一點兒輕傷，快送我到醫院包紮一下。」

車夫扯起腿來沒命的奔跑，把他送到醫院急診室，洋醫生看看不是什麼重傷，吩咐護士把他臉上的血污用藥棉擦掉，再塗上紅藥水、貼好紗布，就要他走，他也覺得沒有什麼痛苦，倒是有些反胃，想要嘔吐，卜天鵬那一腳使他胸口隱隱作痛，但是痛在心裏，外面看不出來，如果卜天鵬不是腳下留情，他真的見閻王了。

回到家裏，楊仁看他前額貼了一塊紗布，連忙趕上來問。

「爹，這是怎麼搞的？」

他又把對車夫說的那幾句謊話重說了一遍，還故作輕鬆地說：

「沒有什麼，一兩天就會好的。」

「你這樣子明天怎麼主持婚禮？接待客人？」楊仁說。

「沒有什麼關係，別人要是知道我打退了強人，還會把我當英雄呢！」

他隨即要了一杯茶嗽嗽口，又洗了一個臉，才覺得好過一些。

龍從容看他那三花臉的樣子，反而冷言冷語譏諷他：

「走多了夜路總會碰見鬼的！」

他為了完成文珍和彼得的婚事，曾經以高壓手段想迫使她們母女兩人屈服，但龍從容不合作，文珍不答應，楊通看看這樣僵持下去不是辦法，便改變態度，對她們母女兩人十分遷就，百依百順，甚至她們母女兩人在無可奈何的情形下共同提出的三個條件。他和彼得都接受了。文珍的條件是：

一、不去教堂成親，不說那個愛字。

二、成親之後和外婆家的人照常來往，包括天行在內，不能干涉。

文珍怕他們兩人事後反悔，還要彼得手按《聖經》發過重誓。

龍從容的條件是：不參加婚禮，以示抗議。

楊通只想結成這門親，彼得只想得到文珍，別的他們都不在乎，龍從容剛才說的那句話，楊通是更不在乎。但他萬萬沒有想到卜天鵬會突然對他來這一招？會打這個抱不平？這個代價實在不小，真是火燒烏龜肚裏痛，還要憋一輩子不敢講出來，他真沒有想到！

卜天鵬人不知鬼不覺地回到龍家，他完全沒事人兒一樣，但心裏十分痛快，他從來沒有這樣對付一個人，甚至當年別人害他倒嗓他也只吵一架了事，沒有留下那樣的狠話，他估計楊通絕對不敢找他算賬，他知道有錢的人都怕死，尤其是楊通那種人，他想想楊通雙腳跪地求饒的情形，他把楊通的五臟六腑都看出來了。以往楊通來到龍家，總把他當下人看待，以後楊通當然沒有臉再來，要是在別的地方碰見他，楊通也得矮他三尺，抬不起頭來。

「楊通是個臉厚心黑、過河拆橋、投機取巧、戴假面具的混混，一到要命關頭就下跪的人。」卜天鵬對楊通下了這樣的結論。

古美雲不知道卜天鵬幹了這件事兒，天行更不知道。

那天天行問古美雲和卜天鵬談些什麼時，古美雲沒有透露半點消息，只叫他好好地住幾天，把他侍候得像個太子似的。他除了看書之外，她還陪他談天，叫會吹笛子、簫的姑娘來書房吹給他們兩人聽，會彈古箏的姑娘來書房彈給他們兩人聽，會唱京戲、大鼓、梆子、紹興戲，甚至蓮花落的姑娘來書房唱給他們兩人聽，這些會吹會唱的姑娘，可以說色藝雙全，尤其是唱京戲《玉堂春》的那個花名小鳳的姑娘更是頂尖人物。但她們不像一般風塵中女人那樣煙視媚行，對他們兩人都很有禮貌，很有分寸。他真不知道古美雲是怎樣挑選訓練出來的？他的日子過得真像神仙一樣，使他幾乎忘了那刻骨銘心的痛苦，只有在午夜夢回時才暗自傷心落淚。

這樣住了三天，古美雲卻主動提醒他說：

「恐怕乾娘掛念，也怕乾娘罵我，現在你可以回家了。」

天行沒有作聲，他不知道怎樣回答才好？古美雲又笑著問他：

「你覺得這幾天過得怎樣？」

「雲姑，我差點兒過糊塗了。」天行笑著說。

「人生就是這麼一回事兒，」古美雲向他一笑：「你經過了這幾天的聲色之娛，大概以後再也沒有什麼可以迷住你的了？你會有『曾經滄海難為水，除卻巫山不是雲』的感覺，人不經過一番歷練是不會長大的。所以古人說：『不經一番寒徹骨，焉得梅花撲鼻香？』像你的老師王仁儒那樣，怎能成得了大氣候呢？」

「雲姑，您和柳老師一樣，教我的雖然不多，但會使我一生受益無窮。」天行感動地說。

「在王仁儒看來，我是個離經叛道的女人，怎麼能和柳老前輩相提並論？」

「其實王老師也看不起柳老師，他認為他自己才是天地間的一等高人，何況是您？這不足為怪。」

「我這樣做就是希望你不要做一個沒有經過歷練的唐僧，一個滿嘴子曰詩云，卻是個不通氣兒的百無一用的書生。」

「雲姑，您這個教訓我這一輩子也不會忘記。」

第三十四章 夢裏曾經屬張敞 醒來纔覺是王嬙

天行一回家就向老太太請安。老太太看見他又愛又憐。梅影她們默默地望著他，不好說什麼。香君心裏雖有千言萬語，但在這種場合一句話也說不出來。

天行因為已經下定決心去日本讀書，所以他一回來就向老太太說明這個決定。老太太起先一怔，終於慢慢冷靜下來，黯然地說：

「我現在是風前燭、瓦上霜，何況你哥哥已經去了日本，照理我是不能讓你再離開我身邊的。不過文珍的事兒已經沒有轉機，我就不好硬留你在我身邊，讓你憋著難過。」

龍太太看看老太太又看看兒子，十分冷靜的說：

「不是娘的心腸硬，願意你們兩兄弟一個個飛走，但是文珍的事兒已經到了這種地步，要你憋在家裏作蠟燭也不是辦法。何況王進士的時代已經過去了，你出去見識見識也好，男子漢大丈夫，本來就該四海為家，你更不能被你姑爹看扁了，你要讓他看看，不當二毛子是不是就沒有出息？」

「不過我要提醒你一下，」老太太望著天行說：「日本人對我們也沒有安好心，你去日本讀書可以，但是不能忘本。」

天行原先沒有想到這些問題，母親和祖母的話突然提醒了他，他也說出他心底的話：

「我去日本讀書不問將來有沒有出息，即使討飯，我也決不會當二毛子，決不會忘記我是龍家子孫。」

「有你這句話就行，」老太太欣慰地一笑：「我並不希望我的子孫都大富大貴，我只希望我的子孫都堂堂正正地做人。」

龍從雲為了天行、文珍的事已經慪了一肚子氣，天行有志遠行他也贊成，他一方面為天行準備錢，一方面為他打聽日本方面的人事關係，他父親龍繼堯倒有些日本漢學家的朋友，其中一位加藤中人私交最篤，他先寫信去和加藤聯絡。倒是梅影、蝶仙、香君心裏十分悵然。楊通這攔腰一悶棍，不但打散了天行、文珍的好事，打破了老太太的天倫夢，香君心裏的那一點點希望更打得粉碎了。

天放到日本不久就有信回來，他說士官學校有不少中國同學，並不孤獨，信中還附了一張和尚頭的軍裝照片，完全變了一個人，和在家裏長袍馬褂大辮子不一樣，尤其是那個光頭，看來很不順眼。

「天放這孩子完全變了，看來真像個日本蘿蔔頭，不像我們家裏的人了。」老太太感慨地說。

「娘，日本軍人就是這個樣子，天放現在是受日本士官教育，自然要和日本蘿蔔頭一樣。」龍從雲說。

「希望天行以後不要變成天放這個樣子。」老太太望望天行說。

「娘，天行不當軍人，自然不會一樣。」龍從雲說。

「不當軍人要不要剪辮子？」老太太問。

「東洋西洋都沒有人留辮子的，」龍從雲說：「聽說南方已經有人剪了。」

「這可是犯忌的事兒。」老太太說：「天行要剪也要等到了日本以後再說，在家裏犯不著惹這個麻煩。」

「婆婆，您放心，我看紫禁城裏還有人要看看這條辮子過癮，我已經夠倒楣了，我不會急著再給自己找麻煩。」天行說。

「你明白就好。」老太太悽然一笑。「我們家裏好不容易經過一場八國聯軍的風暴，你去日本也是不得已的，我不希望一波未平，一波又起。」

「娘想得周到。」龍從雲連忙附和母親的話，又對兒子說：「日後你去日本要一心讀書，少管閒事，書讀通了才有大用，半吊子最壞事兒。你王老師就是書沒有讀通，所以人也不通氣兒。」

「我覺得王老師遠不如雲姑。」天行說。

「世事洞明皆學問，人情練達即文章。」龍從雲說：「你雲姑雖然沒有王進士讀的死書多，可是她行了萬里路，見多識廣，人情練達，這就是大學問，一般書呆子怎麼比得上她？」

「可惜她紅顏薄命，不然真要愧煞許多鬚眉。」天行說。

「說來慚愧，我就自歎不如。」龍從雲尷尬地笑道。

「你是一盌飯長大的，那有美雲那麼多歷練？」老太太望望兒子說。

「娘，俗話說：『窮人窮，一條龍；富人窮，放屁蟲。』」龍太太接嘴：「看來人是要多多磨練，所以我對他們兩兄弟一向不敢溺愛，不敢婆婆媽媽，不知者還以為我這個做娘的不關心自己的兒子，其實我是怕太關心了，他們反而永遠長不大，將來會成為放屁蟲。」

「我知道妳的意思，」老太太望著媳婦說：「所以我並沒有責怪妳。」

「娘，像這次文珍的事兒，我就是聽其自然。」龍太太說：「男子漢、大丈夫，也要經得起感情的磨練，我不希望我的兒子是個賈寶玉。」

「我這個祖母也不是賈母，不過我覺得這次也太苦了他們兩人。」老太太說。

「娘，這不能怪您老人家，這不是我們龍家的過錯，我們龍家是受害人。」龍太太說。「姑老爺既然洋迷信，剃頭擔兒一頭熱，天行就更應該記住這個教訓。」

「娘，我並沒有一把眼淚一把鼻涕，我是打落門牙和血吞的。」天行對母親說。

「這才像我的兒子！」龍太太展顏一笑。「我並不希望我的兒子逞英雄，不過我也不願意我的兒子做孬種、做狗熊。」

蝶仙她們聽了龍太太的話想笑，但又不敢笑。

老太太輕輕歎了一口氣，又不自覺地點點頭。

由於古美雲和龍從雲兩人的努力，他們終於聯絡到了一位在東京帝大教書的日本漢學家加藤中人。這人以前來過北京，結識了龍繼堯、許鼎文，還是龍家的常客，和龍繼堯最談得來，對龍家的情形很瞭解，他一口答應照顧天行。天行動身去日本前一天，龍從容帶著文珍突然來到娘家，龍家上下都十分驚異。老太太、梅影、蝶仙，正陪著天行玩紙牌消遣，香君在替老太太搥背，老太太一聽說她們母女兩人來了，身子一震，手上的紙牌也掉在桌上，愣了一陣，隨後調轉身來，朝向門外，臉上似笑非笑，似哭非哭。文珍一看見老太太，哭著叫了一聲「外婆」，就撲到老太太懷裏哭了起來。老太太摟著文珍淚如雨下，一句話也講不出來，更沒有理會女兒，龍從容叫了一聲「娘」，就雙膝跪下，自怨自艾地說：

「娘，女兒無用！女兒該死！失了娘的面子，丟了娘家的人，也愧對天行。」

「妳還有臉來？」老太太望著女兒冷笑一聲。

「娘，本來我沒有臉來，但是聽說天行就要去日本，我做姑姑的怎能不來看看他？」

「姑，這怎麼敢當？您快起來說話。」

天行聽她這樣說，連忙過來雙手扶她，抱歉地說：

「娘不叫我起來，我不敢起來；姑姑也是來向娘請罪的。」

「姑，您有什麼罪？您快起來。」天行用力把她扶起。

「你姑姑雖然沒有什麼大罪，可是太孬！讓你和文珍受了這麼大的委屈！」老太太含著眼淚望著天行說。

「婆婆，只怪我福薄命蹇，」天行對老太太說：「您就原諒姑姑吧？」

「現在生米已經煮成熟飯，除了怨我生了這個孬女兒之外，又有什麼辦法？」老太太流著眼淚說。

「娘，您這樣說女兒真無地自容了！」龍從容用手絹蒙著臉哭了起來。

「外婆，您不要怪娘，娘是啞子吃黃連，有苦說不出。」文珍抬起頭來揩揩眼淚說：「娘並沒有參加八國飯店的婚禮，是爹一個人唱獨角戲，結果很丟人。」

原來文珍婚禮那天，因為龍從容沒有出面，氣氛就不對勁，加上楊通額上貼了一大塊白紗布，客人更感到怪怪的，楊通很機伶，他連忙向大家解釋：

「今天不巧，內人生病了，所以不能親來接待諸位貴賓；我昨兒晚上又被強人攔路打劫，幸好錢沒有搶去，強盜反而被我打發了，我只受了一點兒輕傷，所以照常主持小女和彼得的婚禮。多謝諸位光臨。」

有些知道文珍和天行原有婚約的客人，不免私下議論紛紛，而龍家的人又一個未到，就知道這裏面大有文章，很多人都是虛晃一招，就拔腿走了，弄得楊通灰頭土臉，司徒威和彼得也臉上無光，這是他們沒有想到的。

老太太望了女兒一眼，龍從容才說：

「不但那天他們丟人，當初如果她爹和彼得不答應我們母女兩人的條件，他們也達不到目的。」

「妳們提了什麼條件？」老太太問。

龍從容便把那三個條件說了出來。老太太偏著頭問：

「他們會同意嗎？」

「不同意就耗下去，」龍從容說：「他們怕夜長夢多，只好同意了。」

「我看那是他們的權宜之計，難保事後不反悔？」老太太說。

「娘，我們也防了這一著，事先要彼得起了重誓，他不敢反悔。」龍從容說：「不然今天我們怎麼能大搖大擺地來？」

老太太沒有作聲，大家都望著他們母女兩人，龍從容又對老太太說：

「娘，本來文珍死也不肯嫁給彼得，她不吃不喝，人一天天瘦下去，我看了實在心痛。她老子又是鐵石心腸，一頭倒向彼得，不肯回心轉意，我怕鬧出人命，才向他們提出條件。」

「爹太絕情，冥冥中自有報應。」文珍說。

「現在連鬼都怕惡人，還有什麼報應？」蝶仙說。

「他走多了夜路自然會碰見鬼。」龍從容說：「前一天夜裏他就被人打得鼻青臉腫，現在腦殼上還留下兩條刀痕。」

大家聽了都一怔，蝶仙連忙問：

「姑奶奶，真有這回事兒？」

「我還會說假話？」龍從容望著蝶仙悽然一笑：「他是再也沒有臉到這兒來了，要是來了，妳就會看見，證明我的話不假。」

「阿彌陀佛，這真是老天有眼，現世現報。」梅影雙手合十說。

「舉頭三尺有神明，人做事要是不憑良心，自然會有報應。」龍從容說。

「要是說有報應，那老夫人吃齋念佛這麼多年，照理不應該會有二少爺、表小姐這種不愉快的事兒發生？」蝶仙說。

「大概是我前世打散了鴛鴦，所以今生連累了他們兩人。」老太太黯然摸摸文珍的頭髮，又憐惜地望望天行。

「外婆，不是您老人家前世打散了鴛鴦，大概是我的命中有魔星，所以才受這種折磨。」文珍說。

「事情已經到了這種地步，也只好這麼解釋。」老太太拍拍文珍說。

「娘，今天我回來，還有另一件事兒。」龍從容對老太太說。

「妳來還有什麼好事兒？」老太太白了女兒一眼。

「娘，我帶來了一千銀票，送給天行做學費，也表示我做姑姑的一片心。」

「姑姑，千萬使不得！」天行連忙搖手：「我去日本的學費，爹已經準備好了。」

「天行，你不要會錯了意，」龍從容向姪兒說：「這可不是你姑爹的錢，當年娘給我陪嫁，壓箱底的錢也不止這些，這是我的私房錢，與你姑爹沒有一點兒瓜葛，你放心好了。」

「姑姑，我的學費足夠用三、五年，這筆錢您做文珍的陪嫁好了。」天行說。

「他老子為了討好彼得，有一大筆陪嫁，我的錢才不會好給他。這筆錢我本來也是預備給文珍陪嫁的，現在這個心願落空了，不送給你做學費，我會永遠不安。」

「姑姑，您的好意我心領了，我還用不著這筆錢。」天行說。

「人是英雄錢是膽，用不著也不妨帶在身邊，你在日本不比在北京，要是有什麼急需，遠水救不了近火。」

「姑姑不是外人，她既有這番心意，你就收下好了。」老太太一面對天行說，一面又吩咐香君：「香君，妳代少爺收下。」

龍從容把銀票交給香君，香君雙手接下，說了一聲：「多謝姑奶奶。」

「多謝姑姑。」天行也補了一句。

「你這次去日本，姑姑知道你的苦衷，不過你要明白：文珍是被她老子逼的，她雖然嫁了彼得，但她心裏只有你，沒有他，你們雖然沒有夫妻名分，但你們是表兄妹，這是誰也拆不散的。」龍從容說。

文珍又在老太太懷裏哭了起來，天行看了她一眼對龍從容說：

「姑姑，您別再說了，我心裏明白。」

「你明白就好。」龍從容欣慰地笑笑：「你們是血親，血比水濃。文珍是有口難言，我也怕你不諒解，傷了彼此的感情。」

文珍在老太太懷裏飲泣，老太太拍拍她說：

「妳別難過，我們都不會怪妳的，天行是明理的人，也不會怪妳。」

「外婆，我心裏總覺得對不起表哥！」文珍說著又哭了起來。

「妳這孩子！」老太太又拍拍她：「當初妳要不賭氣回家，不去紫竹菴，跑到外婆家來，就不會弄成現在這個局面了。」

「外婆，我是後悔也來不及了！」文珍更傷心地哭了起來。

「妳別哭，外婆也有錯。」老太太摟著文珍說：「外婆太愛面子，太顧慮我們龍家的身分，當初我要是叫卜師傅去把妳搶回來，妳爹也沒有戲唱了。」

「外婆，爹就是看準了您不會這麼做，所以他才敢耍賴。」文珍哭著說。

「看來我這個舊腦筋是不如他的新腦筋了。」老太太自嘲地說。

「娘，他就是看準了我們龍家的弱點，看準了我們龍家走的是老路子，不會玩新花樣，所以他才敢這麼不講規矩亂來。」龍從容說。

「我倒要看看他這個有奶就是娘的新派人物能佔多少便宜？能有多大的起發？」老太太說。

「天行去日本也好，希望他能學點新的東西回來，自己立業，免得他姑爹以為他只會數祖上的瓦片兒。」

「那倒不勞姑爹操心？」天行說：「我自己立業或者數瓦片兒，那是我自己的事兒，與他無關。」

「可是你姑爹就是這麼勢利。」龍從容說：「他知道你哥哥去日本了，他的看法就不相同；現在你又要去日本，他知道你們兩兄弟不是放屁蟲，不會在家裏數瓦片兒了。」

「表哥，只要你有成就，爹又會回轉頭來向著你的。」文珍抬起頭來對天行說。

「謝了！我就是在家裏數瓦片兒，也不稀罕他向不向著我。」天行冷冷地說。

文珍臉上一陣慘白，又哭了起來，天行又溫婉地對她說：

「我不是生妳的氣，妳何必多心？」

「外婆，我是豬八戒照鏡子，兩面都不是人！」文珍哭著搖著老太太說。

「乖！」老太太流著眼淚拍拍她：「天行不是生妳的氣，是生妳爹的氣，連我也不會原諒妳爹。」

「外婆，這樣我真沒有臉做人了！」文珍哭著說。

「天行，你還不快給文珍陪個不是？」老太太望著天行以目示意。

天行猶豫了一下，隨後含著眼淚對文珍說：

「文珍，我不怪妳，我們兩人都是姑爹祭壇上的犧牲品。剛才我說話衝了妳，請別見怪。」

文珍更傷心地哭了起來，隨後又用手絹擦擦眼淚對天行說：

「表哥，我怎麼敢怪你？我是怨我自己福薄命苦！」

說著說著又傷心地哭了起來。老太太、梅影、蝶仙她們都安慰她，龍從容對她說：

「珍兒，表哥既不怪妳，妳就不要再哭了。他明天就要走了，妳也該讓他高興高興。」

文珍一聽母親提起天行明天就要走了，一陣心酸，又用手絹掩著臉哭了起來。龍從容對香君說：

「香君，文珍和妳情同姊妹，妳們兩人已經好久不見，妳陪她到妳房裏聊聊，我去向二嫂陪個不是。」

她一面說一面站起來，又望望老太太說：

「娘，今天我想和文珍就住在這兒，明天給天行送行，不知道您肯不肯賞我這個臉？」

「誰叫我生了妳這麼個孬女兒，妳不走我還能攆妳出去不成？」老太太眼圈兒一紅說：「不過我可不准吃裏扒外的楊通、楊仁父子再進我們龍家的門。妳回去要先告訴他們，我可是先禮後兵。」

「娘，他們的臉皮縱然有萬里長城那麼厚，也不敢再來我們龍家了。」

「就是來了我也會叫卜師傅把他們轟出去！」老太太腳一跺說。

「娘，您要是早把卜師傅派上了用場，女兒也不會受這一肚子的窩囊氣了。」

老太太沒想到女兒會突然將她一軍？一時語塞，啼笑皆非。香君笑著把文珍拖走，龍從容看天行癡癡獃獃地站在那兒，又憐又愛地對他說：

「你不跟香君過去，還站在這兒幹什麼？奇怪？我們龍家的人並不笨，怎麼就缺少別人的那些小聰明？」

「這就叫做龍生龍，鳳生鳳，耗子生的兒子會打洞。」老太太說：「我們龍家沒有耗子的種，我的子孫就是再聰明也不會打洞。」

「娘，您就別怨我無用了！」龍從容望了老太太一眼，就走了出來。

「姑姑，娘的性子剛，您就別向娘陪什麼不是了。」天行跟在她後面走了出來。

「就因為你娘的性子剛，做姑姑的又理虧，我更不能不向她陪個不是。你放心，你娘就是罵我我也不會回嘴。」龍從容一面說一面拍拍天行：「姑姑覺得最虧欠的還是你這個姪兒子，我這一輩子也沒有辦法彌補。」

「姑姑，別再說了，是我沒有這個福氣。」

「相信姑姑的話，文珍是身不由己，她的心是永遠向著你的。但願你以後能娶一個比她更好的。這樣才能減輕文珍和我的痛苦。」

「姑姑，以後的事兒難說得很，現在我們不要想得那麼多，您去和娘談談心好了！」

「明天你就要走了，你也去和文珍談談心，不要再嘔氣。當初你們要不嘔氣，說不定不是這個結局？」

「姑姑，煮熟的鴨子都飛了，我還嘔什麼氣？」天行邊說邊送她到母親那邊。「難道鹹魚還能翻生不成？」

「唉？你這孩子！」龍從容望著他歎了一口氣：「你嘴裏說不嘔氣，心裏還是有些不平。」

「現在我心裏很平靜。」

「那你就到文珍那兒去吧。」她隨手把他一推，天行停住腳步，沒有再送。

可是他沒有去文珍房裏，他回到自己的房間，他心裏有很多感觸，千頭萬緒，不知從何說起？文珍和彼得結婚給他很大的挫折，也傷透了他的心。他去日本以後又會是怎樣的情形？能不能安心讀書？能不能忘記文珍？他自己也沒有一點把握。文珍和香君在隔壁房間談些什麼？他不知道，也不想過去。

香君把文珍拖進她們兩人的那個房間之後，文珍沒有再哭，香君首先對文珍說：

「小姐，說來真是陰錯陽差，那天我和少爺趕到紫竹菴時，妳卻跟著姑老爺、表少爺先走了一步，少爺一氣一急，跑到荒郊外仰天大叫，好像發瘋似的。」

「我上了爹的當，被他騙回家，你們趕到紫竹菴的事兒我完全不知道。」

「我去看妳，被那個大門神印度阿三嚇回來了，妳大概也不知道。」

文珍搖搖頭。

「小姐，少爺對妳是一片真心，今天早晨他還吩咐我把妳的那綹頭髮用錦袋兒套好，放進衣箱裏面，好隨身帶到日本去，妳不要再誤會他了。」

「遲了，一切都太遲了！我真後悔當初就不該和哥哥一道回去。」

「原先我還以為只是好事多磨，還抱著一線希望，現在連我的癡心妄想也完了。」香君不自覺地流下淚來。

「不要難過，妳還有希望。」文珍反而安慰香君。

「小姐，你們煮熟的鴨子都飛了，少爺這次遠走日本，不知道那年那月才能回來，我一個丫頭，還敢再癡心妄想？」

「真想不到，我們一著錯，滿盤輸，連妳也輸下去了。」

「小姐，大概是我的命不好，拖累妳了？」

「香君，這分明是我爹耍的鬼把戲，是我拖累了妳。」

「小姐，現在生米已經煮成熟飯，恕我問妳一句私話兒，希望妳不要見怪。」

「妳說好了。」

「我知道妳的心在二少爺身上，可是妳卻嫁了彼得，這種日子妳怎麼過？」

「妳聽說過湘西趕屍的事兒嗎？」文珍問香君。

「沒有？」香君搖搖頭：「那是怎麼回事兒呢？」

「據說去湘西做生意的遠客，死在湘西時，因為路途遙遠，交通不便，很難搬回原籍。湘西有一種趕屍的巫師，能在夜晚趕死人走路，我就是那種行屍走肉。」

「小姐，妳說得太可怕了！」

「香君，我的心已經死了，這和行屍走肉有什麼兩樣？」

「小姐，這樣說來，妳是太痛苦了？」

「古人說：『曾經滄海難為水，除卻巫山不是雲。』這就是我的心情。」

「我也聽少爺唸過這兩句詩，他還暗自落淚呢！」

「香君，起先我是嘔他，現在我覺得是我虧欠了他。」

「少爺明天就走了，還不知道那年那月才能回來？我們過去和他聊聊吧！」香君一面說一面把她拉了過來。

天行正在清理桌上的書籍，發現她們進來，裝出一副笑臉歡迎，文珍發現房子裏已經空空蕩蕩，牆上的寶劍也取了下來，只有古箏用布套罩著，放在原處未動，頗有人去樓空的感覺，不禁一陣心酸，熱淚盈眶，因此問了一句：

「寶劍你也帶走？」

「凡是我心愛的東西，能帶走的我都帶走。」天行回答。

「你不打算回來？」

「傷心之地，何必回來？」

文珍臉上一陣慘白，雙手蒙臉啊的一聲哭了起來。香君連忙扶著她，埋怨天行說：

「少爺，小姐心裏已經很難受，您何必再說這種喪氣話？」香君說著自己也流下兩行清淚。

「香君，這不是喪氣話，我去日本和哥哥去日本的情形完全不同，妳該清楚。」

「我雖然清楚，難道您就不替別人想想？」

「誰又替我想過？」

「表哥，你這分明是不讓我活下去了！」文珍哭著說。

「我倒希望你們都活得很好。」

「生不如死，我活著有什麼意思？」文珍說。

「妳還可以請香君陪陪妳，我在日本孤家寡人，我也要活下去。」天行說。

「少爺，我們女人沒有你們男人這麼硬的心腸。」香君流著眼淚說：「大少爺屁股一拍，說走就走，撂下璧人不管，連一個字兒也不提她。您一走又不想回來。小姐和我既飛不高，也走不遠，看來我們女人只有死路一條。」

「香君，妳有沒有想過，我在家裏有多尷尬？」

「那您去日本三、兩年也該回來？」香君說。

「我回來幹什麼？數瓦片兒？」

「您完全不明白別人的意思！」

「誰又明白我的意思？」

文珍站在旁邊飲泣，她明白香君的意思，也明白天行的意思，她心裏更加內疚，半天才說：

「表哥，萬方有罪，罪在我一個人。希望你去日本以後，早日遇上意中人，你就是永遠不回來，我也甘心。可是你千萬別忘記香君。」

香君抹抹眼淚，望望文珍說：

「小姐，妳說這話兒就有些好笑了！你們青梅竹馬，姑表血親，他都忍心一去不回頭，我一個丫頭胚子，他那會放在心上？」

天行望了她們兩人一眼，歎口氣說：

「妳這樣冤我，我就剖開心來，妳也未必瞭解？看來還是哥哥好，說走就走，無牽無掛，不像我這樣牽藤絆葛的沒完沒了。」

突然古美雲說話的聲音從前面傳了過來，她邊走邊說：

「文珍來得正好，我在中和茶園訂了一個包廂，我們一道出去吃飯聽戲，就算給天行餞行。」

原來她在前面碰著龍從容，知道文珍來了，她們兩人邊走邊談過來，她一走到後面就先到天行房裏來探望一下，發現文珍、香君、天行三人在一塊兒，她便像平時一樣，不著痕跡地說：

「天行，你明兒要走，我特地來請你去致美齋吃飯，正好有容姐和文珍作陪，然後我們一道去中和茶園聽戲，你無論如何得賞雲姑這個臉兒。」

「雲姑，那怎麼敢當？」天行說。

「有什麼不敢當的？你和雲姑還來這些客套？」古美雲笑著白了他一眼。

她隨即帶著他們到老太太這邊來，請老太太一道出去吃飯，老太太吃素，好多年沒有在外面上館子，她不去，老太太不去，梅影、蝶仙也不能去。她便改變主意，請老太太出去吃素菜館子，老太太對她說：

「妳是替天行餞行，不能將就我。今天你就好好地請他大吃一頓吧，他去日本以後就吃不到我們的口味了。」

「您老人家說的對，日本料理很差勁，我會請天行好好地吃一頓，改天專請您吃素好了。」

古美雲如流水般地說。

「妳幫助他們兩兄弟去日本，又給天行餞行，本來我該謝妳；可是妳把他們兩兄弟都從我身邊弄走了，使我好寂寞、好孤單，因此我不但不想謝妳，反而要向妳興師問罪呢！」

「乾娘，我一直不敢來，就是怕您興師問罪呀！」古美雲笑著回答：「好在還有文珍在，您是不會寂寞的。」

「現在不比從前，文珍已經是人家的人了，也不能在我身邊。」老太太感慨地說。

「外婆，我隨時會來看您，」文珍眼圈一紅說：「不管天翻地覆，我總是您的外孫女兒。」

「乾娘，千朵桃花一樹生，文珍和天行還不是一根枝兒上的？您這個老祖宗是夠樂的了。再說我也會隨時來陪您老人家，只要您不分什麼乾的濕的就好了。」

老太太心裏本來很不愉快，古美雲這麼一說也把她逗笑了。

「我實在沒有想到她們母女兩人會來，使我措手不及，一件禮物也沒有準備，我就麻煩您順便帶文珍去銀樓選幾樣好首飾送給她，您身上有沒有帶錢？」老太太說。

「乾娘，您不提我也有這個意思，」古美雲說：「我身上的錢雖然不多，不過憑您的金字招牌，我相信不論那一家銀樓都會賒的。」

「外婆，雲姨，多謝您們的美意，我不需要任何首飾，我那有心情戴那些東西？」文珍流著淚說。

老太太和古美雲看看文珍，這才發現她和平時一樣素淨，完全不像一個新娘子。老太太歎了一口氣說：

「這都是妳老子作的孽，使妳受這種委屈！」

文珍泣不成聲。古美雲連忙把她拉到身邊，親切地對她說：

「不管妳戴不戴？雲姨也該送妳一件禮物作紀念，只是我一時還想不出來送什麼好？妳喜歡什麼？請先告訴雲姨？」

「雲姨，您什麼都不必送，免得我看了會更傷心。」文珍抹抹眼淚說。

「那我送妳一條玉辟邪的項鍊好了，妳掛在脖子上也好辟辟邪氣。」老太太一面說一面吩咐梅影：「妳去把我首飾箱裏那條配著玉辟邪的項鍊拿來。」

「娘，您不要費心，她老子給她陪嫁的那些首飾她連看也不看一眼。」龍從容說。

「這才是我的外孫女兒！」老太太望著文珍欣慰地一笑：「外婆這條玉辟邪項鍊，妳正好掛在脖子上辟辟邪氣。」

「乾娘，您看我送什麼好？」古美雲笑問老太太。

「妳還有沒有夜明珠？」老太太問。

「有是有，就是不大。」古美雲說：「也不在身上。」

「把妳送我的那一顆轉送文珍好了，讓她晚上也眼睛雪亮。」老太太一面說一面吩咐蝶仙去取。

「娘，千萬使不得！」龍從容連忙阻止：「那是美雲孝敬您的無上珍品，文珍承受不起。」

文珍也哭著說不要。古美雲說：

「乾娘，還是把我那顆小一點兒的送給文珍好了，明天上午我再帶來。另外我還要送天行一份程儀，我已經換好了日本錢，天行到日本一上岸就用得著，不必再去兌換。」

「妳想得很周到，那就這麼辦好了。」老太太說：「天行明天下午才走，中午要備兩桌酒菜，妳來正好團聚一下。」

文珍一再向古美雲說不要她送任何禮物。天行也說：

「我的錢足夠三、五年用，雲姑，您真的不要再送了。您對我的恩情，我還不知道怎樣報答呢？」

「天行，你怎麼說這種話？」古美雲笑著白了他一眼：「雲姑從來沒有希望你報答，只要你學有所成，雲姑就夠高興了。」

「雲姑，您不要期望太高，我真怕我會使您失望，我還不知道日後怎樣是好？」

「船到橋頭自然直，到了日本你就知道，我也拜託了加藤，他會替你安排的。」

「雲姨，表哥的錢也不能太多，太多他就更不會回來了。」文珍淚眼婆娑地說。

老太太聽了一怔，望著天行說：

「天行，你可不能像出籠的鳥兒，一飛出去就不回來！我可是七老八十，活一天算一天，要不是遇著這種鬼事兒，我真不會讓你去飄洋過海，遠走高飛的。」

老太太說著不禁流下兩行老淚，天行也泫然欲泣。梅影拿著那條看來有一兩重的漢玉辟邪金項鍊交給老太太，老太太拿在手上望著站在古美雲身後的文珍說：

「妳過來，讓我替妳戴上。」

老太太的手在顫抖，聲音也在發抖，文珍啊的一聲哭了出來，走過去雙膝跪在老太太膝前，老太太一替她戴上，她就伏在老太太膝上和老太太哭成一團了。

天行背轉身去抹眼淚。梅影、蝶仙、香君都淚如雨下，古美雲怔怔地望著她們，眼淚也奪眶而出。

第三十五章　龍天行單身辭廟　楊文珍萬箭穿心

離別前夕，天行輾轉反側，不能成眠。對於家裏的每一個人，上自祖母、下至劉嬤嬤、黃嬤嬤，上下幾十口人，他都有情感。他從來沒有對下人擺過主子的架子，下人對他都很敬重，但不畏縮，反而樂於和他接近。更別說香君、梅影、蝶仙這些人了。他覺得他們每一個人都很可愛，都像自己的親人，古美雲雖然是祖母的乾女兒，但他和她的感情甚至超過親姑姑。一旦到了日本，除了哥哥之外，就沒有一個親人，哥哥又是士官生，管制很嚴，不能隨便出營。他一個人孤孤單單，語言又不通，那種身在異鄉異國的日子不知如何打發？雖然他想不再回到這個土生土長的傷心之地，但又恐怕忍受不了那種寂寞孤獨，三兩個月就跑回來，那就鬧笑話了。再說祖母年紀這麼大了，哥哥又不在身邊，照理他不該再去日本，祖母雖然體諒他的苦衷，讓他遠走高飛，但他心裏這分歉疚是怎麼也擺脫不掉的。父親母親雖然憋了一肚子氣，贊成他走，表面雖若無其事，心裏又何嘗不難過？文珍嫁了彼得，雖然像在自己心中插了一刀，她也哭得淚人兒似的，她又何嘗快樂？這些牽藤絆葛的情感纏在一起，他怎麼也解不開，真像一團亂絲一樣，愈理愈亂，他索性起床獨坐，在黑暗中前思後想，那些糾纏在一起的情感如萬箭穿心，不禁淚流滿面。他想到在中和茶園看《昭君怨》時，文珍暗自落淚，不免百感交集，他點起燈來寫了一首七律：

辭京辭廟渡重洋，不為封侯不病狂；
僕本有心學張敞，卿原無意作王嬙。
西風搖落秦宮樹，東海傳存漢女裝；
我亦聞歌還自哭，衹緣拆散好鴛鴦。

寫完之後，他在前面加了〈辭京前夕長夜不寐偶題〉十個字。

他重看一遍之後，心中彷彿放下一塊石頭，這時又聽見一聲雞啼，這已是第三次雞啼，他才熄燈上床去睡。

這時文珍、香君還未睡著，她們兩人的話彷彿一輩子也說不完，眼淚也彷彿流不盡。香君發覺天行房裏透出亮光，抬起頭來向外張望了一下說：

「怎麼二少爺也沒有睡？」

「他明天就要走了，心裏自然有些嘀咕。」文珍說。

「說來二少爺也很可憐，要不是出了這個岔兒，他是不會打單飛的。」

「他在日本很孤單，我真希望他能遇上一位意中人。」

「異鄉異國，語言又不通，談何容易？」香君說：「何況他又不是見一個愛一個的人。」

「妳這樣說我心裏更加難受，從嫁給彼得那天起，我總是覺得我很對不起他。」

「這又不是妳自願的，少爺定會諒解。」

「縱然諒解，也於事無補，這種債是無法還的。」

「那就只好再結來生緣了。」香君說。

「來生？」文珍抹抹眼淚說：「人是不是真有來生？誰能斷定？我和二少爺是否有這種緣分？那也只有天知道了！」

一直談到天亮，他們兩人都未曾闔眼。香君照常起來，文珍也跟著起來。香君先到天行這邊看看，天行的房門是虛掩的，她輕輕一推，門就開了，她先不聲不響地給他收拾東西，發現他已熟睡，便不叫他，她收拾書桌時發現那首詩，她拿起默唸了一遍，連忙拿過來給文珍看。

「這是少爺昨夜寫的，有的典故我還不大明白，特地拿來給妳看。」香君說。

文珍接過去邊看邊唸，唸到「僕本有心學張敞，卿原無意作王嬙」兩句詩時，含淚對香君說：

「他明白了我死也甘心。」

「從這兩句詩看來，少爺不是渾人了？」

「他不但不渾，第一聯和結尾兩句的感慨寓意實在很深。」她唸完整首詩後說。

「小姐，妳要不要和他一首？」

「我心亂如麻，先把它抄下來再說。」

說著她隨即拿起筆抄了下來，抄完之後又要香君把原詩送過去。

「妳仍然放回原處，我們裝作不知道好了。」

「小姐，妳這是弄什麼玄虛？」

「這是他心裏的祕密，我們何必揭開？」

「妳抄了，我也記在心裏，他怎麼祕密得起來？」香君一笑。

「我們放在心裏，都不說開，那就是他的祕密了。」

香君笑著躡手躡腳走進天行的房間，把詩放回原處，出來時又悄悄把門帶上。再回到文珍身邊。

文珍正在重讀那首詩，香君笑著問她：

「小姐，我最喜愛『僕本有心學張敞，卿原無意作王嬙』這兩句，妳呢？」

「香君，我比妳更喜歡這兩句。妳真是士別三日，刮目相看。妳的進步真快。」

「小姐，這還不是妳平日教導的功勞？可惜以後很少有機會向妳求教了！」

香君原先並不認識多少字，後來文珍發現她聰明伶俐，樂意教她，她也用心學習，所以進步很快。撥給天行使喚後，天行也教她。四書之外，更教她《千家詩》、《唐詩三百首》，她自己更愛讀詩。不懂的地方就請教文珍、天行，他們不但替她解釋，文珍還教她平仄，她也背熟了

「平平仄仄仄平平，仄仄平平仄仄平，平平仄仄平平仄，仄仄平平仄仄平」這些口訣，文珍又教她作詩。

「以後妳可以自己用功，不必我教了。」文珍說：「不過我希望妳能多陪陪我。」

「我當然願意，不過希望妳能常來這兒。」香君說：「好在以後二少爺不在家，妳就是住在這兒彼得也不能說什麼閒話。」

「我也希望能這樣，不然我的日子實在不好過。」文珍說。

「這樣說來，二少爺是更值得同情了！他身在異鄉異國，又沒有一個知己，他又不像大少爺不愛吟風弄月，他是個文人，難免望著月亮興歎，對著花兒傷悲的。」

「香君，妳真是他的知己！我真希望日後妳能抵我的位置。」

「小姐，我是個丫頭，我那有那種福氣？」香君淚光閃閃，她不存這種奢望，能做個偏房她就心滿意足了。但是天行這一走，連這一線希望也更渺茫了。

「老天爺要是有眼，就該成全妳的。」

「小姐，我已經不相信什麼老天爺了！」香君艾怨地說：「要是老天爺真有眼睛，就不會讓姑老爺拆散你們。」

「我也這麼想過，可是我一直沒有想通。」

「小姐，這不是我們想得通的。自古以來，人間不知道有多少怨偶？有情人又有幾對能成為眷屬？老天爺幾時管過這種事兒？」

文珍一陣唏噓，不再說話。

天行已經起來，他只睡了一會兒，他看看桌上那首詩，默唸了一遍，輕輕歎口氣，便摺起來放進口袋。

香君聽見天行房間有響動，連忙跑過來探望，看他自己在整理床被，連忙碎步跑到他的身邊說：

「少爺，您怎麼自己動手？讓我來。」

說著隨即把他拉到旁邊，自己接手來做。

「以後我不自己動手，難道還有誰來服侍我不成？」天行說。

「不管以後有沒有人服侍您，今天讓我最後服侍您一次。」

「大概也是最後一次了！」天行感慨地說。

香君忽然發覺「最後」兩字不是好兆頭，不禁眼圈一紅，十分懊悔地說：

「少爺，我真該死！一大清早就惹您說出這種不吉利的話兒。」

「不要婆婆經，天下無不散的筵席。妳已經服侍我好久了，我也該自立，妳說是不是？」

「少爺，您成家立業那是另一回事兒。您一向肩不挑，手不提，飯來張口，茶來伸手，怎麼能沒有人服侍？但願我能服侍您一輩子。」

「以後的事兒難說得很！看來也快改朝換代了，我不能當一輩子的少爺，妳也大了，怎麼能服侍我一輩子？」

「少爺，我們主僕一場，您教我怎麼說好？」

「香君，別說什麼主僕了！我臨走時妳說這話好沒有意思，我幾時端過主子的架子？幾時又把妳當過僕人？」

「少爺，您待我好是另一回事兒，但是事實就是這個樣子，我們不是主僕又是什麼？」

天行一怔，看她那楚楚可憐的模樣兒，急切迷惘的神情，一時真不知道如何說好？若論聰明才智模樣兒，她應該是世家的千金小姐，但她又偏偏是自己家中的丫頭，他們兩人雖然十分相投，這種身分地位他無法改變。他撫著胸口說：

「我心裏亂得很，妳這問題只有老天爺才能解答。」說完他就頹然坐下。

「又是一個老天爺？」香君看了他一眼，似笑非笑似哭非哭地說：「老天爺才不管人間的事兒。」

說著她就端著空臉盆、漱口缸去廚房打水，一會兒就端了熱水來，又像平時一樣十分溫婉地說：

「少爺，請洗臉漱口。」

「得罪，得罪！」天行起身走過去，嘴裏說著，眼裏不禁流下淚來。他順勢低頭洗臉，香君沒有看見。

「別這麼酸溜溜的，這那像個主子說話？」香君反而取笑他。

「我是不像個主子。」天行一邊擦臉，一邊回答：「過去彷彿一場夢，從今天起，一切都得重新來過，我的夢也該醒了。」

「少爺，您又說喪氣話！」香君腳一跺，指指週圍的東西和自己說：「一切還不是老樣子？香君還不是香君？」

天行把手巾往臉盆一丟，指指隔壁：

「日後我要是一旦回來，只怕『舊時王謝堂前燕』，都『飛入尋常百姓家』了。」

香君突然蒙著臉嚶嚶地哭了起來，同時跺著腳說：

「我真該死！一大早就惹您說這些不吉利的話兒，我真該死！」

「別婆婆媽媽了，待會兒我離家時妳多說幾句吉利話兒就是。」天行拍拍她的肩說。

文珍看香君許久沒有過去，便過來探望。她看香君眼睛紅紅的，便強裝歡笑的說：

「香君，二少爺今天要走了，妳應該笑臉相送才是。」

「小姐，是我不好，不該惹少爺說了許多喪氣話兒。」香君擦擦眼睛說。

「是她婆婆媽媽，其實我也沒有說什麼。」天行指著香君對文珍說：「人生本來無常，有什麼好忌諱的？」

文珍怔了一會，不知道說什麼好？她知道他的感慨都是因自己而起的。她歉疚地望了他一眼，轉向香君說：

「香君，這不怪妳，少爺心裏有個疙瘩，讓他說說也好。如果犯了什麼天條，由我一人承當好了。」

她這麼一說，天行反而覺得自己理虧。他抱歉地對文珍說：

「這和妳沒有什麼關係，我不再說就是了。」

「本來嘛，」香君連忙接嘴：「今天應該多說些吉利話兒，讓老夫人高興才是。」

「那我們先到前頭去請個安，再回頭向老太太請安好不好？」天行望望她們兩人說。

「少爺，這才是正理。」香君說，本來這是他的日常功課，今天自然更不能免。

天行先走，文珍拉著香君一起去。

天行先向姑姑請安，隨後又和姑姑一起向父母請安，龍太太問香君：

「少爺的東西收拾好了沒有？」

「回太太的話，統統收拾好了。」香君屈屈膝回答。

「難為妳服侍少爺這一場，總算沒有出什麼岔兒。明天起，妳還是回到老太太身邊好了。」

「是！」香君頭一低說。

龍太太隨後又問文珍睡得怎樣？文珍只好撒謊說睡得很好。她又對天行說：

「以後你在日本沒有人服侍你，不再是大少爺了，你要重新做人，自己努力，不要讓姑姑失望。」

天行覺得母親的話一語雙關，怕姑姑和文珍不安，連忙回答：

「請娘和爹放心，我會照顧自己，也會努力。」

「有些地方你應該向你哥哥學學。」龍太太說：「男子漢，大丈夫，要提得起，放得下。」

龍從雲隨即把話岔開，像個慈母般地對天行說：

「你去日本也不必耽心，加藤中人和你祖父、許狀元都是故交，更是我們家的常客。我和美雲事先都寫了信拜託他，他一口答應照顧你。昨兒晚上我又寫了一封信，還準備了一斤老蔘，挑了兩幅畫，你當面送給他。他不像一般日本人，更不像日本軍人，他對我們中國人很友好，你應該把他當老前輩看待。」

說完他就吩咐秋月把那盒老蔘、兩幅畫和信取來交給香君，要香君替天行放好。

「爹還有什麼吩咐？」天行問。

「你也不小了，用不著我多說，一切你好自為之就是。」龍從雲說。

天行告辭，又和文珍她們一道去向老太太請安。龍從雲夫婦望著天行、文珍她們的背影輕輕歎了一口氣。

龍從容心裏有些不安，昨天她雖然向龍太太陪了不是，龍太太似乎並沒有完全諒解她，她也只好逆來順受了。

老太太一向起得早，今天更多念了幾遍《金剛經》、〈大悲咒〉，祈求觀世音菩薩保佑天行平安抵達日本，保佑他們兄弟兩人無禍無災，長命百歲。

天行進來請安時，老太太卻要天行先向觀音大士親自上香磕頭，天行照辦了。老太太又望望龍從容和文珍說：

「妳們信了洋教，頭上另外有個天，我不勉強妳們。」

「娘，我們是受她爹擺佈，米湯裏洗澡，糊裏糊塗。既然進了您的佛堂，我們就該遵照您的規定，向觀音菩薩磕個頭。我相信天上的神都是無私的，是我們人在搞鬼，故意畫出界線分出彼此。」龍從容說著就拉著文珍向觀音大士磕了三個頭。

「妳的話也有道理。」龍從容一磕完頭起來老太太便對她說：「我們中國人什麼神都信，但是河水不犯井水，大家相安無事；不像洋人那麼小心眼兒，為了信教的事兒也要你壓迫我，我壓迫你，打個你死我活，甚至居然派出聯軍來打我們，真太沒有意思！」

「不然小姐也不會發生這種事兒。」香君說。

「文珍這件事兒我們打落門牙和血吞了，從現在起，以後不許再提。」老太太望望香君說。

「是！」香君低著頭回答。

老太太隨即吩咐開早飯，蝶仙傳話下去，廚房立刻端了飯菜上來，仍然是稀飯、饅頭、素菜，不過比平日豐盛很多，盤子、碟子擺了滿滿一桌，老太太、龍從容、文珍、天行三代四人坐著，梅影、蝶仙、香君、璧人四個丫頭，一人服侍一個。天行看了梅影她們一眼，便對老太太說：

「婆婆，我到日本後沒有誰來侍候我，今天可不可以破個例，讓梅影姐姐她們一道上桌吃飯？」

老太太還沒有開口，梅影便搶著說：

「二少爺，沒有這個規矩，多謝您的好意，上下不能不分，我們一上桌就壞了規矩了。」

老太太望望梅影，蝶仙，笑著對她們說：

「妳和蝶仙年紀大一點兒，都很懂事。今天妳們兩位就陪二少爺吃頓飯好了，不過下不為例。」

「老夫人，和您老人家同桌吃飯，我會頭暈。這一次我就受不了，還敢下次？」蝶仙笑著接嘴。

蝶仙的話使氣氛輕鬆了許多，老太太笑指蝶仙說：

「妳們這些人就算妳的話多，還不快些坐下。」

璧人、香君已經盛好四碗稀飯，放在老太太她們面前，蝶仙、梅影各自添了一碗，在老太太左右坐下。蝶仙一坐定就笑著對天行說：

「謝謝二少爺賞我們這個臉兒。」

「我大樹底下好遮陰，叨祖母的光，也享了兩位不少的福，心裏實在過意不去。蝶仙姐，我何德何能？值得妳謝？」天行說。

「二少爺，承您一向沒有把我們當下人看待，我們心裏已經感激不盡了！」梅影說：「可惜我們不能到日本去侍候您，希望您自己多保重。」

「這話兒倒是不錯，」老太太對天行說：「你在日本可不比在家裏，你要處處小心，自己照顧自己。」

「婆婆，您放心，我不是三歲、兩歲。」天行說。

龍從容也囑咐了天行不少話，她對天行心裏有股歉意，再加上天行母親對她不十分諒解，心裏又有些委屈，因此說話時眼圈兒不時發紅，但她怕引起老太太的傷感，強自忍住眼淚，不讓它流出來。

早餐後，天行悄悄溜到後面花園裏去看看樹木、花卉，以及池裏的金魚，他對這些東西都有一分依依不捨之情。平日他每天最少要來一次，今天是他行前的最後巡禮，他懷著一種憑弔的心情，坐在亭子裏，靜靜地觀看，池裏的金魚也彷彿長大了一些，那些鶴頂紅，銀身紅頂，在水面游來游去，姿態十分優雅，屋簷下的那隻大鸚鵡向他裝模作樣，古美雲送的那隻畫眉，掛在一棵梅樹上，蹦蹦跳跳，十分矯健活潑，還不時千迴百轉地鳴叫，似乎十分快樂。而他此時卻有一種徬徨失落之感。他捨不得離開這些東西，但他不能帶走一草一木，或是一條金魚。日本有沒有這麼好的鸚鵡、畫眉？他也不知道。

香君過來找他，他也沒有發覺。

「少爺，雲姑奶奶來了。」香君輕輕對他說。「她送給小姐一顆夜明珠，也給您帶來一個大紅包，我已經收下放好。」

他這才抬起頭來，過了一會，他對她說：

「香君，雲姑對我這一份厚愛，我真不知道怎樣報答她？」

「少爺，大概是你們兩人投緣吧？我看得出來，雲姑奶奶真的並不希望妳報答。」

「可是我覺得我欠她的太多了。」

「少爺，古人說：『大恩不言報，來日方長。』以後你孝敬她的日子還多著呢！」

「那也只好這樣了。」他無可奈何地苦笑。

他正準備和香君一道進去時，古美雲和文珍卻一前一後地走了出來，古美雲遠遠笑著對他說：

「不忙進來，我們陪你在園子裏走走。」

「蝶仙也隨即在她身後出現，她們三人一道向他走來，他和香君也迎了上去。

「這個園子整理得很好，花是花、草是草，看來真是賞心悅目。」他們幾人會合時，古美雲指著花花草草說。

「雲姑，不知道日本沒有這種私人庭園？」天行問。

「日本人也很講究庭園佈置，聽說還是從我們蘇州學去的呢？」古美雲說：「不過他們地方小、房屋小，沒有我們這麼大的氣派。」

「那也聊勝於無了。」天行說。

「日本人很會模倣，他們從我們中國學了不少東西，你到日本就不像到歐洲，不會完全陌生。日本街道商店到處都是漢字，書本兒也多得是，你到了日本會有似曾相識的感覺。」古美雲說。

「雲姑，您這樣說來我就放心多了，我真怕到日本以後會變成個外國土包子。」

「這你放心，加藤的漢學根基很深，漢詩也寫得不錯。當年他在北京還和你祖父、先夫唱和呢？」

「不知道他的家庭情形如何？」

「聽說他沒有兒女，只有老夫妻兩個人住在江戶，人口簡單得很，所以你可以住在他家裏。」

「雲姑，當初哥哥去日本，您怎麼沒有介紹加藤？」

「你哥哥是讀士校，有吃有住，過軍隊生活，所以我和您爹都沒有想到他。」古美雲說到這兒向天行一笑：「你是不是覺得雲姑有點兒厚此薄彼？」

「雲姑，我是覺得您待我太周到太厚了。」天行也笑著回答：「真的使我有點兒承當不起。」

「你和天放的情形不同，性格兒也不一樣，加上當時我又忙，所以他去日本時我連送行都來不及，比起你來，我對他是有些歉意，你見了他時千萬代我問候，日後他學成回國，我會好好補償。」

「雲姑，我是說著玩兒的，您對我們兩兄弟都太好了。」

「雲姑是黃連命，又沒有一男半女，看到你們兩兄弟翅膀長硬了我也高興。只要你叫我一聲雲姑就夠我樂好半天了！」古美雲雖是笑著說話，眼內卻隱隱有淚。

「雲姑，可惜以後遠隔重洋，我叫您您也聽不見。」天行說。

「你常給我寫信也是一樣。」古美雲笑著用手絹擦擦眼角：「你哥哥就是不愛寫信。」

「大表哥或許是紘兒綳得太緊，再加上他一向大而化之，所以讓人空盼望。」文珍說。

「你可不能像哥哥一樣懶得寫信，」古美雲掃了文珍、香君一眼，笑著對天行說：「盼望你的人可多著呢！不止是我。」

「是呀！連我也希望多聽到一些東洋的稀罕事兒，」蝶仙連忙接嘴：「更別說雲姑奶奶和表小姐她們是多麼盼望了。」

「怕只怕我們少爺一到了東洋，見了新人就忘了舊人了。」香君故意俏皮地說。

天行不知如何說好？古美雲笑著對香君說：

「香君，妳可別冤枉二少爺，天行不是那種見了姐姐就忘記妹妹的人。」

「雲姑奶奶，您不知道，可就是有人不大放心。」蝶仙眨眨眼睛一笑。

香君臉一紅，把頭別過去，裝作看玫瑰花兒。

文珍也顯得有些尷尬。古美雲隨即把話岔開，帶著大家走動，欣賞開得正盛的玫瑰花兒。園裏有大紅、水紅、菊黃、雪白的各種玫瑰，花輪都很大，尤其是那種大紅的玫瑰，枝莖粗壯，花瓣層層疊疊，花邊微向外捲，形狀最美。玫瑰與牡丹是園中雙絕，又多又好，可惜現在不是牡丹花開的時候。玫瑰花期較長，加上培植得法，除了霜雪交加的嚴冬之外，經常會有花開。

老太太因為很珍惜天行臨別前的這一點點相聚的時間，打發璧人來叫天行進去，大家便一道進來。

龍從雲夫婦也在老太太這邊閒話家常，天行進來後他們也不談離別的事兒，只談景德瓷莊和萬寶齋復業的情形。龍從雲為景德瓷莊和萬寶齋復業花費了不少時間和心血，雖然還沒有恢復往日的盛況，總算日有起色。老太太聽了也很高興。

「沒有垮下去就是好的，不然你妹婿會看笑話。」老太太說。

「娘，別再提他了！」龍從容說。

「不提也好，」老太太悽然一笑：「可是我一時還抹不掉心裏這個疙瘩。」

古美雲把話岔開，大家又談些別的事情。愈是惜別，時間過得愈快。廚房有人來說，酒席已經準備好了，問老太太要不要開？老太太說：

「早點兒開也好，我們祖孫三代也可以多團聚一下。」

廚司立即下去，古美雲笑著對老太太說：

「乾娘，今天給天行餞行，您可要開齋？」

「今天更不能開齋，你們倒是可以開懷大吃，由我代你們受過好了。」老太太笑著說。

「阿彌陀佛！」古美雲拉長了聲音念了一句佛：「您老人家以為我『三月不知肉味』是不是？其實我雖然不吃齋，可也不愛葷腥。」

「這樣說來，將來妳也成得了佛了。」老太太望望古美雲說。

「罪過，罪過！」古美雲笑說：「來日不下阿鼻地獄就好了，還敢奢望成佛？」

「雲姑奶奶，這可不一定，」蝶仙望著古美雲說：「聽說濟公活佛吃酒又吃肉，只要心好就成。」

「蝶仙，我想濟公應是隨緣應化，未必是真吃酒吃肉？不過妳這話兒倒也算明心見性！」古美雲笑著說：「看來妳倒有幾分慧根。」

「魯智深是個花和尚，她大概不是蜘蛛精就是白骨精？」梅影笑指蝶仙說。

大家都輕鬆地一笑，蝶仙又說：

「我是不是蜘蛛精、白骨精？我自已也不知道。但我不想吃冷豬肉，決不做假聖人。」

「蝶仙姐真是快人快語。」天行笑著點頭。

廚司很快在大廳裏擺好了兩桌酒席，又過來請老太太入席，他們另外替老太太備好了素菜。

老太太、天行他們一桌，另外一桌是為高管家、卜天鵬他們準備的，酒菜十分豐盛，老太太怕天行到日本後再也吃不到家裏這種口味，特別囑咐了廚房加工加料。

席間大家說了不少吉利話兒，高管家、卜天鵬他們還一再向天行敬酒，梅影、蝶仙、香君、璧人也向天行敬酒，文珍一舉起杯子手就發抖，眼淚也撲簌簌地掉了下來，滴進了酒杯，一句話兒也講不出口。卻把酒和眼淚一口吞進肚裏。

「小姐，妳喝得太猛了！」香君連忙扶著她說。

文珍差點兒哭出聲來，老太太立刻對香君說：

「小姐不會喝酒，妳扶小姐去房裏休息一會兒。」

香君連忙扶文珍到房裏休息，一跨進房門，文珍便蒙著嘴哭了起來。香君也陪著落淚，她更是有苦說不出，先前在花園裏說了一句暗諷天行的話，蝶仙就打趣她，險些使自已無地自容。

天行強作歡笑吃完了這頓飯，就回到自己房間清點東西準備出發，他發現香君收拾得很好，箱子裏的東西放得既順手又順眼，自己日常喜歡的書籍用品一樣也沒有短少，文珍那一綹烏黑的頭髮，也小心地套在錦袋裏放進箱子內的口袋中，自己既沒有吩咐，也沒有動手，她做的卻這樣使自己稱心，他不禁輕輕歎口氣，流下兩滴傷心之淚。

香君、文珍發覺他已經回到房裏，便一道走過來看他。香君對他說：

「少爺，勞駕再檢查一下，看看有什麼東西沒有帶走？」

「香君，我已經看過了。該帶走的都帶走了，不該帶走的自然留下來。」

「少爺，這兒那一樣不是您的？有什麼該不該的？」

「香君，看來都是我的，其實都不是我的。」

「少爺，您和我打什麼啞謎？」

「香君，表哥不是和妳打啞謎，他說的都是偈語。」文珍含著眼淚說。

卜天鵬帶著手下來搬東西，兩口大箱子，一人提一口，卜天鵬邊走邊對天行說：

「我先到車站去安排一下，你隨後來。」

香君文珍看見他們把箱子提走，幾乎失聲哭了出來，天行也不禁落淚，他轉身對文珍說：

「千里搭著棚，終須一別，妳不必送了。」

「我和娘趕來，就是為了一別，怎能不送？」文珍含淚回答。

於是他們一道來到老太太這邊，老太太本來要送，龍從雲不肯，龍太太對她說：

「娘，您可別送，他年紀輕輕的，您別折煞了他。」

老太太便把天行叫到面前囑咐他好好保重身體，努力上進。

「千言萬語總歸一句語：你不要丟祖宗的人。」老太太最後這麼說。

天行磕了三個頭，才起身告辭，走了兩步老太太又突然叫住他說：

「對了，我還忘記告訴你一句話。」

「娘，您快講。」龍太太說。

「聽說東洋女人溫柔體貼，百依百順，你不要忘記東洋人對我們沒安好心，掉進陷阱。日後你的親事還是回來決定好，我希望能夠親眼看見你成親。」老太太說。

天行根本沒有想到這件事兒，人生是這樣無憑，他想也許他這一輩子也不會成親？

「婆婆，我還沒有想到這件事兒，唯願您長命百歲。」說著他就低著頭含著淚急急走開。

龍從雲夫婦、龍從容母女和古美雲一道送天行到前門車站。香君也想送他，卻不敢開口，只好眼睜睜地看著他離開。

卜天鵬在月臺上等他上車，火車已經停在那兒，只是開車的時間未到。卜天鵬買的是兩張頭等票，和上次送天放一樣，這次也是他送。

卜天鵬就站在頭等車廂旁邊，頭等車廂的客人不多，上車的沒有幾個人，在月臺上話別的人也不多，不像三等車廂那麼擁擠，車廂裏，月臺上都是人。

龍太太平時對兒子從來不婆媽媽，現在卻把她一腔母愛都傾瀉出來，對天行一再叮嚀，無微不至。龍從雲看了打趣地說：

「照妳平日的情形看來，他們兩兄弟好像不是妳生的，現在怎麼忽然這樣婆婆媽媽起來了？」

「平日有婆婆把他們護著，我這個做娘的反而插不上手。我總不能為了兒子和娘爭來奪去？所以我也樂得輕閒。只要你和娘不怪我不賢德就好了。」龍太太說。

「二嫂是大賢大德，最有分寸。」古美雲說。

「美雲，我不是沽名釣譽，只怕他們兩兄弟心裏還不明白。」龍太太說。

「娘，我和哥哥心裏怎麼不明白？您不怪兒子只親婆婆不親娘就很好了。」

「你們身上都流著娘的血，娘還怕你不親？」龍太太笑著摸摸他後腦勺上的大辮子說：「你有沒有什麼話兒要和文珍講？別在這兒耗著，你們上車去說吧！」

「天行望望文珍，文珍想起舅媽早晨當著她和娘的面講的那幾句話，心裏有些委屈，她流著淚對龍太太說：

「舅媽，我現在是跳進黃河也洗不清了，我還有什麼話好講的？」

說著說著她就哭了起來。

「妳這孩子，舅媽並沒有怪妳，妳何必想不開？」龍太太拍拍她說。

「舅媽，我知道，要不是為了我這事兒，表哥也不會負氣遠走日本。您不怪我，我心裏也不安寧。」

火車頭突然尖叫一聲，大家都一驚。卜天鵬連忙拉著天行上車，天行剛踏上車，車子就開動了。他站在車門口忙著向大家揮手，車頭連聲嗚嗚尖叫，車輪吃啐吃啐地在鐵軌上輾過。文珍看著天行離開，一時百感交集，好似萬箭穿心，車輪彷彿在她心上輾過，她萬念俱灰，突然身子向前一竄，正準備跳下，幸好龍從雲及時伸手一抄，用力把她抓住，她跳不下去，哀傷地叫了一聲「舅舅……」，便倒在龍從雲懷裏痛哭起來……。

第三十六章　川端美子花解語

加藤中人心向唐

大海茫茫，波濤洶湧，無邊無際，極目四望，除了如山的巨浪外，什麼也看不見。船上的旅客都在艙內，只有他一個人扶著冰冷的鐵欄杆，站在船頭的甲板上，望著遠方，望著那海天一線的地方。他不辨方向，不知道家在何方？江戶又在何方？這是他第一次航海，第一次單獨離家遠行，船上沒有一個熟人，他坐的又是頭等艙，連一個聊天的人也沒有，他從來沒有感到這樣孤獨！家中那種溫馨、關切，已隨昨日而去。昨夜他又失眠，而且流下不少傷心之淚。

他又從口袋裏掏出前天晚上寫的那首揉縐了的律詩，反覆看了幾遍。昨天文珍如果從月臺上跳了下去，他也會毫不遲疑的跳下火車，他看到文珍被父親抓住，不知道這是幸或是不幸？她現在是留在自己的家中還是在彼得身邊？她那種身心分裂的生活如何過得下去？時間是不是會改變她？自己負氣離家，遠渡重洋，是對是錯？又會是怎樣的結果？失去了文珍，是不是更會失去香君？香君對他的感情他不是懵然無知，但是他知道由於彼此的身分地位不同，更由於文珍嫁給了彼得的關係，祖母、父母絕對不會讓他明媒正娶，香君只能作他的偏房，現在時移勢易，他已不想委屈香君，這都是解不開的結。何況香君又不像梅影、蝶仙是買來的。香君的父親烏爾固爾是位落籍北京的蒙古人，因為欠了人家的賭債，大年三十逼得要跳井，老太太看他一家數口，嗷嗷待哺，太太又是個善良賢慧的漢人，及時送他三百大洋，他十分感激，加上兒女太多，也養不活，便將長得最聰明伶俐漂亮的小女兒烏爾格爾勒送來服侍老太太，老太太本來不要丫鬟，一方面是烏爾固爾夫妻懇求，一方面看烏爾格爾勒十分聰明伶俐，長相可愛，眉清目秀，不像蒙古人，完全像她母親，這才答應收留下來。而且特別說明那三百大洋是送給他的，不是烏爾格爾勒的身價銀子，只是勸他以後戒賭。烏爾固爾千恩萬謝。老太太能收留烏爾格爾勒等於救了她一命，不然他也會便宜賣入娼門，或是跑江湖賣藝的。

烏爾格爾勒來後，老太太十分喜愛，只是覺得蒙古姓名太彆扭，叫起來很不順口，因此改名香君。老太太這個靈感不是來自《桃花扇》，而是來自那個回族美人「香妃」，但她不敢用「妃」而用「君」，這樣不但完全漢化而又典雅。

香君來時剛好十歲，她一來不但得到老太太的喜愛，梅影、蝶仙也喜歡她，她和文珍更相投，文珍還教她認字讀書，文珍讀書寫字時她又愛替文珍磨墨按紙，老太太把她撥給天行使喚時，她已經讀完了《女兒經》、《賢文》、四書，而且都背得很熟。她對天行更是一片忠心，體貼入微，天行自然喜歡她。文珍負氣回家後，她更成了天行的精神支柱，兩人相知之深不下於文珍，親密更過於文珍，只是身分地位懸殊而已。現在他身在茫茫大海，回首前塵，感慨萬千，不禁迎風落淚，對海生悲。他不知道哥哥當時的情形如何？幸好哥哥不愛詞章，又沒有牽藤絆葛的感情，比他灑脫多了。上船時他要卜天鵬發了一份電報給天放，造訴他船名船期，請他到長崎來接，不知道哥哥能不能來？他比哥哥多帶了一口大箱子，累贅得多。

好不容易熬到長崎，船靠碼頭時他在船舷張望，岸上的男女穿的都是和服，他發現一位軍人夾在那些男女之間，他仔細辨認，認出那位軍人正是天放，他先向天放搖手，天放也從他一身長袍和那條大辮子認出他來，也向他搖手，他這才放下心中一塊石頭。

天放是識途老馬，而且已經學會一些常用日語，日本人對軍人又特別尊敬，他想像的一些問題都迎刃而解，上了火車兩人才說起別後的種種情形，天放告訴他日本士官學校是明治三十三年創辦的，這一期有三十多位中國學生，多是各省保送的，訓練紀律非常嚴格，可是並不孤獨。起初語言有些不便，幸好別的中國同學幫了他不少忙，現在已經能夠適應了，隨後他說出他的觀感：

「日本人比我們刻板，一是一、二是二，團結心、愛國心很強，軍人更是絕對服從。我們不要以為它小，它不像我們是一盤散沙，它是一個很可怕的民族，尤其是士官學校的長官，不論隊職教職，對我們中國都很有研究，對東三省更如數家珍。」

「這樣說來我們的大禍又不遠了？」天行說。

「如果我們還是關起門來做皇帝，戴著緊箍咒兒抱著一條爛板凳腳，遲早會做亡國奴。」

「上次聯軍入京，就是人為刀俎，我為魚肉。」

「他們還在爭權奪利，母子水火不容，不管老百姓的死活，我看愛新覺羅的氣數是快盡了。」

「難道日本有什麼風聲？」

「這兒有很多國內來的人在反他們。」

「在家裏我很少聽到這種新聞。」

「在紫禁城下談這種事兒是會誅九族的。在這兒天高皇帝遠，那就不同了。」

天行看看前後左右沒有中國人，日本人除了一身和服以外，在面貌上是不大分別得出來的，他很奇怪那些日本女人對男人特別恭順，彷彿奴才對主子一般。梅影、蝶仙、香君她們也沒有日本女人這樣卑躬屈膝。

「文珍的事兒怎樣了？」天放突然問天行，他離家以後就沒有人告訴他這件事兒。

「她已經嫁給彼得了。」天行故作平淡地說。

天放望望弟弟，過了一會才說：

「女人沒有幾個是三貞九烈的。」

「這倒不能怪她。」天行說：「這完全是姑爹的逼迫。」

「你倒是宰相肚裏好撐船，」天放一笑：「你何以見得？」

「那天她和姑姑送我到車站時，企圖跳軌自殺，幸好被爹及時抓住，不然我也來日本不成了。」

「她嫁給了彼得，還能來送你？」

天行便將文珍和姑姑事先提出的三個條件告訴天放，天放點點頭，過了一會又望著天行說：

「我看姑爹這種人是什麼事兒都做得出來的，你要爭口氣，不能給他看扁了。」

「我看文珍這件事兒不是我個人的問題，姑爹這種抱著洋人大腿的二毛子還多得是，我個人才不在乎他怎麼看我？」

「婚姻這種事兒倒不必放在心上，」天放安慰天行說：「天涯何處無芳草？男子漢、大丈夫何患無妻？依我看，日本女人溫柔和順，是世界上最好的妻子。」

「你是不是對日本女人很有興趣？」

「這只是我的看法，我現在根本沒有想到弄根繩子拴住自己。」

「我臨行時婆婆還告誡我，說日本人沒安好心，我知道她的意思是不讓我們兩兄弟娶日本女人。」

「婆婆還真有遠見！」天放笑道：「可就是對文珍這件事兒沒有當機立斷。」

「這也難怪她。」天行說：「她揹了我們龍家的包袱。」

「你來日本以後，也不打算結婚了？」

「婚姻的事兒不簡單，」天行向天放苦笑：「我現在沒有心思想這種事兒。」

「你要是把女人當做一首詩、一朵花兒，擺在臥房裏欣賞，那你終歸是失望的。」天放說。

「可也絕不能把女人當做是端茶、燒飯和生兒育女的工具。」

「其實說穿了，娶女人還不是那回事兒？」天放爽朗地笑說：「我看日本男人全是這副德性，他們還不是過得很好？」

天行看看週圍的日本人，他們有些成雙成對，似乎都很融洽幸福，可是他們都不與鄰座的客人交談，各顧各的，更不與他們這兩個中國人交談。他們對於天放這位士校生也都敬而遠之。

江戶是日本的大都市，現在稱東京，雖然不能和有幾百年歷史的帝王之都北京相比，但找加藤的住所還是費了相當的周折，因為天放也沒有來過。

加藤的房屋自然沒有他們的翰林第那麼高大寬敞的氣派，也小得不成比例，但也有一個小小的庭園。房屋都是木頭造的低矮平房。加藤家人口簡單，夫婦兩人居住卻綽綽有餘。他們到達時，到玄關來迎接的是一位皮膚雪白、眼如秋水、鼻如懸膽、唇紅齒白、面孔甜得像洋娃娃，梳著高髻、穿著花和服，看來又像唐朝的仕女畫的少女。天行不免一怔，他聽古美雲說過，加藤夫婦無兒無女，怎麼來迎接他的是這麼一位如花似玉的妙齡女郎？看她這身打扮和氣質，又不像是丫鬟使女，這到底是怎麼回事兒？是不是弄錯了門牌？他正狐疑時，她卻優雅地雙手撫著膝蓋，向他行了一個九十度的鞠躬禮，同時嫣然一笑，用中國話說：

「您是北京來的龍公子吧？」

天行又一怔，但心裏卻十分高興她會說中國話，而且和他的北京話一樣道地，他連忙回答：

「正是！請問加藤先生是不是住在這兒？」

「是！」他又低頭鞠躬。「我叫川端美子，是加藤先生的學生。加藤老師和師母臨時有事出去了，他特別囑咐我好好地接待龍公子。」

她一面說又一面打量天放，天行先謝謝她又介紹天放，她又對天放行九十度的鞠躬禮，天放用日語對他說自己是士官生，她對他更加恭敬。她從鞋櫃裏取出兩雙男用新拖鞋，放在他們前面，只是這種拖鞋和中國拖鞋不同，天行是第一次看見，不知道怎麼穿，天放教他穿，他覺得夾在大拇趾中間很不習慣。她帶天行去看房間，這個房間還不到他家裏的房間四分之一大，卻是個最大的房間。紙門，地上全舖著塌塌米，沒有床舖，房內有一張小書桌，一張矮几，這就是書房兼臥室。天行覺得很不習慣，但沒有話說，轉身來提箱子，天放已經提了上來，放進房間。他看了一眼便對天行說

「這已經是日本最好的房間了，他們不睡床舖。」

「這多彆扭？」天行苦笑。

「慢慢就會習慣。」天放安慰他說。

川端美子已經打好了洗臉水來請他們洗臉，天行很不好意思，客氣地對她說：

「川端小姐，請別客氣，一切由我自己來。」

「聽加藤老師說，您在家裏是個大少爺，府上傭人很多，您還有丫鬟服侍。」川端美子笑著說。

「現在身在貴國，情形不同，一切我都得從頭學起，請您多多指教。」

「加藤老師都有安排，請您放心。」川端美子說。

他們兩人匆匆洗了臉，天放因為要趕回學校，不能久留，天行便跟他出去在附近買些日用品，兄弟兩人又在附近的館子吃飯。日本飯菜十分簡單，分量又少，菜都是甜甜淡淡的，沒有一點味道，天行更不習慣。他看日本人卻吃得津津有味，但吃得比他們兩人更簡單更少。

「我恐怕要在日本捱餓了？」天行說。

「起初我也一樣，餓了幾頓就會好的。」天放說：「在日本別想過家中那種少爺日子。」

天放一吃完就匆匆告別，天行要他常來，他戴起軍帽說：

「這次我是請特別假出來的，我沒有你這麼自由。」

天行看他匆匆走開，獨自循原路回去，路人看他一身長袍，背後又拖著一條大辮子，都用好奇的眼光望望他，使他有些尷尬。在北京大家都是一樣，在東京他卻成了怪物了。

他回到加藤家裏，川端美子又笑臉相迎，九十度鞠躬，雙手送上拖鞋，天行實在不好意思，香君也沒有對他這樣恭敬，因此他對她說：

「川端小姐，以後不要這麼客氣，我實在承當不起。」

「龍公子，這是我們日本規矩，女人對男人應該這樣的。」川端美子說。

「可是妳是小姐，在我們中國只有丫鬟服侍人，但也不像您這樣多禮。」

「龍公子，在我們日本，女人對男人都是一樣，您慢慢就會習慣下來。」

說完她就準備開飯，可是客廳裏不但沒有一張大八仙桌，連一張大方桌也沒有，只有一張矮小的方桌。她擺上兩盌飯、兩盌味噌湯，兩碟鹹魚，每碟一小塊，兩塊醬蘿蔔、兩碟豆腐，兩雙短筷，完全不像他家裏那種大八仙桌、太師椅，有客人來時，最少十二大海盌豐盛的雞鴨魚肉、山珍海味，外加許多盤碟，這兒連凳子都沒有一張，怎麼吃飯？川端美子請他吃飯，又問他哥哥怎麼沒有來？天行說他同哥哥在外面吃過飯，哥哥回學校去了。

「老師交代過我，我已經準備好了。」川端美子說：「以後您不必在外面吃，老師也有交代，只怕我作的飯菜不合您的口味？」

天行不好說出他對日本飯菜的感受，只好說：

「我會慢慢習慣的，只是太麻煩您了！」

「不麻煩，我也住在老師家裏，我自己也要吃飯。」

天行打量週圍一眼，不知她住那個房間？川端美子會意，用手指指後面那個房間說：

「我在那間房裏已經住了一年多了。」

「府上是那兒？」

「京都。」她笑著回答：「聽加藤老師說，京都很像貴國的洛陽？是不是？」

「抱歉！我還沒有去過貴地京都，不知道像不像？」

川端美子聽了不禁失笑，立刻對他說：

「以後歡迎您去京都玩玩。」

說著她雙腿一併，雙膝跪在塌塌米上，說聲「對不起」，就吃起飯來。天行不好看著她吃飯，便回到自己的房間整理東西，對於這個完全陌生的環境，他很不習慣，幸好有個壁櫥，他把箱子和日用的東西都放進壁櫥，發現壁櫥裏還有一床棉被，他本來打算向川端美子打聽什麼地方可以買到棉被？看來是加藤先生替他準備的，那就不必再買了。他把帶來的書籍放在書桌上，這張書桌也比他家裏那張大書桌小了一大半，勉強把書放下，就佔了將近半個桌面，要想寫大字那就施展不開了。

他看看自己房間左右推動的紙門，輕飄飄的，不但一根指頭輕輕一戳就破，一根指頭輕輕一挑也可以挑了起來，彷彿沒有一點安全感，一點隱密。他是男人，都覺得很不妥當，川端美子是位如花似玉的小姐，也是一道紙門，這如何使得？中國的閨女都有閨房，十分安全隱蔽。香君的房間也很大很深，不是一進屋就可以看見，雕花木頭房門更是嚴緊。

川端美子很快就吃完了飯，收拾了盌筷。沏好茶後又走過去用手在天行房間的紙門上輕輕敲了兩下，請他出來喝茶，天行在想那些新鮮事兒，沒有注意她走過來，聽見她輕敲紙門的聲音才回轉頭來，跟她出來喝茶。茶壺茶杯也是放在她剛才吃飯的小桌上，紅泥茶壺很小，茶杯更小，和酒杯不相上下。他家裏所有吃飯的茶盌盤碟，喝茶的茶壺茶杯都是景德鎮出產的上等名瓷，上面都畫了山水花鳥人物，喝茶的蓋盌薄如雞蛋殼，裏外透明。加藤家的這種茶具是紅泥的，據說是仿自宜興茶具，有古樸味，但沒有景德鎮瓷器那麼精美高雅。

川端美子先在他對面跪坐下來，再請天行坐下，天行起先也像她一樣跪坐，膝蓋不大好受，她要天行盤腿坐著，這樣比較舒適安穩。

他有些口渴，但茶杯太小，一口就可以喝乾。他在家裏喝慣了蓋盌茶，蓋盌比這種小茶杯大很多，口渴時足以解渴，不渴時也可以品味。現在他渴，但又不敢一口喝乾，只像喝酒一樣淺飲，他知道這種喝法是品不是飲，本來是中國士大夫的一種雅事，也傳到日本來了，日本人稱為茶道。

川端美子自己並不喝，專門侍候他，他不好意思，一再請她喝，她才為自己斟了一杯，陪著他品嚐。

天行問她的中國話怎麼說得這麼好？她說她在京都學了好幾年。

「誰教的？」天行問。

「是您貴國一位王先生教的，他也是北京人。」她笑著回答：「來東京以後，我在學校又選了加藤老師的唐詩課。」

「那妳的漢文也很好了！」天行驚奇地說。

「聽說您是個舉人，我怎麼敢在孔夫子面前賣文章？您說我的漢文好？我做您的學生恐怕還不夠格呢？」

「舉人並不代表真有學問，那算不了什麼。」天行搖搖頭說：「日文我是一個字也不認識，以後倒要多向您請教。」

「您學日文比較容易，加藤老師也同我談過這件事，不過我還不敢答應。」

「您是怕我太笨？」

「不，」她笑著搖搖頭：「一來我怕我教不好，二則我也有一個請求，不知道您肯不肯答應？」

「妳做我的日文老師是綽綽有餘，不知道您要我做什麼？」

「我也想請您教我漢文。」她望著天行純真地笑笑：「這樣就很公平，我們誰也不是老師、學生了。」

天行也高興地一笑，但是他說：

「聽說加藤先生的漢文很好，他在北京和先祖父、許狀元都有過唱和，我比先祖父還差得遠，恐怕也比不上加藤先生，怎麼敢教您呢？」

「加藤老師年紀大了，我不能處處請教他，但有些地方我自己又不懂，因此我才想抓住這個千載一時的機會向您請教。」

「那我們共同研究好了。」

「您是答應了？」她身子一聳，笑得更甜。

「您也答應了？」天行笑著反問她。

她笑著點點頭，又補充一句：

「這樣我們誰也不是老師。」

天行覺得這樣也好，彼此都沒有拘束，彼此都可以教學相長，他最耽心的語文問題迎刃而解了。

「您看我這樣從頭學起，要多少時間才可以看懂日文書籍？」天行問。

她打量天行一眼，眨眨水汪汪的眼睛說：

「依我看頂多半年時間。」

「那麼快？」天行高興得幾乎跳了起來。

「日文是從漢文演變過來的，書上還有很多漢字，只要把夾在漢字中間的『假名』去掉，便可變成中國文章，讀來毫不費力。」

「我會三更燈火五更雞，做個用功的學生。」

「您要是像考狀元那樣用功，那就更快了。」她笑瞇瞇地說。

「考上了狀元也沒有什麼用處了。」天行淡然一笑：「我們的科舉本來是一種選拔人才的好制度，但是後來不存好心的皇帝，卻以八股文做成圈套，讓讀書人往裏面鑽，結果那些舉子多半只知道起承轉合、之乎者也，咬文嚼字，四體不勤，五穀不分，這樣的舉人、進士、狀元有什麼用處？所以八國聯軍一打，我的進士老師就糊裏糊塗送了性命，現在科舉也不得不廢了。」

「但我還是想學好漢文。」

「漢文是值得學的，我們老祖宗的學問也大得很，但我這個舉人可沒有什麼學問，恐怕您會失望的？」

「您太客氣了！」她純真地笑道：「我要學到您這個程度，那還早呢！」

「唐朝詩人有兩千兩百多位，《全唐詩》共有四萬八千九百多首，不知道加藤先生教了您那些人的詩？」

「唐朝怎麼有那麼多的詩人？那麼多的詩？」

「唐朝是一個詩的朝代，三百年間自然會出這麼多詩人，上自帝王、后妃，下至和尚、道士，什麼人都有。」

「唐朝真了不起。」她望望他甜甜地笑，笑起兩個酒渦：「您怎麼知道這麼多？」

「我有九百卷《全唐詩》，可惜這次不能帶來。」天行遺憾地說。「或許加藤先生也有？」

「加藤老師沒有。」她搖搖頭。

「貴國一定有人收藏？」

「我們學校圖書館有，」她想了一下說：「這麼大的書不知道是誰編的？」

「是我國康熙皇帝要詞臣編的，這倒是一大功德，加藤先生到底教了那些唐人的詩？您還沒有告訴我呢！」

「加藤老師教了李白、大杜、小杜等人的詩，不過他好像偏愛白居易。」

「白樂天是唐朝的大詩人，他的詩婦孺皆懂，唐憲宗召他為詩學士，宣宗皇帝對他更加器重，他死後宣宗還作了一首律詩悼念他。」

「您記不記得那首律詩？」

天行點點頭，隨即唸給她聽：

綴玉聯珠六十年，誰教冥路作詩仙？

浮雲不繫名居易，造化無為字樂天。
童子解吟長恨曲，胡兒能唱琵琶篇；
文章已滿行人耳，一度思卿一愴然。

「宣宗皇帝這首詩也寫得好。」

「皇帝本身都是詩人，您說唐詩怎麼不發達？」

「不過我特別喜愛白居易的〈琵琶行〉。」川端美子說。

「您知道他的〈琵琶行〉是在什麼地方作的嗎？」天行笑問。

「江州。」她立刻回答。

「江州是什麼地方？您知不知道？」她笑著搖搖頭。

「那就是鄙人的家鄉。」天行指指自己一笑。

「您不是北京人嗎？」她睜大眼睛問。

「我是在北京生長的，但我的原籍就是江州，江州是唐朝的名稱，後來又稱潯陽，現在稱為九江。因為我祖父點了翰林之後就在北京做官，我們就寄籍北京。其實原籍還是江州。正像東京一樣，它以前不是稱做江戶嗎？」

「這很有意思？」她笑著點點頭：「中國地方那麼大，歷史那麼久，我怎麼知道這些掌故？」

「歷史文化和文學作品是母子關係，我們中國文學在這方面真是得天獨厚。」

「真想不到，我會碰上您這樣一位好老師？」她純真地一笑，笑得格外甜。

「您不是說了我們誰都不是老師嗎？」

「好，以後不說就是。」她又乖乖地鞠躬。

加藤夫婦從外面回來，川端美子連忙起身迎接，天行也隨即起立，走到玄關向他們兩夫婦一鞠躬，不用介紹，加藤就笑著點頭說：

「你就是龍公子了？歡迎歡迎。」

「不敢，在下正是龍天行，打擾前輩，真不好意思。」天行一面鞠躬一面說。

他們夫婦兩人穿好拖鞋進來，加藤是位戴著近視眼鏡的瘦瘦小小、斯斯文文，看來六十來歲的老人。加藤夫人和丈夫年紀不相上下，矮矮胖胖，她沒有說話，只對天行笑笑，笑時兩眼眯成一條縫，看來很慈祥。川端美子對他們兩位像對待師長又像對待父母一般，恭敬而又親切。

天行隨即在箱子裏取出父親的親筆信和禮物雙手奉上加藤，加藤說了聲謝謝，便把禮物交給川端美子，先打開信來閱讀，看完信之後又向天行笑道：

「你放心，一切由我替你安排。」

隨後他又吩咐川端美子把畫卷解開，天行和川端美子兩人分頭拉著，加藤站在旁邊仔細觀賞，這一幅是清人蔣廷錫的絹本《楊梅練雀》，構圖、造形、著色都非常好，加藤一面看一面點頭，第二幅是清人余省的紙本《無射戒寒》山水設色畫，紅葉秋山，構圖、設色十分巧妙，亭臺、小橋、人物點綴得也非常好，右上角還有一首七律，詩字都好，加藤一面看一面吟誦起來：

性與秋光自覺諳，登高此日暢幽探；
荷衣已破無從補，楓頰纔紅尚未酣。
恰好得詩教雁寫，不須摘菊倩人簪；
晚來靜坐寒窗下，即景頻頻愓九三。

吟完以後又望著天行說：

「府上是書香世家，令尊又是骨董字畫專家，謝謝他送我這麼好的禮物。」

「可惜八國聯軍將我家的萬寶齋骨董字畫搶光了，不然家父會送您更名貴的字畫。」天行說。

「那府上的損失很大了？」加藤望著天行說。

「除了萬寶齋搶光了之外，景德瓷莊也燒光了。」

「可惜，可惜！」加藤連連說。

「幸好現在已經復業，只是萬寶齋的損失無法彌補。這兩幅畫還是家父最近蒐購來的。」

「老師，這兒還有一盒人蔘。」川端美子把那盒人蔘拿給加藤夫婦看。

「這是家父送給老前輩進補的長白山老蔘。」天行說。

「其實令尊不必這麼破費，想當年我在北京，承令祖大人厚愛，待為上賓。令尊那時正是風度翩翩的佳公子，你大概還在地上爬吧？」加藤說著笑了起來，又打量天行說：「你和令尊當年十分相似，所以我一見面就似曾相識，你和令祖的神采也相彷彿。時間過得真快！你已經是第三代了。我和府上真算有緣。」

「我託祖上餘蔭，以後還要請老前輩多多賜教。」天行恭敬的說。

「這是義不容辭的事，所以上次我接到令尊和許狀元夫人的信後就一口答應了。」加藤說著又望望天行和川端美子兩人一眼：「你們兩人大概談了不少時間吧？美子有沒有把我的意思告訴你？」

「老師，我已經向龍公子說過了。」川端美子連忙接嘴：「他已經答應教我漢文，我才答應教他日文。老師，龍公子對唐詩才懂得多，清楚得很呢！」

「他家學淵源，我的年紀也大了，他肯教妳我就可以省很多精力了。」加藤高興的說。

「我學養有限，還要請老前輩隨時指點。」天行說。

「你別客氣，當年我在北京向令祖討教，獲益不少。現在你來江戶，我正好報答當年令祖對我的厚愛。」說著又指指川端美子：「美子天分很高，漢學根基相當深厚，她雖然是我的學生，我倒把她看做自己的女兒，你們兩人正可以教學相長。你初來江戶，自然有很多不瞭解不習慣的地方，你放心問她好了。」

隨後他又要川端美子替他把這兩幅畫掛起來，他這個客廳已經有幾幅中國字畫，天行幫助美子把畫掛好之後，他又對天行說：

「你到我書房來看看，我書房裏還掛著令祖送我的一幅中堂呢！」

加藤把他書房的紙門推開，天行和美子都跟了進來，加藤指著那幅中堂說：

「就是那一幅，你該認識令祖的字吧？」

天行一看，自然認識，何況後面還署了名鈐了印。他祖父是一位詩書畫都很擅長的雅人，書法尤其著名，他能寫各種字體，更能推陳出新，這幅中堂寫的是程顥的一首七律〈偶成〉：

閒來無事不從容，睡覺東窗日已紅；
萬物靜觀皆自得，四時佳興與人同。
道通天地有形外，思入風雲變態中；
富貴不淫貧賤樂，男兒到此是英雄。

天行看完以後，加藤又說：

「令祖是一位雅人，也是一位達人，他用程顥這首詩送我，無異是他的夫子自道。」

「可惜先祖過世時，我只有幾歲，不然可以向他多學一些。」天行說。

「我在你的身上也可以看出令祖的影子。」加藤說。

「我差遠了。」天行笑著搖頭。

「你還年輕得很！我從你身上已經嗅得出你們龍家的書香味來。」

「我真沒有想到，能在老前輩府上看到先祖的手蹟？」

「不但你沒有想到，恐怕連令尊大人也沒有想到吧？」加藤得意的說：「令祖這幅中堂是我在他書房和他聊天聊得高興時他信手寫的，落筆行雲流水，酣暢之至，我當場收藏起來，帶回江戶裱褙，你怎麼會想到呢？」

「老師，我也是現在才知道這幅中堂原是龍公子的祖父寫的，真是家學淵源，難怪！難怪！」川端美子笑著看了天行一眼說。

「他祖父的書房可比我這個小書房大得多啦！」加藤搖頭晃腦的說：「依我看，最少有兩百疊榻榻米大，他那一張書桌之大，我在日本也沒有見過。」

川端美子聽了加藤這麼說，眼睛睜得圓圓的，不時望望天行，天行卻平淡的說：

「因為先祖的書多，房間小了不夠用，我還記得先祖在世時，每年三伏天曬書就要曬好幾天，要不是人手多，那還真不行，」

「美子，他的話一點不假，」加藤指著天行對美子說：「他祖父的藏書不但多，還有不少孤本。他家的房子，妳猜有多大？」

「老師，大概有您這房子三四個大吧？」

「三、四十個也不止！」加藤搖頭一笑：「而且格局好，氣派大，我們日本沒有那種房屋。」

「在北京倒不少。」天行說。

「這麼說來，我倒希望有朝一日，能去北京看看。」川端美子笑著望望天行說。

「我一定盡地主之誼。」天行也笑著點頭。

加藤年紀大了，需要休息，他一面解開腰帶，一面對天行說：

「你和美子再談談吧，不要見外，你來了我也不再寂寞。你不知道老年人很怕寂寞，尤其是我，專搞漢學，知音的不多，說得來的很少，從明天起，你也不必再叫我老前輩了。」

「您是先祖的故交，我不叫老前輩叫什麼好呢？」天行笑問。

「你和美子一樣，都叫我老師好了。」加藤也笑著回答：「老師只論聞道先後，不論年齡的。」

「那我就恭敬不如從命了。」天行笑著一鞠躬，退了出來。

美子卻雙手撫膝彎腰，恭恭敬敬行了九十度的鞠恭禮才退出來。

天行現在考慮的是房租和伙食問題，他悄悄和美子商量，請教美子該怎麼辦好？

「我在老師家裏房租伙食他都不算，因此我主動做家事，侍候他們兩老。」

「我可不會做家事，那怎麼辦呢？」天行搔搔頭說：「拿錢又恐怕他會見怪？而我又不是作客，只住一兩天的。」

美子也不知道如何是好？天行問她每天的家用伙食費是怎麼處理？美子告訴他每十天向加藤夫人領一次。天行又問她是多少數目？美子也告訴了他，他立刻對她說：

「從明天起，妳不要向師母領錢，由我按數交給妳好了，如果有額外開支，我另外再加，妳看這樣好不好？」

「好是好，」美子向他一笑：「這樣您的負擔不是重了一些？」

「我向來不斤斤計較，」天行說：「人生最難得的是一個緣字，不在金錢。」

「那我也算有緣了？」她笑瞇瞇地望著他說。

「我們中國有句俗話說：『同船共渡前世修。』我們住在加藤老師的屋簷下，應該算是有緣的。」

她看他一眼，笑著彎腰而退，碎步跑回自己的房間，天行望著她穿著和服嫋嫋婷婷的背影，覺得和穿著高領、窄袖、細腰、短褂，配著長裙的文珍、香君她們又別有一番風情，他默了一會才走回自己的房間。

第三十七章　天行奏高山流水　美子解庶士有梅

他一直做夢，起先是夢見彼得責怪文珍不該在龍家過夜，兩人吵了起來，文珍一面哭一面說：

「我在外婆家過夜是和我娘一道，又不是我單獨留下的，我犯了什麼忌？」

「龍天行還待在家裏，妳在他家過夜，就不能不使人生疑！」彼得說。

「是你疑心生暗鬼，我表哥可是堂堂正正，坦坦蕩蕩的君子人。」

「妳說的比唱的還好聽，誰知道你們搞什麼鬼？」

「你不要血口噴人，我和表哥從小青梅竹馬，清清白白，沒有一樣事兒見不得人。」

「鬼才相信！」

「你既然這麼多心，當初為什麼千方百計，死皮賴臉要娶我？」

「是妳爹想走我 father 司徒威的門路，才搭上我這座橋的，可不是我一個人的主意。」

「你們各懷鬼胎，都把我當做一塊肥肉，現在肥肉進了口，你反而說有骨頭，信主的人昧著良心說話，可要小心報應！」

文珍愈哭愈傷心，愈哭愈氣憤，她一時想不開，突然跑去跳井，只聽見撲通一聲，他一驚而醒，原來是老鼠打翻了油燈，他發現自己睡在塌塌米上，一陣惘然，因為連夜失眠，身心太疲倦，不久又進入夢鄉。

他又夢見香君。

香君向他哭訴，說她父親接了別人的聘金，要她嫁人，他聽了一怔，半天沒有作聲，香君又氣又急，哭著對他說：

「少爺，你怎麼一點也不關心？」

「妳爹平時不來看妳，怎麼會突然要妳嫁人？」

「大概他又窮得發瘋了，所以才來打我的主意。」

「妳看我該怎麼辦？」

「請您趕快向老夫人求情，說我情願當一輩子丫鬟，也不嫁人。」

「妳和梅影、蝶仙不同，恐怕老太太也不便留妳。」

「當初老夫人也曾暗示過，讓我侍候小姐和您一輩子。」

「現在文珍已經嫁了彼得，老太太的話也落空了。」

「我侍候了您這些日子，難道我是抱著被臥上朝，自盡了忠？」

香君哀哀哭了起來，他拍拍她說：

「好，妳別哭，我看只有一個法子留妳，我去向老太太說說看？」

他說著就走，香君拉著他說：

「什麼法子，你先告訴我。」

「我去向老太太說，我要娶妳。」

香君喜極，兩眼發直，淚流滿面，似哭非哭，似笑非笑，身子搖搖晃晃，差點兒暈倒，他連忙把她扶住，過了一陣她才站穩。他撇下她，一陣風似的跑到老太太跟前，向老太太說明他的心意，老太太頓時臉色發青，指著他說：

「你瘋了，你自貶身價？文珍嫁了彼得，你已經臉上無光，你還要娶個丫鬟，你姑爹和彼得不更笑掉大牙？我這張老臉皮又怎麼見人？」

「這是我自己的事兒，不管他們怎麼看法？」

「這不是你個人的事兒，這關係我們龍家的體面。」

「婆婆，香君雖然是個丫鬟，她有什麼不好？」

「你是我的孫子，我不能讓葫蘆藤扯上絲瓜架，結個變種瓜，你明不明白我的意思？」

他倒抽一口氣，眼淚不自覺地流了下來。阻礙了他的視線，他看不清楚眼前是祖母還是香君？是梅影還是蝶仙？他再揉揉眼睛定神一看，奇怪，怎麼一下子變成川端美子？他又揉揉眼睛，不錯，果然是川端美子。

川端美子高髻和服，面白如雪，秋水盈盈，如花似玉，她坐在梳粧檯前，加藤夫人正在為她化粧，把她打扮成新娘模樣。隨後加藤先生又來催他換上長袍馬褂，還給他披上大紅綵帶，佩上大紅的繡球花，拉著他和川端美子一道拜天地祖先。川端美子是喜上眉梢，春風滿面，一點兒也不害羞；他先是又驚又喜，不知所措，隨後便由加藤夫婦擺佈，和川端美子一道進入新房。沒有象牙床，沒有綾羅帳，一床繡著巧鴛鴦的大錦被，擺在塌塌米上，紙門也沒有換成木門。他覺得這不像新房，更不隱密，有些躊躇不安。川端美子卻很泰然，她隨手把紙門推上，便笑著在他臉上蜻蜓點水地親了一下。

「牆有縫，壁有耳，這些紙門更有幾隻大眼睛，」他指指每扇紙門上那個把手的黑圓圈笑著說：「這怎麼成？」

「紙門是關君子不關小人，我們總不能把你的翰林第搬到江戶來結婚？」

「在我們家裏，關起房門還有人偷新房，這些紙門怎麼擋得住別人偷看偷聽？」

川端美子花枝震顫地笑了起來，擁著他說：

「你放心，這兒沒有誰來打擾我們。」

她隨即把鴛鴦錦被打開，舖在塌塌米上，又小心地服侍他睡下，再自己卸妝、寬衣、一層層褪下，終於露出一副曲線玲瓏美好的胴體，這種胴體他在古美雲的那些歐洲國家的繪畫雕塑上看過，尤其是義大利的那些裸體畫像、水晶玻璃人像，維妙維肖，十分動人。他不知道文珍、香君她們有沒有那種美好的胴體？想不到川端美子的胴體比那些歐洲美女的胴體毫不遜色！

當她正低頭微笑走過來，剛要鑽進鴛鴦大被時，他突然發覺有人在敲門，他一驚而醒，眼睛還沒有睜開，耳朵裏卻聽見紙門上剝剝幾聲，彷彿啄木鳥啄著枯樹皮的聲音，隨後又聽見川端美子輕柔的自言自語：

「睡得真甜！叫了幾遍還沒有聽見。」

「對不起！我醒來了。」他向紙門那邊回答。連忙穿衣朝外一望，萬道金光正從窗外射了進來。他一向早起，從來沒有睡得這麼遲，很不好意思。

他一穿好衣服就連忙把紙門拉開，發現川端美子滿面含笑地站在門外。他一想起剛才的夢境，兩頰不覺紅了起來。美子笑著走了進來，從昨天見面就看見她臉上常常帶笑，沒有皺過一下眉頭，或是半點不愉快。她一進來就替他疊被，他連說「不敢當」，她卻嫣然一笑，從容地把被疊好，放進壁櫥。

「拜託，拜託！以後千萬不要這樣。」他向她雙手一拱說：「我實在承當不起。」

「這是我們女人的事兒，以後就給我做好了。我們日本男人不會說不敢當，你也沒有什麼不敢當的。」她向他笑說。

「我不是日本男人，我沒有這個權利。」他連忙搖頭。

「你在家裏是公子哥兒，有人侍候，來日本以後，也不能自己動手。」她笑容可掬。

「現在情形不同，妳又是小姐，妳怎麼可以替我疊被？」

「我們日本男人可不是這樣的，你為什麼這樣君子？」

「我對我家的丫鬟都很尊重，何況妳這位京都小姐？」

「用你們中國的成語說，你這樣會使我『受寵若驚』，我反而不大習慣。」

天行聽了好笑。他知道在國內有些粗人也把女人當做奴隸和灶下婢，那些可憐的女人也逆來順受，但是像他這種家庭和他的親戚朋友便不會這樣。像川端美子這樣的中國小姐更是養尊處優，頤指氣使，她卻沒有一點小姐脾氣，和丫鬟一樣地侍候他，他也不習慣。因此他笑著說：

「你不習慣，我也不習慣。」

「您怎麼不習慣？」她歪著頭笑問。

「沒有小姐侍候過我，連我表妹也沒有侍候過我。」

「你有表妹？」她歪著頭問：「那一定是個大美人？」

他不作聲。她不知道觸到了他的痛處，看他不作聲，又笑著問：

「你怎麼不說話了？」

「沒有什麼好說的。」他搖頭苦笑。

她用眼角瞟了他一眼，又別過頭去自言自語：

「沒錯，那一定是位大美人兒。」

天行被她說得一笑，禁不住問：

「妳又沒有見過她，怎麼知道她是位大美人兒？」

「因為我見過你。」她望著他笑。

「她比我更醜，妳才是位大美人兒。」他似笑非笑地說。

她聽了他的話，立刻眉開眼笑，笑得像一朵迎春花兒，隨後又白了他一眼說：

「你當面說假話，你一定瞞了我？」

「我們不說這些好不好？」他笑著對她說：「我先洗臉，吃過早飯後我還想麻煩您帶我出去發幾封信，剪掉這條大辮子。」

「剪掉？這麼漂亮的大辮子你捨得剪掉？」她抓住他烏溜溜的大辮子在手上把玩，望著他臉上說。

「我在街上變成了一個怪物，怎麼能不剪掉？我哥哥以前也和我一樣，現在不是剃了和尚頭？」

「你也想剃和尚頭？」她睜大眼睛問。

「我不是士官生，我不必像我哥哥一樣。」

「好，那我帶您去剪。不過您得答應我一個請求？」

「妳又有什麼請求？」他不禁好笑。

「您答不答應？」她又笑問。

「妳先說說看，好讓我斟酌。」

「辮子剪下來了，可要送給我？」她又抓起他的大辮子說。

他有些為難，他想身體髮膚受之父母，既不可以隨便損傷，也不該隨便送人。隨後一想到她對自己這麼關照，還要她教日文，既送了加藤那麼貴重的禮物，卻什麼也沒有送她，實在過意不去，便笑著對她說：

「妳真想要，現在就可以剪下來。」

她雙腳輕輕一跳，本想立刻剪下，隨後又一笑說：

「還是帶您去理髮店剪好了，萬一我剪壞了那多可惜？」

「妳說得也是，這條辮子是我生下以後就蓄起的。」

「那這是無價之寶了。」

「雖不是無價之寶，卻是受之父母的。」

「您放心，我會珍惜。」

加藤夫婦在等他吃早餐，他匆匆盥洗一下就趕了過來，向加藤夫婦鞠躬問好，同時抱歉地說：

「我在家裏一向天不亮就起床，這幾天一直沒有睡好，一下子睡過了頭，真不好意思。」

「坐船很辛苦，顛得難過，我也有這種經驗。」加藤說。

「你起得那麼早幹什麼？」美子一面替他盛稀飯，一面笑問。

「練拳，練劍。」他說。

「唷！你還會拳道、劍道？」美子睜大眼睛望著他笑。

「他家裏請了拳道、劍道的高手當老師，廳堂又大，不論天晴、下雨都可以練。」加藤說：

「可惜我的地方太小，恐怕他不能練了？」美子說。

「我們這邊有道場，可以去練。」美子說。

「他們練什麼？」天行問。

「有唐手道、空手道、柔道……」美子說。

「那和我們的路數不同了？」天行說。

「其實都是從貴國傳過來的，不過招式變了一些。」加藤說。「因此現在就變成我們自己的武道了。」

「老師，您對武術很清楚，這真難得。」

「貴國的好東西很多，不止唐詩。」加藤說。

早餐的飯菜和天行昨天吃的差不多，只是豆腐換了芋頭，外加一個雞蛋。他在家裏和祖母一道吃的早餐少不了燜香菰、金針菜、木耳、腐竹、麵筋、豆腐乳、花生米、醬菜，而且每一道菜搭配得色香味俱全。加藤抱歉地對他說：

「你在我家裏要吃苦了，我們做不出府上那麼多那麼好的菜。」

「這不算苦，我們有些鄉下人連窩窩頭也吃不到呢！」天行說。

「你們是貧富不均，府上是得天獨厚。」加藤說。

「我是託祖上餘蔭，不過我和家兄都不想做紈絝子弟。」天行說：「我更不想走做官的老路子。」

「你年紀輕輕的就有這種想法，真是胸無俗物。」加藤點點頭說：「令兄在幹什麼？」

「他是士官生。」天行說。

「我怎麼不知道？」加藤一怔：「令尊怎麼沒有提起？」

「家兄和我的路線不同，所以家父不敢驚動老師。」

「以後請他常常來玩好了。」

「他沒有我自由。」

「昨天他就來過。」美子說。

「他是請特別假接我的，所以又匆匆回校了。」

「你們錦衣玉食，他能吃士官那種苦，真有志氣。」加藤說。

「家兄志在四方，他是很有抱負的。」

「以前是我們派人到中國留學，現在你們倒來日本留學了。」加藤好笑：「這真是你們說的三十年風水輪流轉，居然轉到日本來了！」

「日本維新以後進步很快，我們會有更多的年輕人來。」

「彼此能多瞭解，總是好事。」

「據我哥哥說，他的長官對中國都很有研究，尤其是對東三省更瞭如指掌。」

「只怕他們的研究和我的研究不同？」加藤含蓄地說：「是禍是福？還難預料。」

聽了加藤的話天行便想起祖母的話，心裏忽然蒙上一層陰影。美子的想法卻不一樣，她以前聽別人說過，中國男人比日本男人人尊重女人，體貼女人，見了天行以後她也有這種感覺，難怪日本女人歡喜嫁中國留學生，要是中國男人多來一些那不更好？

加藤夫人不會說中國話，她插不上嘴，但她對天行的印象也很好，不時望著他笑笑，眼睛自然瞇成一條縫了。

加藤食量很小，吃了一小盌稀飯就不再添。天行一吃完美子就來替他添，天行不肯，準備自己去添，加藤卻對他說：

「你讓美子添好了，這是我們的規矩。」

天行吃了兩盌稀飯不好意思再添，其實他並沒有吃飽，因為他在家裏要吃一盌稀飯兩個大饅頭。美子不會做饅頭，他們三個人一向吃得很少。

美子收拾好盌筷，洗刷乾淨之後就帶天行出去發信，恰好今天上午她沒有課。街上的日本人看她和天行一道，都好奇地望望他們，天行悄悄地對她說：

「我的辮子不剪掉，我們兩人就不好一道上街。」

「剪掉了還是分別得出來。」她笑著回答。

「我也是黃皮膚，和你們日本男人不是一樣？」

「你的唐裝長袍就不一樣。」她搖搖頭。

「那倒沒有關係，只要別人不把我當怪物就行。」

離加藤家不遠處就有一個小郵局，美子替他買好郵票貼上。他聽不懂美子和別人說些什麼？

美子發好信他就對她說：

「妳得趕快教我說話，不然就成了啞巴。」

「你不會說話對我倒有好處。」她向他俏皮地一笑。

「對妳有什麼好處？」

「你得處處求我。」

「我處處求您，您不嫌煩？」

「您不求我，我更無聊。」

「有沒有別人求您？」

「多得是，我才不稀奇。」

他們說著不知不覺走到一家理髮店門口，她帶他進去，引他入座，又指著他的辮子對那位矮小的理髮匠說了幾句日語，還用手在他頭上比劃比劃，理髮匠這才拿起剪刀小心替他剪下那條大辮子，隨即用紙袋套好，雙手交給她，她又教理髮匠把他的頭髮修成一般日本青年學生的樣式，理髮匠剪時她一直站在旁邊看，什麼地方不合適她就用手指點，直到她滿意為止。天行開不了口，只得由她。

那個理髮匠用日本話和美子交談，他聽不懂，他猜想大概是問他是她的什麼人？她得意地回答，理髮匠不時打量天行一眼，又望望她，然後點頭笑笑。

理完之後，天行覺得面目一新，她扶著他前後左右照照鏡子，又笑著問他：

「你自己看看，像不像日本男生？」

「我幾乎不認識我自己了！」他看著鏡子裏的自己，少了後腦殼上拖到腰際的那條大辮子，變成了西裝頭，人更顯得挺拔英俊，也不禁好笑。

「這樣看來要年輕幾歲，不再那麼老氣了。」她站在他面前兩眼左右打量他，頷首笑說。

「妳說我老氣？」他笑著反問：「我又沒有七老八十，怎麼老氣？」

「我聽人家說，你們中國人是東亞病夫，我看你的身體倒很好，不是病夫。不過背後拖著那條大辮子，就顯得有些老氣。」

他突然想起他的老師王仁儒來，他背後拖著一條灰白的辮子，反背著手踱著方步的情景，的確是老氣橫秋。

「妳不提起我還不知道自己是個小老頭子？」他自嘲地笑笑。

「其實也不那麼老，」她嫣然一笑：「不過看起來卻比你的年齡大一些？」

「妳怎麼知道我的年齡？」他睜大眼睛望著她說。

「是令尊在信上告訴加藤老師的，加藤老師又告訴我，這有什麼好奇怪的？」她也睜著一對水汪汪的眼睛望著他說：「您又不是個大閨女，還怕人家知道你的年齡？」

看她伶牙俐齒，他不禁失笑。他想大概是父親為了他讀書的事兒寫信告訴加藤的。

「妳是個大閨女，妳不怕別人知道妳的年齡？」

「我才不怕。」她搖頭微笑。

「那妳告訴我好了。」

「你猜猜看?我倒要考考你的眼力?」她兩眼灼灼地望著他。

「我猜妳最少小我兩歲?」

她噗嗤一笑，又指指他的兩眼說：

「你的眼力太差……我還大你好幾個月呢?」

「真看不出來!」他不禁一怔，他原先以為她和香君的年齡不相上下，想不到她比自己還大幾個月?他又仔細打量她，看她皮膚白嫩得出奇，看來不過十六、七歲，怎麼比自己還大呢?

「妳是不是騙我?」

「我為什麼騙您?」

「比方說，想佔我的便宜呀!」

「想你叫我一聲姐姐是不是?」

「難道妳沒有這個意思?」

「叫不叫在你，反正我比你大。」她身子一扭，一笑。

「那我叫妳一聲大姐好了。」

「為什麼要加一個大字呢?」他俏皮地望著他。

「那我叫妳小姐好了。」

她又噗嗤一笑，嘴角微微一撇說：

「原來你並不老氣?」

「大概是剛剪掉辮子的關係。」

她腰一彎,嗤的一聲笑了起來。

他們兩人再一道在街上走時,日本人就不那麼好奇地望著他們了。他想起剛才她在理髮店和那個矮小的理髮匠談他時不知道她說些什麼?因此問她:

「剛才那個理髮匠和妳說些什麼?」

「他問你是我的什麼人?」

「妳怎麼說?」

「你猜猜看?」她笑而不答。

「這教我怎麼猜?」

「那你就不必問了。」她神祕地一笑。

她帶他到一家書店,選了十幾本日文書籍,從看圖識字的到整本都是密密麻麻的日文夾著漢文的都有。他指著看圖識字的書問她:

「妳買給誰看?」

「買給您看呀!」她笑著回答。

「我又不是三歲的孩子,怎麼看這種娃娃書?」

「不要以為你已經長大了,在日本您可是個小孩子。」她突然用姐姐的口氣望著他點笑:

「要學好日文，就得從頭學起。」

「這些字我認識一半，也能猜到一半。」

「你讀讀看？」她故意問他。

他把它照中國字讀了出來，她笑彎了腰，隨後又誇獎他兩句：

「算你聰明，意思是對了，不過你唸的是漢文，不是日文。」

他也不禁失笑，知道文字和語音是有差別的。中國人讀中國字，有些地方發音就不一樣，何況日本？

他們又經過一家樂器店，天行發現裏面有不少中國樂器，胡琴、笛子、簫、琵琶之外還有一具古箏，好像已經放了很久，乍看起來好像是一具好箏，他走近仔細看看，確是上好梧桐木做的，和他家裏的一具不知道如何？因為這具箏久無人買，也無人試，老闆認為是賣不出去的東西，也不怎麼在意。天行要美子告訴老闆說他想試試，要他把灰塵拂拭乾淨，老闆奇怪地看了他一眼，他這麼一位年輕人難道也會彈古箏？美子更不知道這是什麼樂器，也不知道天行會彈？也好奇地望了他一眼。

老闆把灰塵拂拭乾淨之後，天行用右手食指挑了兩下，覺得聲音不錯，他索性彈起〈高山流水〉來，他從第十弦起調，一直琤琤琮琮彈下去，老闆肅然起敬，美子更是驚喜，聽起來彷彿山巒重疊，流水淙淙，引人入勝，她從來沒有聽過這樣的音樂。天行一彈完，她就用中國話輕輕對他說：

「買回去好不好?」

「我家裏有一具箏比這一具好，可惜不便攜帶，所以沒有帶來。」天行對她說：「如果妳喜歡聽，我就買回去。」

「這音樂實在高雅，我很愛聽。」美子說：「我還想你教我彈呢！」

「那妳問問價錢看看?」

美子便用日語和老闆談價錢。老闆因為這是一具賣不出去的樂器，天行又彈得好，他答應照本賣，天行覺得也真不貴，便買了下來。老闆還用一隻布套子套好，交給他抱著，一直送到門外。

美子比天行還高興，她首先問：

「這到底是什麼樂器?聲音怎麼這麼高雅?」

「這是我們中國最古老的樂器，是由瑟演變而成的。」天行說。

「瑟又是什麼?」

「瑟是伏羲氏所造，約在西元前二八五八年，用梧桐木製成，長八尺一寸，長方扁圓，形狀似盒，上設五十弦，後來黃帝改為二十五絃，長七尺二寸。到了秦朝蒙恬，將瑟改製為箏，絃更少，現在只有十六絃。」

「你剛才彈的是什麼曲子?」

「〈高山流水〉。這是一首很有名的曲子，春秋時楚國人伯牙彈得最好，而且也有一位難得的知音。」

「那位知音是誰？」

「名叫鍾子期，他很瞭解伯牙彈琴的意思。」

「知音是很難得。」

「所以鍾子期一死，伯牙就把琴劈了，終生不彈。」

「想不到還有這麼一段感人的故事？」美子望望他說：「是誰教你彈的？」

「一位柳老師。」

「那他也是伯牙之流的人物了？」

「他的確是一位高人，使我受益不少。」

「以後你可要教我彈？」

他看看她，的確是彈琴的好手，也只有她這一類型的女人，才配彈古箏，文珍也會彈，但是他們兩人都不常彈，他練拳劍的時間多，她唸詩詞的時間多，彈箏需要那一份情調，最好配一爐檀香，無人打擾，他家人多，熱鬧，尤其是文珍的事件發生之後他更心煩氣躁，靜不下心來。加藤家人少，如果他的心情能平靜下來，他倒想舊調重彈，他會的不止〈高山流水〉，還有〈漁舟唱晚〉、〈錦上花〉、〈蕉窗夜雨〉、〈百鳥朝鳳〉等等。

「我心情平靜時，才會教妳。」他說。「這不是普通樂器，隨便玩玩的。」

她聽了雖然不十分滿意，但只要他教，她也高興了。

他們回到加藤家裏，加藤看他剪掉了辮子，卻不知道他拖的是什麼東西？美子告訴他，他也很驚喜，他想不到天行還會彈古箏？

「你們這種音樂格調太高，也快失傳了。」加藤說。

「我真沒有想到能在日本買到它。」天行說。

「『禮失而求諸野』，你們有些失傳的東西，在日本倒不難找到。」加藤說。

他抱著古箏回到自己的房間，美子拎著日文書籍送到他的房間後再回到自己的房間。

她從紙袋裏取出天行那條烏黑的大辮子，把玩了一會，又雙手把它壓在胸前，仰著頭，兩眼望著屋頂，發獃了好半天。她知道他要來日本已一個多月了，她早就知道日本女人歡喜中國留學生，知道很多日本少女和中國留學生同居的故事。她自從和他初見面的那一刻起，就隨時留意觀察他的一言一行，發現他是一位外表渾厚老成，智慧深藏內斂的人。但一突破那層外殼，就會看到無盡的寶藏，所以她大膽向他試探。她那雪白的臉蛋兒上忽然飄起兩朵紅雲，浮出絲絲笑意。她把那條辮子貼在自己的臉上親親，它是那麼柔軟溫馨，她像喝了一杯日本清酒那樣有些飄飄然。過了一會兒她又從自己的梳妝盒裏取出一根紅繩，把大辮子的兩端繫緊。她聽過中國月下老人千里姻緣一線牽的故事，紅線就是千里姻緣的橋樑，一旦繫住，誰也跑不掉。繫好之後她提著它晃了幾晃，笑著自言自語：

「看你跑到天邊去？」這才滿意地放進梳妝盒裏。

天行正在自己房裏翻看那些日文書籍，他覺得在文字上不會有太大的困難，把「假名」去掉，他便能夠瞭解書中的意思。再加上美子在語言上的教導，他相信他可以學好。美子是京都人，正像他生長北京，語言都比別的地方典雅標準，美子又是一位秀外慧中的日本女人，她的慧黠有點兒像香君、蝶仙，但比她們直率、大膽。她的文學修養在漢學方面或許不如文珍，但在日文方面那又是她得天獨厚了。

他正想到這兒時，美子在紙門上輕輕一敲，便像一朵花兒似的飄了進來。她換了一身日本便服，腰間圍了一條圍裙，又像個家庭主婦。她走進他身邊，看他把買來的那些書都翻過了，笑盈盈地說：

「你很用功！」

「我怕老師打手心，怎麼敢不用功？」他也笑著回答。

「你們的老師會打手心？」她好奇地問。

「啟蒙老師常常打懶學生的手心。」

「你捱過打沒有？」

「我唸了十幾年書，從過三位老師，都說我是個好學生，好學生怎麼會捱手心？」

「我也看得出來。」她笑著點點頭。

「但是『橘逾淮而為枳』，就不知道妳這位日本老師的看法、教法如何？」

「現在還早得很，一個月以後再看。」說著她轉身就走，隨即回頭對他說：「我去弄飯給你吃，下午我要上課。」

然後像一陣輕風一樣飄然而去。

她很快就做好午餐。吃過飯後她又換上一身白底黑花的新和服，走起路來真像隻翩翩的蝴蝶。她和加藤一道上學，她站在加藤身後，比加藤還高一點兒，她在日本女人當中，算是碩人頎頎，她也真像莊姜一樣：『手如柔荑，膚如凝脂，領如蝤蠐，齒如瓠犀，螓首蛾眉，巧笑倩兮，美目盼兮。』她比文珍、香君都高一些，和蝶仙不相上下。

加藤向天行打了一個招呼，先走出玄關，美子穿好了鞋子，轉身要走，天行突然問她：

「今天下午妳上什麼課？」

「《詩經》、中國古典小說。」她說。

「小說我是偷著看的，妳倒可以正式學了。」天行羨慕地說。

「金日昇老師不但對《詩經》有研究，對中國古典小說更有研究，他特別開了這門課，所以我也選了。」

「金日昇不是很像中國人的姓名？」

「正是！」她點點頭：「他說他祖先是中國人。」

「這真有趣。」

「有趣的事兒還多，我要走了，回來再說。」

她看加藤已經走遠，連忙雙手撫膝，向他一鞠躬，匆匆趕上去，走到門外，又回頭對他說聲「再見」。

天行看她嬝嬝婷婷的背影，心想她真是一位日本淑女，剛才雙手撫膝九十度鞠躬，更顯得端莊。但她和他說話時又十分活潑、俏皮，他真有些迷惘。難道日本女人真像別人說的「白天是好太太，晚上是好情人」嗎？他今天早晨的那個夢境會是真的嗎？她的胴體真會像義大利雕塑家的作品那樣美嗎？她把他的大辮子要去又是什麼意思呢？「女人心、海底針。」真的難捉摸得很。他創痛猶新，他真怕再受一次打擊。「我是來逃避的，我是來讀書的……」他喃喃自語。

加藤和美子走後，只剩加藤夫人和他兩人，加藤夫人多半在自己房裏，她不會說中國話，他也不會日語，所以實際上等於一個人。他覺得一陣孤寂襲上心頭，自然想起家來，想起親人、祖母、父母、蝶仙、梅影、香君、古美雲……自然少不了文珍。他不知道昨天晚上那兩個夢是怎麼做起的？怎麼會發生那種情形？文珍和彼得吵架還有可能，她是不是真的跳了井？這真是個不祥的夢，但是春夢無憑，又不好寫信回家去問。他從箱子裏取出文珍的那一綹青絲，仔細看看，又放在鼻上聞聞，他還能聞出文珍頭上那股特有的香味。但她已經是彼得的人了！雖然她心不甘、情不願，但又有什麼辦法呢？誰也不能改變這個事實。

香君那個夢也太悽慘感傷，那麼通情達理深愛著他的祖母怎麼也有那種偏見？如果真的這樣，美子這位日本姑娘是更不必談了。也許香君那個夢是自己的心理作用？祖母不是也很喜歡香君嗎？不然她也不會要香君侍候他。他想來想去，一直捉摸不定，心上掛了十五個吊桶，七上八下。他把文珍的頭髮又放進箱子。他百無聊賴，便出來看看加藤的庭園。

加藤的庭園很小，但是麻雀雖小，五臟俱全，有假山、盆景、魚池，都是那麼小巧玲瓏。像加藤本人一樣。

他正蹲在魚池邊欣賞金魚時，美子單獨回來，春風滿面，見了他就會心地一笑，彷彿是幾十年的故交，他伸手去接她的書包，她連說「不敢當」，沒有交給他，自己提了進去。她不進自己的房間，卻把書包帶到他的房間，走到几旁，雙腳一跪，坐了下來。天行也只好在她對面盤膝而坐。

「《詩經》真有意思，可惜有些地方我還不懂。」她笑著打開書包，拿出《詩經》往几上一放說。

「《詩經》是我國最早的文學作品，本來我國古詩有三千多首，經孔老夫子一刪，只剩三百零五首，後來又失掉五首，所以《詩經》只有三百首，這真可惜。」天行說。

「不然那更有意思，」她笑著說：「孔夫子為什麼要刪那麼多呢？」

「他說過：『《詩》三百，一言以蔽之，曰思無邪。』大概他就是要去掉那個邪字吧？」

「其實文學作品最好存真，《詩經》是你們祖先的作品，原始社會還沒有禮教，他們只是一片純真，不知道什麼邪不邪的。」

「妳說得很對，可是孔老夫子要照他自己的意思刪古人的作品，這樣一來，我們後人就看不到古人生活的真面貌了。」

「這實在太可惜！這是你們文化的一大損失。」美子惋惜地說。

「損失在他手裏的還不止這些。」天行含蓄地說。

「不過，就是留下來的這三百首，也很有意思，那時我們日本還沒有文字。」

「大概那時你們還沒有衣服穿吧？」

「那很可能。」她點頭微笑。

「今天金老師講了什麼？」

「今天金老師講的是〈召南〉第九首：〈摽有梅〉。」

「他講得好不好？」他試探地問。因為王仁儒教他《詩經》時就不講〈摽有梅〉這類的詩，他還說孔子也應該把這種詩刪掉，他耽心這類的詩會把人心教壞，他自己討小老婆卻不准別人說。他教《詩經》只講〈文王〉、〈靈臺〉、〈清廟〉、〈有駜〉、〈那〉這類雅頌詩，凡涉及男女情感的詩他一概不講。天行是自己鑽研，才將這類的抒情好詩弄明白的。

「金老師講得雖好，不過有的地方我沒有聽清楚，我想請你再講一遍。」她那對秋水盈盈的眼睛盯在他的臉上一動也不動。

他雖懂得這首詩的意思，第三節第四句更是女方明白要男的相會。他也很歡喜這首詩，但面對面的對她講卻不便啟齒，他只好推辭。

「我的老師王進士沒有講過這首詩。」

「難道他是個木頭人？」她鼻子裏嗤的一聲：「那他也不講〈關雎〉了？」

「這類的詩他只教讀，不開講。」

「那要這種老師有什麼用？」

「他是我祖父和父親的故交，官運不通，請他來教我們是有點兒賙濟的意思。」

「那你怎麼能考取舉人？」

「他的拿手好戲就是應付科舉。」

「他是不是你昨天說的糊裏糊塗死在八國聯軍手裏的那位老師？」

「正是。」天行點點頭。

「這種人不死，你們還想進步？」她笑了起來。

天行聽了有些尷尬，但又不好反駁，只好不作聲，她又問他：

「你肯不肯講給我聽？」

「我自己還沒有看懂，怎麼能講給妳聽？」

「你不誠實！」她笑著白了他一眼：「那我講給你聽好了。」

「我願洗耳恭聽。」

她便指著第一節給天行看，天行搖搖頭說：

「我不必看。」

「不看你怎麼知道？」

「這本《詩經》我早就會背了。」

「了不起。」她向他一笑。

「這不算什麼，我們是從小就背的，四書我全會背。」

「那我真是半路出家了！」她自嘲地笑道，隨即唸了出來：

摽有梅，其實七兮，
求我庶子，迨其吉兮。

她俏皮地望著他，然後解釋：

「這第一節四句的意思是：梅子成熟了，落果紛紛，樹上還留著七成，我正年少，想向我求婚的少年郎呀，得等個好時辰。」

「解釋得妙！」他兩手輕輕一拍：「妳真是翻譯高手。」

「你說你沒有弄懂，現在怎麼叫好？」她用眼角瞟了他一下。

「經妳這位高才一翻譯，我就懂了。」他笑著回答。

她又唸第二節：

摽有梅，其實三兮，
求我庶士，迨其今兮。

唸完之後她又瞟了他一眼，才接著解釋：

「這一節四句的意思是說：梅子熟透了，落了一地，樹上只留著三成，想向我求婚的少年郎呀，今天正是好時辰。」

「我看這位小姐心裏急了！」他嗤的一笑。

她也忍不住一笑，接著又說：

「這真是一首好詩，信口道來，沒有一點矯揉做作，純真得很。」

「這是三千年前我們老祖宗的作品，實在傳神。唐詩有這麼好的根基，所以更能發揚光大了。」

「你談起詩來頭頭是道，剛才你為什麼不講？」她反詰他。

「這是小姐的作品，我是男人，怎麼懂得女人的心理？」

「我看這正合了你們一句俗話：水仙花兒不開——裝蒜。」

她笑著把《詩經》合上，塞進手提式的竹編書包，站了起來，默默地向外走，走到紙門旁邊，又突然回頭向他音韻鏗鏘地吟唱：

摽有梅，頃筐塈之，

求我庶士，迨其謂之。

然後白他一眼說：

「怎麼現在的中國人會變成偽君子？大概是孔夫子刪《詩經》的關係吧？我看還是你們的老祖宗有意思！」

他坐在塌塌米上哭笑不得，她卻向他嫣然一笑，又隨手把紙門推上，碎步跑開。

第三十八章　加藤與天行論道　美子陪公子談文

美子走後，他癡癡獃獃地坐在塌塌米上，彷彿老僧入定，但卻思潮起伏。他向柳敬中學過道功，他便極力摒除心中雜念靜坐、集中六神、抱元守一，可是不論怎樣努力，也很難向靈臺集中。於是他緊守靈臺，輕提陰蹻，緩緩呼吸，使陰陽二氣循風路而上，頓覺身心舒暢，但始終難以三花聚頂，發現靈光，而不時閃現的卻是美子的身影。他怕走火入魔，廢然而止。

他仍然坐在塌塌米上閉目養神，但思潮卻像長了翅膀的精靈，在東京、北京兩地飛來飛去，他彷彿還在家中，享受那麼多的關愛、溫馨，置身在祖母、梅影、蝶仙、古美雲、香君、文珍之間；大清早起來又有卜天鵬等人陪他練拳、練劍。離家之後他著帶的寶劍未曾出鞘，也未練過一次拳。一到加藤家就遇見美子，這是他在北京時做夢也沒有想到的。而美子不但是位扶桑美人，又風情萬種，飽讀詩書，更通漢學，對他又是一見傾心，他自己也心旌搖搖，百般矛盾，不知道這是緣還是孽？他知道自己不但要奉父母之命，更要奉祖母之命，祖母的愛比東海的水還深，在任何情況之下他都不能也不敢違背祖母的心意。

他聽見加藤回來，聽見美子去玄關迎接，可是他連動都沒有動一下，他心亂如麻，有一個似乎永遠解不開的結。

他坐到天黑也沒有移動一下，也不點燈，直到美子輕輕敲了兩下紙門，他才應了一聲，美子推開紙門進來，輕柔地問了一聲：

「你怎麼不點燈？」

「我不知道天黑了。」他說。

「真有意思！」美子好笑，隨即點起燈來：「天亮了你不知道，天黑了你也不知道。」

「我覺得我真有點兒昏天黑地。」說著他神情落寞地站了起來。

她打量他一下，湊過來輕輕笑問：

「是不是我先前說的偽君子得罪了你？」

「沒有，」他搖搖頭，坦然地說：「妳的話我也深有同感。」

「真的？」她笑著握住他的手：「可見你不是偽君子！」

「我喜歡性情中人，我比妳更討厭偽君子。」

「這我就放心了，我真怕得罪了你呢！」

「那怎麼會？」他向她笑道：「我雖然不是宰相，我也不會這樣沒有雅量。」

「那我們吃飯吧，加藤老師在等呢！」

她牽著他走了幾步，走到紙門邊又讓他先走。

今天晚上多準備了兩樣葷菜，還有一大瓶清酒。加藤看天行走近，笑著對他說：

「今天晚上美子多弄了兩樣菜，算是替你接風。」

天行看了美子一眼，便對加藤夫婦說了兩句多謝。

加藤夫婦並肩一坐一跪在塌塌米上，天行、美子兩人也並肩坐跪在加藤夫婦對面，這已經成了例規。他們一共只有四個大人，不像天行家裏圓桌高椅，幾十口人吃飯。

加藤和天行面前都有個四方形的木盒，像中國米店的木升，中國古時飲酒的觴，這就是日本人的酒杯，裏面斟滿了清酒。加藤夫人和美子不喝酒，她們面前沒有酒杯。天行在家平時多和祖母一道吃飯，不許喝酒，過年過節或是在大廳吃飯時才和大家偶爾喝一兩杯，但也非茅臺、大麯、竹葉青等名酒不喝，而他最欣賞的還是杜康和月宮桂酒，尤其是月宮桂酒，顏色碧綠深沈，香醇甜美，遠在茅臺、竹葉青之上，既不衝口，又不頭暈。他老家九江的封缸酒，完全是糯米發酵釀成，沒有羼任何東西，尤其甜醇。他喝了一口日本清酒，味道淡淡的，不香不醇，簡直無法和他在家中喝的酒相比，連普通高粱也比不上。加藤在他家吃過飯喝過酒，舉起杯子笑著對他說：

「這種清酒我們日本人很喜歡喝，但不能和你們的名酒相比，今天我不過表示一點敬意。」

天行一再多謝他的盛意，加藤又對美子說：

「你要是喝過他老家九江的封紅酒妳也會想喝酒了。」

「我怕醉，再好的酒也不敢喝。」美子說。

「那種好酒喝了也不會頭暈，」加藤喝了一口清酒，指著天行說：「他祖父不但詩、畫都好，酒量也好，更是一位美食家，他家裏那種飲食，我們日本人做夢也想不到。」

「老師過獎，」天行說：「不過我是人在福中不知福。」

「你在我家生活過後，就會知道那是福了。」加藤說。

「老師享的是清福，生活清淡很有好處。」天行說。

「美子未來我家之前，我們兩人的生活簡直是冷冷清清，美子來了之後，我們夫妻兩人是享她的福，也有生趣多了。你來了之後，我們就算很熱鬧了。」加藤高興地說。

「我來之前，生怕打擾了老師呢！」

「那兒的話？你家裏人多不覺得冷清，我和你師母兩人眼睛對著鼻子，一天又難得講幾句話，實在冷清得可怕。」

「老師，你和師母怎麼不多講講話呢？」美子笑問。

「我們講了幾十年，話老早講完了，」加藤笑著回答：「那像你們青年人，一見了面好像永遠也講不完。」

天行聽了莞爾一笑，美子嗤的一聲笑了出來。加藤又接著說：

「所以你來了之後，不但我們不寂寞，美子也不寂寞。」

「我來日本能得到老師、師母的愛護和美子的照顧，真是三生有幸。」天行說。

「我好像說過這是緣分？我們真是有緣。」加藤說。

「老師，佛家講緣，道家重數，我認為人生際遇都不外是緣與數。」

「你的話很有道理。」加藤點點頭。

「我聽柳老師說，數是先天的，宇宙間的時空因素，決定了個人的際遇，邵康節的先天神數，更能未卜先知，可惜我還不完全明白。」天行說。

「你說的那位柳先生我也見過一面，他的確是一位高人。邵康節是宋朝一位易學名家，我也知道。」

「可惜不知道柳老師到那兒去了？」天行望了美子一眼說：「不然我有很多問題要請教他。」

「你有這樣一位好老師，真是幸運。」美子望著天行說。

「可惜那時我太年輕，不太懂事，學得很少。」天行一面對美子說，一面又問加藤：「不知道日本有沒有這樣的高人？」

「我們日本自中國傳來儒學、佛學，兩樣都很盛行，道學卻不走運。」

「這是什麼緣故？」

「大概是曲高和寡吧？」

「老師有沒有研究？」

「倒也花過不少時間，我在《莊子》中發現，孔子曾幾次請教老子，他把老子看作神龍，十分推崇。又說：『微夫子之發吾覆也，吾不知天地之大全也。』可見老子的宇宙觀思想知識在孔子之上。老子真是莫測高深。」

「他的《道德經》比《南華經》言簡意賅多了。我聽柳老師說《道德經》是《易經》最好的詮釋，老子將《易經》以宇宙為中心的思想、精神，發揮得淋灕盡致，對道的解釋最為正確。」

「我倒想聽聽他的高見，不知道有沒有機會？」加藤說。

「柳老師說，《易經》是講『太極生兩儀，兩儀生四象，四象生八卦』，生生不息。《道德經》也是講宇宙形成發展的過程、法則。他說『道生一、一生二、二生三、三生萬物、萬物負陰而抱陽，沖氣以為和……』這和《易經》的原理原則完全一樣，不過他用文字解釋得更清楚。」天行說。

「不錯，這種說法是很科學的。」加藤說。

「老子也談人事，但人在宇宙自然法則之中，不是宇宙自然法則在人事之中。可是後人本末倒置，積非成是，變本加厲，所以我們的科學漸漸落後了，因此才有庚子年的悲劇。」

「你講的有理！」加藤指著天行說：「我也覺得你們自己人對固有的道家文化科學思想有誤解，甚至曲解。好在現在科學家漸漸瞭解你們老祖宗留下的寶貝，像德國微積分發明家萊布尼茲（Leibnitz）就說過伏羲是世界上最古老最偉大的數學家，這就是明證。」

「德國人也推崇《易經》，這我倒不清楚，」天行說：「不過據柳老師說，《易經》不止是科學，它是一種統合宇宙知識的學問，包括人事關係在內。」

「這我更不知道。」美子說。

「現在我們日本人正學西方，你們又學日本，」加藤好笑：「將來一旦西方人把你們的《易經》、《道德經》研究通了，你們可能又會向西洋人學《易經》、《道德經》了？」

天行聽了臉上十分尷尬，加藤笑著舉起酒杯對他說：

「我的話說得太直了，我敬你一杯。」

「多謝老師指教，使我茅塞頓開。」天行舉起杯子一飲而盡。

加藤夫人聽不懂，一言不發。美子對《易經》、《道德經》也沒有研究，插不上話，這頓飯變成加藤和天行兩人對談了。加藤乘機改變話題對美子說：

「以後我的唐詩課妳不必每次都去聽，你白天忙，不妨在家裏就便請教天行。現在我才發覺他的漢學修養足可以在我們學校當大教授，要他去當學生是太委屈了。」

「老師真太抬舉我了！」天行說。

「不是我抬舉你，是你貨真價實。」加藤笑著說。

「老師，可是他就不肯教我。」美子指著天行對加藤說。

加藤望著天行，天行連忙否認，美子便說他不肯講〈摽有梅〉的事。

加藤聽了一笑，隨後又對美子說：

「他不像我們日本人，他受的禮教束縛太多，初到日本，一下子還放不開，妳不要錯怪了他。」

然後又對天行說：

「我們日本男女關係比較開通，雖然還趕不上西洋人，但也不像你們那麼保守，美子是位好姑娘，你可不要誤會她。」

「老師，那怎麼會？」天行只好這麼說。他心裏本來有些疑團，加藤一說他就明白了。

加藤隨後又要他們每天利用晚上的時間相互研究，並且對美子說：

「希望妳在半年之內把他的日文教好，學校的事由我安排。」

加藤喝了幾杯清酒，心情更好，話也多了起來。由於他自己無兒無女，他看著坐在對面的天行、美子兩人，心裏實在高興。他想要是他們是自己的兒女那該多好？可是他沒有講出來，他已經把美子當做自己的女兒看待，他對天行也自然產生一種父愛。他又突然想起古美雲。那時她嫁給許狀元不久，年輕得很，他的印象很深，但是許狀元年已半百，不知道她有沒有孩子？因此他關心地問天行，天行說沒有，她還是一個人。他便輕輕歎口氣說：

「她真是一位大美人，我見到她的時候她比美子還年輕很多，莫非真是紅顏薄命？」加藤說。

「雲姑不但漂亮，而且能幹，連男人都不如她。」天行說：「可惜命不如人，沒有庸福。」

「大概老天也妒忌她？」加藤說。

「老師，我也是這樣想。」天行說：「老子說：『天之道，其猶張弓乎？高者抑之，下者舉之，有餘者損之，不足者與之。』雲姑如此，大概就是這個道理。」

加藤沒有作聲。美子用手在几下輕輕捏了一下天行的大腿，天行會意，後悔失言，觸了加藤的痛處，連忙舉起杯子敬加藤的酒，加藤一飲而盡，隨後又自己斟了一杯說：

「老子講的都是真理，可惜我們一般人都很愚昧，不瞭解宇宙自然法則中的對等定律，生物界的生態平衡，所以自尋苦惱，製造糾紛。」

天行這才知道加藤不但是一位大漢學家，而且能以新的知識觀念解釋老子思想。在國內還沒有引進這種新知識，這大概也是日本維新的關係吧？

「老師，我真希望您以後有機會去中國講學，用新知識發揚漢學。」

「我年紀大了，日後你回去也是一樣。」

「老師，以前我們中國人是食古不化，本末倒置，自尊自大；庚子以後，又自信心全失，變成十分自卑，見了洋人就矮了三尺，我回去也沒有什麼用，您是日本人，您的話也就一言九鼎了。」

「八國聯軍的影響真有這麼大嗎？」加藤驚奇地望著天行。

「我看這種影響還是剛剛開始，以後更會像潰了堤的長江黃河之水，不可收拾。」

「那很危險，」加藤正色地說：「我們日本受你們中國高度文化的影響有千年以上的時間，所以我們獲益不淺。可是你們許多的文化寶貝，反而被你們自己人長期蹧踏了！兩千年來你們只偏重科舉政治思想，否定科學思想，雖然建立了利於萬世一系的官僚思想制度，卻喪失了原來多采多姿的文化菁華。你們抱殘守缺的結果，終於使自己的文化失去了平衡，因此才經不起西方霸道文化的衝擊，這必然會造成民族大災難。」

「老師高見！這番金玉良言，我在國內還沒有聽見別人說過。」

「真的沒有？」加藤反問。

天行搖搖頭，加藤慨歎地說：

「那你們太缺少自覺了！日後恐怕難免大難臨頭。」

「老師的意思是說，我們又會遭遇大劫了？」

「一國的文化一旦僵化之後，再加上外來相反的文化入侵，自然會有這種後果。」加藤加重語氣說。

美子望望加藤又望望天行，加藤正襟危坐，天行臉色凝重，他對於他們兩人剛才的談話，可不像對《詩經》、唐詩那麼瞭解，也沒有那麼大的興趣，她一直插不上嘴，她想打岔，也怕加藤喝醉，便笑著對加藤說：

「老師，我替您添飯好不好？」

加藤明白她的意思，便笑著對她說：

「剛才妳受了冷落，又怕我喝醉，才移花接木是不是？」

美子一笑，起身替他們兩人添飯。加藤舉杯和天行一飲而盡。

加藤喝了酒吃飯更少，天行也只吃了一盌，因為加藤的意見和他不謀而合，而他積壓在心裏已經很久，因為自己太年輕，不敢隨便講，也沒有人會聽，想不到今天和加藤無意中談上了路，可又給自己增加了一大隱憂，所以他也不想再吃。

「你來了我真高興？」加藤放下盌筷對天行說：「剛才我們的談話雖然嚴肅了一點，但證明你比我想像中的龍大人的孫子更高一籌。」

天行還沒有來得及自謙，美子就指著他對加藤說：

「老師，那他更可以教我了？」

「當然！當然！」加藤連連點頭：「妳還只剛剛進入中國文學的門檻，還沒有觸到中國文化的核心，他已經深入中國文化堂奧，當然可以教妳。」

「老師，你別把我捧得太高，我還要隨時向您請教。」天行說。

「我們剛才的談話，比在杏壇上論道有意義多了。如果不是你的啟發，我也不會說出那些話來。」加藤雙手扶著茶几慢慢站起來，天行和美子同時扶著他，他望著他們兩人高興地笑笑。

加藤夫人是跪坐在小腿上，站起來就容易多了。

美子做完家事以後，便到天行房間裏來。她記得加藤交代她要在半年之內把天行的日文教好的話，所以她很想認真地開始教，她的日語發音非常清楚好聽，比她說中國話更流利道地，天行也像幼時唸「人之初」、「天地玄黃」一樣地一字一句地跟著她唸，只是進度快多了。因為他完全瞭解，記起來也比較容易。他把懷錶放在几上，他們說好每天晚上教兩個小時，為了看書方便，他們並肩坐在一起。

美子和加藤夫人一樣，都是習慣地跪坐在小腿上，吃飯時如此，教書時也是如此。上完課之後她才改變姿勢雙手抱膝坐著。

「我是八十歲學吹鼓手，難為妳跪了兩個鐘頭。」天行有些過意不去，抱歉地說：「妳累不累？」

「習慣了就好。」她淡然一笑。

「你看我這個學生可不可教？」他笑著問她。

「那我得先考你一下？」

天行點點頭，她便將剛教過的提出來問他，他居然對答如流。她滿意地笑說：

「加藤老師要我在六個月內把你教好，我相信看書是沒有問題，講話可要靠你自己。」

「我知道。」他點點頭：「我們中國有兩句俗話：『拳不離手，曲不離口。』我會多開口。」

「這就對了！」她也點點頭：「你應該多和日本人接觸，多開口，錯了也沒有關係，沒有人會笑外國人的。」

「你們的方言多不多？」

「加藤老師說不像你們的方言那樣複雜，你照我的話講，走遍日本也不會有什麼問題。」

「算我幸運，你如果學的是我們廣東、福建話，那我就一句也聽不懂了。」

「你們幸好文字統一，不然地方那麼大，誰當皇帝也沒有辦法。」

「這可得歸功於秦始皇的『書同文，車同軌』了。」

「聽說他是一位暴君？」

「不錯，也只有這種事兒我贊成。」

「你們的歷史文化那麼悠久，有很多事兒我都弄不清楚，像什麼儒呀、道呀、佛呀，好像一樣，又好像不一樣，到底是怎麼回事兒？」

「中國文化源頭是伏羲畫的八卦。」

「就是那些一橫一橫像圖案的東西？」

「不錯。」

「那是什麼意思？」

「意思可大得很。」

「怎麼個大法？」

「天、地、人都在其中。」

「我怎麼看不出來？」

「因為那是符號，看了卦辭，就容易明白些。」

「還有那個太極圖是什麼意思？」

「那是乾坤未分之前的宇宙狀態，我們稱為太極，也就是老子所說的道。」

「什麼又是道？」

「一陰一陽合在一起叫做道，這就是太極，陰就是坤卦，陽就是乾卦，這妳該懂了？」

「你這樣一說我就明白了，不過卦還是看不懂的。」

「宇宙間的任何事物都是陰陽變化，都是從乾坤二卦演變出來的，所以我們中國有句俗話說：『孤陰不生，孤陽不長。』就是這個道理。」

「你們的老祖宗伏羲怎麼有那麼大的學問？」美子突然睜大眼睛說：「這是科學呀！」

「中國文化本來就是科學的，一點兒也不迷信。這種講陰陽變化的大學問家就是道家。所以中國的天文學、醫學、軍事學等等，都是道家的學問，科學成就都是道家的發明，可惜兩千年來我們拋棄了這種科學精神，統合方法，專門講人與人的關係，重視人為法則，忽視宇宙自然法則，生態平衡。本來我們是個科學發達的國家，這樣長久忽視甚至故意貶斥科學下來，我們的科學自然落後，文化也失去平衡了。文化一失去平衡，就造成今天的惡果。」

「四書就是講人際關係，莫非這就是儒家了？」

「妳真是一位了不起的高才！」天行對她肅然起敬。「不過這都是我們自己的文化，與外來文化無關。」

「佛家呢？」

「佛教是漢朝時開始傳入我國的，到唐朝玄奘去印度取經以後才慢慢大行其道，不過由於它同我們自己的文化相互結合、影響的結果，所以中國佛教已經不是印度佛教的本來面目，但它對我們的影響卻很大。」

「它對我們日本的影響也很大。」

「你們的佛教就是從我們中國傳進來的。」

「加藤老師以前跟我講過。不過這類的大學問只是我問他時他才提一下，沒有他和你這兩次談話時講的這麼多。」

「因為妳只是向他學唐詩，而這種大學問又不大容易談，所以他就不和妳談這麼多了。」

「加藤老師要我向你學，你能不能多談一些？」

「我所知也很有限。」

「怎麼你又裝蒜？」她輕輕白他一眼：「金日昇老師講中國小說，我也想向你請教小說。」

「金老師講什麼小說？」

「《三國演義》和《水滸傳》。」

「這是歷史小說，人物寫得太好。我們說書兒的說得尤其傳神。我可是自己看的，沒有人教我小說。」

「為什麼沒有人教？」

「我們科舉出身的老師們很瞧不起小說。」

「這麼好的文學作品他們還瞧不起？」

「因為科舉不考這種東西，所以他們就瞧不起。同樣的，小說家也瞧不起科舉出身的書獃子，像吳敬梓、曹雪芹都不是科舉出身，賈寶玉更把賈雨村那種人罵為祿蠹。」

「這很有趣！不過據金老師說，小說裏面的學問可大呢！」

「不錯，妳有沒有看過別的中國小說？」

「我看過《石頭記》，那真是一部了不起的好書。」

「這部書又叫《紅樓夢》。我們是偷著看的，女孩子更不准看。」

「為什麼？」

「因為大人們常說：『老不看《三國》，少不看《紅樓》。』」

「那又是為了什麼？」

「因為《三國》裏面有許多鬥智的故事，《紅樓夢》裏面寫了兒女情長，大家庭的崩潰……」

「不准看這些書，那不是要你變成木頭人了？」

「我的王老師就是要我『非禮勿視、非禮勿聽、非禮勿言、非禮勿動』的。」

「所以你們讀書人就一個個變成偽君子了！」

「所以八國聯軍一打就垮啦！」

兩人都笑了起來。美子忽然止住笑望著天行說：

「奇怪，你怎麼不生氣，反而笑得起來？」

「我不笑難道還能在你面前哭不成？」

美子兩眼凝視他，看他的笑容迅速收斂，彷彿一朵花兒突然萎縮起來，臉色變得十分凝重，眼裏滾動著淚珠，他極力忍住，眼淚還是像六月天暴雨後荷葉上的水珠，終於一顆顆滾了下來。

她連忙用手絹替他擦擦眼睛，輕柔地說：

「好好的，你怎麼突然傷感起來？」

美子的話又觸到他的痛處，長久以來的國事、家事和文珍的事故，他都壓在心頭，沒有排洩，這次離家他心裏更堆積了太多的痛苦和屈辱，他不能怪祖母、父母、文珍，姑爹雖然是個投機的勢利小人，是造成他和文珍乃至香君尷尬痛苦的引線，但他本身不是炸藥，炸得他心碎的是一股看不見的內在的和外來的衝突力量，而且加藤還說以後難免大難臨頭。祖母的話和哥哥的話甚至加藤說的日本軍人對中國的研究和他的研究不同，這又是一個會炸得血肉橫飛的訊號。而他面對的卻是像丫鬟一樣侍候他、老師一樣教他的如花似玉的美子，他真不知道如何是好？更不知道又會是怎樣的結局？他的眼淚便如泉水般地湧了出來。

美子又替他擦眼淚，他覺得最難消受美人恩，用手輕輕撥開她的手，她卻觸電似的把他緊緊擁抱起來。

第三十九章 平激憤天放比武 恥落敗松下切腹

天行漸漸習慣日本生活，日文進步很快，日常應用日語也能勉強應付。加藤、美子不在家時他盡量用日語和加藤夫人交談，加藤夫人也喜歡他，常和他聊天，這對他很有幫助。

加藤和美子對天行的認真學習和進度都十分滿意，加藤對天行的學識文采也有更深的認識，不止於讚賞，而是佩服。美子在中國文學方面自然獲益不少，她對他是更加傾心，對他的照顧更無微不至，和香君已經沒有兩樣，但香君是丫鬟身分，守著一定分寸，她和天行是對等關係，沒有身分的顧忌。她在日本男人面前總是低聲下氣，和天行在一塊兒卻沒有自卑感，這是她私心竊喜的一件大事。她在自我意識中是以姐姐和情人的雙重身分兩樣心情同時愛著他。

天行的生活是安定了，但心情還不穩定。一方面他很難拒絕美子的愛，一方面他又惦記家中的親人，對文珍、香君他更難放心。

一天美子放學回來，湊巧從郵差手中拿到兩封信，都是天行的，她把信交到天行手中，天行一看是家信，急著拆開，一封是他父親寫的，除了敘些家常之外，還附了致加藤的謝函。另一封是古美雲寫的，裏面也附了致加藤的信，還附了文珍的一首和詩。古美雲的信是這樣寫的：

天行賢姪如晤：

自汝離京後，時在念中。日前接信，知汝一切安好，深以為慰。家中一切如常，二哥當另有信來。附上致加藤先生謝函及文珍和詩一首，此詩乃香君交我者。香君與文珍時相往來，文珍心情，可於詩中見之，香君暗中託我附寄。香君亦是可人，可惜小姐胚子丫鬟命。汝離家後她亦抑鬱寡歡。天放情形如何？代我問候。請多保重。

雲姑檢衽

天行匆匆看完古美雲的信，便展讀文珍的和詩，他一看詩題是：〈奉和離京前夕長夜不寐偶題原韻〉。

他心裏十分奇怪，她怎麼知道自己寫了那首詩？他來不及推想，便急著看文珍的和詩：

傷心祇為隔重洋，幾度瘋癲幾度狂；
夢裏曾經屬張敞，醒來纔覺是王嬙。
三更枕上三更淚，九月樓中九月裝；

瑟瑟秋風腸已斷，人間那見好鴛鴦？

美子一直站在旁邊，她看完之後連說：

「好詩，好詩！可惜太感傷了。」

天行眼中有淚，沒有答話，她又問：

「寫這首詩的是你什麼人？」

「表妹。」

「就是你說的那位表妹？」她望著他臉上問。

他點點頭。

「那她這首詩是和你的了？」

「不錯。」

「你的詩呢？」

「放在箱子裏。」

「可不可以給我看看？」

「妳自己去拿好了。」

她走到壁櫥那邊打開天行的箱子，在那隻錦袋裏發現了那首詩，也發現那綹青絲。她拿出來問他：

「這頭髮想必也是你表妹的了？」

他點點頭。她同情而惶惑地看了他一眼，再看他的詩，看完以後，兩首詩一對照，她已經明白八、九分了。她望著他說：

「原來你來日本還有一段傷心的故事？」

「不然我怎麼會來？」

「可不可以講給我聽聽？」

他便原原本本地告訴她。

她十分同情而又暗自高興，同情他們這麼好的姻緣硬被他姑爹拆散，高興的是自己有機會填補這個空缺。她這才明白他對她那種若即若離飄忽不定的情感的原因，她也更諒解他了。

「你表妹實在是一位才女。」她又看看文珍的詩，禁不住讚賞起來：「如果不事先知道是她寫的，我還以為是唐人的作品呢！」

「她的詩比我的好。」天行說。

「你何必這樣謙虛呢？」她向他一笑，又看看他那首詩：「你的詩放在唐詩中我也分別不出來，可惜我比你們兩人差遠了。」

「這也難怪，因為妳是日本人，只要多下一些功夫，妳也會寫得很好。」

「那你得好好教我？」她雙手握住他的手，兩眼凝視著他說。

「名師出高徒，有加藤老師教妳，妳還怕寫不出好詩來？」

「加藤老師在我們日本人，當中自然是漢詩高手，不過，加藤老師的韻味，和你們寫的不大一樣？」

天行微微一怔，她已經登堂入室，這實在不容易。他又試探地問她：

「你看有什麼不同？」

「加藤老師的漢詩有點日本味兒，你說對不對？」

天行也看過加藤幾首詩，平仄對仗都十分工穩，就是美子說的那種韻味有一點點不同。

「他是老師，我不能說什麼。」

「我也不是說加藤老師的詩不好。」美子連忙解釋：「他的漢詩在日本是第一人，和你們中國人寫的也一樣好，我說的是韻味，不是水準。」

「我知道妳不是批評老師，這大概就是因為他是日本人的關係吧？」

「還有我們的山水畫家，畫出的山水也和你們的那種出塵脫俗的飄逸氣韻、高超境界不大一樣，我們的山水總有些俗氣，大概也就是這個原因？」

天行點點頭，她又接著說：

「我希望我能寫出你們那種韻味的詩來。」

「這倒不必勉強學，還是保持你們的本來面目好，東施效顰不是什麼好事兒。在文學方面更是如此。我們中國人說文如其人，就是這個道理。」

「你不嫌我的日本味兒？」她一語雙關，向他俏皮地一笑。

他不知道如何回答是好?他心裏很喜歡她，他覺得她的聰明智慧不在文珍、香君之下，面貌更討人喜歡，夢中的胴體更是東方少女少有，這身和服看來也婀娜多姿，那種小心侍候男人的日本女性味兒，每一個男人都會喜歡，他也不會例外。但他心裏正有牽掛，現在還說不出口。

「你不回答也沒有關係，我會慢慢地改……」她看他不作聲，又自言自語。

「妳為什麼要改?」他反問她。

「你們有一句話說：『女為悅己者容。』我也會為悅己者改。」她嫣然一笑。

他輕輕歎口氣，把信收起，她說了聲「別忙」，又拿了過來，從手提書包裏拿出紙筆，把那兩首詩抄了下來，再把信收好，又替他連錦袋一起放進箱子裏。

「你表妹的那束頭髮、那首詩，應該好好保存。」她回到他身邊時笑著對他說。

「我會帶進棺材裏去。」

她連忙用手來摀他的嘴，微嗔地說：

「你怎麼說這種話?」

「人總是要死的，何必忌諱?」

「你們中國不是有神仙嗎?神仙是不死的，你也會長生不老。」

「不是人人都能成仙，我就辦不到。」

「為什麼?」

「我有七情六慾，有許多煩惱。」

「不成仙也沒有關係呀，還有比神仙更好的事兒呢。」

「那有比神仙更好的事兒？」

「我記得一句詩：『只羨鴛鴦不羨仙。』這不是比神仙更好嗎？」

「妳知道這件事兒比成仙更難嗎？」

「還有什麼難呢？」

「難得多啦，世界上再沒有什麼事兒比這更難的了！」

「你不要『一旦被蛇咬，十年怕井繩』，何必這麼悲觀？」

「我不是悲觀，事實確是如此。我表妹的詩不是說過『人間那見好鴛鴦』嗎？」

「我聽金日昇老師說過，你們有一本《浮生六記》，那上面就是寫的一對好鴛鴦呀！」

「中國幾千年來也只有那一對呀！而且還不到頭呢！」

「我不信！」她搖搖頭：「不過是沒有人寫出來罷了。」

「但願妳將來能寫。」

「我也希望能寫，所以我才上金老師的小說課。」

「沒有那種夫妻，妳也寫不出來。」

「我編也要編一個好鴛鴦的故事，不然太令人傷心了！」

他看她那麼純真，不禁搖頭苦笑。

加藤下課回來，天行連忙把他父親和古美雲的謝函交給他，加藤看了很高興。美子又對加藤說：

「他表妹還寄了一首詩來，寫得好的很。老師，您看看。」她連忙把先前抄下的那首詩遞給加藤。

加藤看了文珍那首詩頻頻點頭說：

「真是才女吐屬，可惜太傷感了一些。」

「老師，你再看一首。」美子又把天行那首詩遞給加藤。

加藤看過之後，望望天行說：

「這大概是你寫的了？」

天行默默地點頭。

「原來你還有這段故事？」加藤詫異地望著天行說。

「老師，他還在傷心呢！」美子瞟了天行一眼說。

「這也難怪！」加藤點頭一笑：「我要是遇著這種事兒，我也會傷心的。」

美子笑了起來，邊笑邊說：

「老師，您這麼大年紀了，您還會為這種事兒傷心？」

「老師又不是木頭人，年紀大了雖然沒有人愛，難道就沒有情感？」

美子望著加藤好笑。加藤又問天行原委，美子代他說了。加藤聽了之後對美子說：

「這是中國悲劇的序曲，不止是他個人的悲劇。」

「老師，我也是這樣想。」天行說。

「我知道你有這種自覺，從你的詩裏也看得出來。」加藤又安慰天行說：「不過既然到日本來了，不妨多向前看看，你還年輕得很呢！」

「老師，你看他這首詩怎樣？」美子指指天行的詩說。

「當然是好詩，我還寫不出來呢！」加藤說。

「老師，您過獎，我怎麼敢當呢？」天行連忙說。

「這不是過獎，」加藤坦然笑道：「我不是當事人，又不是中國人，我怎麼寫得出來？」

「老師的話真是一針見血！」天行說：「拙作不是詩好，是情真。」

「二者兼而有之，」加藤說：「沒有才情，縱然情真也寫不出好詩。你和令表妹大概都是得自令祖的遺傳，所以詩情並茂，旗鼓相當。」

「老師，我以後寫不寫得出他們兩位這樣的詩來？」美子問。

「以妳的智慧看，寫是寫得出來，」加藤望望她說：「不過妳是妳的，他們是他們的，風格不大一樣。」

美子笑著望望天行，又對加藤說：

「老師，他也是這麼說，你們兩位真是英雄所見略同。」

「文學本來就是個人的東西，沒有兩個人相同的。」

「為什麼？」

「這和各人的性格有關，」加藤說：「妳學過唐詩，就知道杜甫和李白大不相同。白居易和蘇東坡在我們日本都很有名氣，他們兩人一唐一宋，作品也不一樣。這就是所謂風格。個人有個人的風格，民族也有民族的風格。這是學不來的。」

「老師，上課時我怎麼沒有聽您講過？」美子問。

「妳不問，我怎麼想到要講這些問題？」加藤不禁失笑。

美子也好笑，上課時大家都不問老師，她也不問。不像她和天行兩人面對面，她什麼都問。

「老師，我突然覺得學文學好難。」美子又說。

「學文學本來就不容易，」加藤向她微笑：「尤其是學中國文學，妳還得瞭解中國文化、歷史、哲學。所以天行來了，對妳真是個天賜良緣。」

美子聽了「天賜良緣」，不禁喜上眉梢，展顏一笑；天行卻有些尷尬，加藤這才覺得有些失言，他自嘲地說：

「唉！年紀大了，我口不擇言，這句中國成語用得還不太恰當，幸好這是個吉兆，吉兆！」

說完他就笑了起來，突然引起一陣嗆咳。天行連忙扶著他，美子在他背上拍拍，要扶他進房去休息。他望著他們兩人一笑說：

「人老了就不中用，我要是像你們一樣的年紀，那該多好？」

「老師，你也年輕過來。」天行安慰他說。

「不過那好像是一場夢，一頁歷史！當年我到北京時才四十多歲，我想起來了，那時令祖常把你抱在膝上，轉眼之間，你長大了，我也老了。」

「您比我祖母還年輕得多。」

「老師，您一點兒不老。」美子突然想起他說的他也會傷心那句話，笑著對他說。

「妳不要騙我，」他向美子笑笑：「我自己知道我是老了，我要想和你們一樣年輕，只有再投一次胎了。」

加藤夫人聽他咳嗽，連忙出來把他扶了進去，她比他壯碩得多。

美子望著加藤夫婦患難相依的背影，回頭向天行一笑，碎步跑進自己的房間。

天行進房拿出父親和古美雲的信再仔細看看，又看看文珍的和詩，禁不住一陣感傷。他起先有些奇怪，文珍怎麼會看到他寫的那首詩？隨後一想，可能是香君先看到，再拿給文珍看，又放回原處的。再看文珍的詩他也得到一些安慰：她並沒有跳井。從古美雲信中他也知道香君也沒有嫁人。他想春夢無憑是不錯的，正像文珍的詩「夢裏曾經屬張敞」，那只是日有所思，夜有所夢的幻象，「醒來纔覺是王嬙」這才是現實。他又想到剛才加藤講的「天賜良緣」，不知道是真的失言？還是故意說出來的？看美子聽了這句話那份高興的樣子，他心裏實在有些不忍，也有些欲喜還驚。

他正在難解難分的矛盾中，天放突然來看他，他聽見天放的叫聲連忙趕了出來，美子也同時出來，她一看見天放就叫了一聲「大公子」，同時遞上一雙拖鞋。這種拖鞋和天行家裏那種繡花拖鞋大不相同，不但沒有那麼漂亮合腳，而且只有從大拇趾中間才可以插進去，起初他們兩兄弟都很不習慣，現在已慢慢適應過來，這比日本人在外面穿的那種木拖板又好多了。

天放第二次看見美子，覺得她更親切了，同時發覺她對天行已經不拘形跡，不免看了他們兩人一眼。

「拜託妳再買幾樣菜，我留哥哥一道吃飯。」天行從口袋裏掏出錢來，塞進美子手裏。

「我還有錢。」美子想把錢還給天行。

「橋歸橋，路歸路，不要亂了章法。」天行笑著對她說。

她高高興興地出去買菜，一走出玄關又突然回頭問天放：

「大公子，您喜歡吃什麼？請您吩咐，我好照買。」

「謝謝妳，隨便妳買好了。」天放客氣地對她說。

她一笑而去。天放望著她的背影對天行說：

「你的運氣真好，居然有美子這樣的小姐照顧。」

「哥哥，最難消受美人恩，我正不知道如何是好呢？」

他們兩兄弟說話間加藤夫婦已經走了出來，天行連忙介紹，加藤滿面含笑，連聲歡迎，隨後還說：

「當初大公子來日本時我不知道，沒有盡地主之誼，抱歉，抱歉。」

天放也說了一些沒有來看加藤的客套話，最後又加了兩句：

「舍弟打擾老前輩太多，晚輩感同身受。」

加藤聽了很高興，又打量了他一眼，笑瞇瞇的說：

「令弟在舍下很好，他不但解除我不少寂寞，還可以代我分勞，他才是道地的漢學家呢。」

「老前輩過獎了！我們兩兄弟年輕不懂事，希望老前輩多多指教。」天放說。

雙方客套過後，加藤又問天放在士校的生活情形？天放照實報告，加藤聽後，不禁問他：

「那麼嚴格的士兵生活你怎麼過得來？」

「當初是不習慣，但還是咬緊牙關挺下來了。」天放說。

「那真難為你了！」加藤先向他嘉許地笑道，隨後又問：「你對日本同學有什麼觀感？」

「他們都絕對服從，不表示自己的意見，是最好的軍人料子。」天放說。

「這是我們日本人的長處，也是我們日本人的弱點。」加藤說。

「老師，既然這是長處，怎麼又會是弱點？」天行問。

「像令兄說的當軍人是很好，因為軍人只是服從命令，遵照長官的指示行事，不能有自己的意見。可是在別的方面就不合適了。」加藤說。

「這總比我們中國人一盤散沙好。」天放說。

「可是老是靠著別人的指示作事，自己不會動腦筋，就不會有太大的前途。」

「我發現日本同學還有一樣長處。」

「什麼長處？」加藤連忙問。

「他們都好勝好強，總希望處處都勝過我們。」

「十根指頭有長短，一個人要處處都勝過別人，那是不大可能的事。」加藤冷靜地說。

「還有一件事，使我印象最深。」天放說。

「什麼事？」

「日本同學最知恥。孔夫子說：『知恥近乎勇。』他們真是如此。」

「你舉個例子說說看？」

「最近我們學校舉行了一次空手道比賽，發生了一個不幸事件，到現在我心裏還很難過。」

「你為什麼難過？」加藤說，天行也望著哥哥。

「因為這件事和我有關。」

「你也參加了比賽？」天行知道哥哥少林、八卦、太極、形意、猴拳、白鶴拳、螳螂拳都很有根基，練得又勤，已經很能融會貫通；刀、劍、槍、棍也都很在行，他的武學人不是僥倖得來的。不過在家時父親嚴禁他和別人比武，在日本沒有人約束他，怕他年輕氣盛忍不住，所以特別關心地問了一句。

「起初我沒有參加，後來是形勢所逼，我才出馬。」天放說。

「你說說看，到底是怎麼回事？」加藤笑著鼓勵他。

天放便將經過情形說了出來。

原來有一位學騎兵的日本同學松下，是這次空手道的總冠軍，他個兒大、虎背熊腰，平時就瞧不起中國同學，這次空手道比賽又沒有一位中國同學報名參加，他更瞧不起。為什麼沒有人參加？一方面是中國同學練武的不多，而且又都嚴格遵守師父的教訓，不能好勇鬥狠，所以沒有人報名；二是對空手道的比賽規則不大熟悉，寧願作壁上觀。松下奪得總冠軍之後，更趾高氣揚，故意向中國同學挑戰。松下看中國同學都坐著不動，便說了幾句侮辱中國同學的話：

「你們支那人只會抽鴉片，討小老婆，難怪西洋人說你們是東亞病夫！」

這兩句話大大地傷了中國同學的自尊心，大家氣憤不平，但沒有一個人敢出頭。有的同學知道天放是武舉人，便極力慫恿天放出馬，天放紋風不動。大家說了一句氣話：

「原來你這個武舉人也是銀樣蠟槍頭？」

天放還是不動，有的同學便說：

「我們丟不起這個人！乾脆明天統統滾回去好了！」

天放覺得大家來日本求學不容易，又吃了這麼多日子的苦頭，一回國不但前功盡棄，更是笑話。他只好站起來大聲對裁判說，他願意下場試試，但他不懂比賽規則，只能自由比劃。裁判也瞧不起中國學生，他問松下可不可以？松下看他沒有自己高大強壯，根本沒有把他放在眼裏，毫不在乎地點頭答應了，天放這才下場。

他早已看出空手道是從少林拳演變過來的，而且是南派少林，不過比南派少林歡喜用腿。而他學的少林更重視腿功，他練的馬步功夫更穩，這是立於不敗之地的要著，加上他還練過其他各家拳術，內外兼修，融會貫通，運用自如，隨便用那一派拳術，自信都可以取勝，因為他看準了松下的腰腿功夫不深，又無內功，只憑個兒大，力氣不小，不懂用勁，下盤很不穩定，這就犯了拳家的大忌，而他考武舉人時勝過比他更高大強壯的漢子。

裁判雖然特許自由比賽，但還是要他換上空手道的服裝，而且說明比賽三場，兩勝為贏，每場三分鐘。

松下以驕兵心理挑戰，天放以哀兵理應戰。他一下場就挫著腰站著丁字步，氣沈丹田，紋風不動，專等松下來襲。松下氣勢洶洶，伺機進攻。他不管松下選擇那個角度，他只是腰身稍微移轉，姿勢不變。後來他故意賣個破綻，讓松下進攻，松下突然一旋身飛起右腿，朝他頭部橫掃過來，但他比松下更快，腰身一挫，朝他獨立的左腿橫掃一腿，松下勢虛，便像一截大樹一樣轟然倒地，日本同學都驚叫起來，中國同學都暗自高興，不敢作聲，天放抱拳向週圍拱拱手，仍然神定氣閒地站著。松下跌得不輕，蹭蹭蹬蹬爬了起來，兩眼氣得發紅，目露兇光，這又犯了拳家心浮氣躁的大忌。他那對血紅的眼睛死死地盯著天放，想一下置天放於死地，但他不敢再用腿攻，天放看準了他的心理，又賣一個破綻，松下便揮動雙拳直攻他的面門，天放用太極拳野馬分鬃一招，右腿向後一撤，右手化解了松下的攻勢，抓住松下的右手腕向後一牽引，松下上身一傾，天放左手用暗勁在松下右肩上連推帶按，松下立刻跌了一丈多遠，像隻癩蛤蟆樣仆在地上，一動也不能動。日本長官同學全都驚叫著站了起來。裁判也走到天放身邊，舉起他的右手，表示勝利。只是大家覺得這場勝利來得太快，太輕易，簡直不大相信。但裁判沒有看錯，松下心裏也已經很明白，他輸得很慘，連還手的機會都沒有。當天晚上他就在比賽地點面朝皇宮方向切腹自殺了。

「我真沒想到松下會切腹自殺，」天放十分遺憾地說：「早知如此，我決不會和他比武，寧可自承失敗。」

加藤聽了天放的話沈默不語，過了一會才說：

「知恥近乎勇，雖然是一件好事，但松下勝則氣勢凌人，敗則切腹自殺，恐怕不是日本人之福？」

「老師，這是不是武士道？」天行問。

加藤點點頭。

「老前輩，松下是士官生，是日本軍人，長官都是這樣教導他們的。」天放說。

「你也是士官生，你並不像松下一樣。」加藤說。

「因為我是中國人，我們中國武人也重視武德。」天放說。

「這就對了！」加藤點點頭：「你們講武德，我們講武士道，可是這兩者之間就有很大的差別。」

「老師，這有什麼差別？」天行問。

「令兄不驕不餒、不好勇鬥狠，又有一顆惻隱之心！松下則是目中無人，知進而不知退，這不像盲人騎瞎馬嗎？這種人一旦當權，不會闖大禍嗎？」

他們兄弟兩人覺得加藤的話中有話，但不便表示意見，加藤又接著說：

「所以我認為松下個人死不足惜，只怕還有更多的松下，那就更危險了。」

「可是你們現在強盛起來了，我們卻一天天走下坡。」天放說。

「一個國家強弱的原因很多，不能單看某一方面。」加藤說：「立國之道，要可大可久。老子說：『飄風不終朝，驟雨不終日。』這兩句話你們該知道吧？」

他們兩兄弟同時點點頭，天放還說：

「《道德經》是柳老師教我們的。」

「我們日本人是個自殺的民族，一失敗或不如意就切腹，軍人切腹，老百姓也切腹，這就是因為不懂黃老之學，缺少彈性韌勁，人生境界太低。」

「老前輩，你們也有很多長處是我們沒有的。」天放說。

「不錯，我們也有長處。但大多是模倣別人的長處，自己很少獨創的精神。」

「老前輩，你不說我倒不便講。」天放說。

「你講好了。」加藤說。

「那天我贏了松下以後，長官、同學對我都另眼相看，要我教中國拳術，他們很認真學，我倒很不好意思。」

「我們日本人就是這個樣子，有什麼不好意思的？」加藤淡然一笑。

「老前輩，肯學也是你們的長處，不過我犯了大忌。」天放說。

「你犯了什麼忌？」加藤望著他說。

「我們中國有句俗話說：『真人不露相。』愈是有本領的人愈深藏不露。我真後悔我這個半瓶醋那天露了底，惹來許多麻煩。」

「如果你那天不出場，你們在士官學校就永遠抬不起頭來。」

「如果我失敗了，那就更抬不起頭來。」

「希望你們這次比賽，給雙方都有點教育作用。」加藤說。

美子買菜回來，他們才結束談話，美子笑著把魚肉提了起來亮給他們看看，又抱歉地對天放說：

「大公子，可惜我弄不出你們的口味來，還要請你多多包涵。」

天放也說了幾句客氣話，便到天行的房間休息。

天行把家信拿給他看，他看過之後對天行說：

「我不歡喜寫信，我先在信紙後面簽個名，你回信時就寫在前面好不好？」

天行拿出一疊信紙，他在兩張信紙後面簽了名，隨後又對天行說：

「我在學校比武的事兒可千萬別告訴爹和雲姑。」

天行點點頭，天放又向天行要文珍的詩看，天行這才給他看，他看過之後說：

「文珍何必這樣自苦？人生也不止兒女之情這一件事兒。」

「她不像你海闊天空，她的世界只有那麼大。」

「那你呢？」他又問弟弟。

「我一時還放不下來。」天行說。

「我看美子對你很不錯嘛？」

「是很不錯，我也正為這件事兒苦惱。」

「這有什麼好苦惱的？」天放笑道：「我看美子不在文珍之下，你不可以移花接木？」

「那有這麼簡單？」

「你也不要把事情愈弄愈複雜。」

「我不能忘記臨別時祖母對我說的話，你和松下比武的事兒也是一個教訓，我們不能掉以輕心。」

「這我知道，日本軍人瞧不起我們，對我們有野心，但美子沒有關係，這是兩回事兒。」

「其實是一回事兒，不然我和文珍也不會弄成這種結局。」

「你顧慮的這麼多，那不太苦了？」

「我也很奇怪，為什麼我偏偏遇著這種事兒？你卻逍遙自在？」

「大概你是桃花命，我是和尚命吧？」天放說著笑了起來：「不過我要是你，我也不會把它放在心上。」

「難道你是太上？」

「雖然我不是太上，可是我沒有這種閒情，我更沒有和娘兒們磨菇的耐性。」

天行也不禁失笑，隨後又囑咐天放：

「美子的事兒你可千萬不能告訴家裏？」

「你是不是想私自成親？」天放問。

「我真是『一旦被蛇咬，十年怕井繩』，怎麼會私自成親呢？」

「那又為什麼怕家裏知道？」

「我是怕惹祖母生氣。」

「好吧！」天放點點頭說：「不過以後我的事兒你也不能告訴家裏。」

「你有什麼事兒？」天行睜著眼睛望著哥哥。

「反正不會和娘兒們鬼混，其他的你就不必問了。」

天行望著哥哥，突然覺得他改變得莫測高深，但也不好再問。

美子像隻花蝴蝶兒似的突然出現在紙門口，笑盈盈地向他們兩兄弟一鞠躬，請他們吃飯。

他們兩人立刻住嘴，站了起來。她便像花蝴蝶兒似的先飛走了。

天行也跟著向外走，天放突然拉拉天行的衣袖說：

「我突然覺得她像一個人？」

「像誰？」天行回頭問。

「蝶仙。」天放說。

「真像嗎？」

「我看她們兩人的個兒幾乎一般高矮，也是減一分則瘦，加一分則肥，眉目之間都有那股靈氣，皮膚也同樣雪白，如果她不穿和服，和蝶仙一樣打扮，倒真像一對姊妹花呢？」

「哥哥，你幾時學會了品花賞月？」天行禁不住笑了起來。他知道天放是連《紅樓夢》都不看的人，北京那麼多漂亮的女人，自己家裏那麼多漂亮的丫鬟，他也不多看一眼望，怎麼會突然像鴨兒聽見打雷，忽發奇想呢？

「我並沒有看過什麼《品花寶鑑》，這只是一時的靈感。」

天放的話剛說完，美子又嫋嫋婷婷地走了過來，天放連忙說聲「對不起」就走了出來。

第四十章 大和血統多唐漢
明治維新得逋臣

過年時美子回京都家中去了，天行一人陪著加藤夫婦守歲，加藤夫婦多了天行陪伴他，十分高興，可是天行內心的悽苦，卻難以言宣。自出生以來，他沒有過過這麼冷冷清清悽悽慘慘的年。回憶過去在家時幾十口人吃年夜飯，圍爐守歲，祖母散壓歲錢，彷彿天女散花、人人有份，個個高興，打牌、擲骰消遣，丫鬟環繞，不分上下大小，玩成一團。今年卻是孤孤單單一個人住在加藤家，哥哥也不能團聚。一樣的除夕，卻是兩樣的心情。

加藤說日本過年的風俗和中國大同小異，只是沒有中國那麼熱鬧、那麼隆重。從前也過陰曆年，自從江戶時代國粹派抬頭，排斥漢學，再加上明治維新，改學西洋，便採用西曆，不過加藤還是十分懷舊，他藏有幕末大阪少年詩人田中右馬三郎《大阪繁昌詩》三卷，他指出一首除夕夜的漢詩給天行看：

千燈守夜待新春，齊拜棚頭歲德神；
索乳乞糕如昨日，將成十有八年人。

詩後還有這樣的註解：

「除夜謂之大年夜；此夜都下俗，大地四方，八百萬神家廟，門庭灶井，以至青廁，皆燃燈煌煌然，一家守庭團圓達曉。製小棚，向歲德方位掛之，謂之歲達棚。」

「這和我們的習俗沒有兩樣。」天行看過之後說。

「不但如此，」加藤說：「除夕前還要舂糯米作糍粑，也和中國習俗一樣，不過歲德神日本稱惠比壽，糍粑日本稱御餅而已。」

說完之後他又指著田中另一首漢詩給天行看：

衾爐火爐漸成灰，窗下風寒夢已回；
鄰舍搗聲猶未了，曉天製餅叩門來。

「事隔上百年，今天我們的習俗還是一樣，這都是漢唐遺風。」天行看完以後加藤又說。

「老師，我倒記起近人黃遵憲的一首寫日本新年的詩來。」天行忽然想起這位中國詩人來。

「我也聽說你們這位留日詩人，他的詩是怎麼寫的？」加藤問。

天行隨口吟了出來：

讓葉勞薪插戶前，人人都道是新年；
故鄉正作消寒會，獸炭紅爐一九天。

天行不知讓葉是什麼葉子？加藤說讓葉就是橘葉。日本新年門上掛帶葉的代代橘，龍蝦、稻草、代代橘象徵子孫興隆，蝦象徵壽考，稻草象徵豐年。另外門口還插松枝、綠竹二竿，這和中國新年門口掛紅剪紙門錢、貼紅紙對聯、門神稍有不同。和《荊楚歲時記》「正月貼畫雞戶上，懸葦索於其上」則近似。

「我們大年夜和正初月一要放很多爆竹，十分熱鬧。日本過年不放爆竹，顯得冷冷清清。」天行說。

「我們初一天不亮就要到各神社寺廟初詣，這就是你們的燒頭香。漢司馬遷《史記》上說：『代王乘傳詣長安。』班固《漢書》也說：『詣闕上書，書久不報。』我們稱拜神祈福為詣，就是根據漢文得來，我們元旦向天皇拜年，也就是《漢書》上的詣闕。」

「老師，你們彼此拜不拜年？」天行問。

「我們仕女從二日起，才出去遊樂，拜年也在二、三兩天。」加藤說。

「這也和我們一樣，不過我們可以拜到正月十五。」天行說。「而且我們還玩龍燈。」

「我們越後也有舞獅子的。」加藤說：「他們農家子弟結隊往關東、關西舞獅，賺錢貼補家用。」

「我們舞龍完全是慶賀遊樂，不能要錢。」

「我們的過年風俗也大多是從中國傳來的，只是沒有你們熱鬧。今年你在我家過年，是冷清了一點，不過我們夫婦兩人因為有你卻熱鬧多了。」

「老師，美子有沒有在府上過年？」天行問。

「沒有，」加藤搖搖頭，「她不像你遠隔重洋，她父母要她回去。」

「美子是個好姑娘。」加藤夫人說。

「她是很好。」天行說。

「她對你更好。」她又說。

「我很感激她。」

「你只是感激？」她又笑問。

「師母，我的問題很多，我也不知道怎麼說好。」天行說。

加藤夫人便不再說。

美子四日才回東京，本來她想早點回來，可是父母一再留她，她也不好意思走得太早，父母明白她的心思，才讓她回來。

一天下午，加藤和美子從學校回來，兩人一道走進天行的房間，加藤從皮包裏拿出一個大信封交給天行，天行以為是入學通知，拆開一看，卻是一張教授聘書，他以為加藤弄錯了？惶惑地望著加藤說：

「老師，我是來唸書的，不是來教書的。」

「我知道。」加藤點頭笑答：「你可以唸書，也可以教書。」

「我太年輕，怎麼能教書？」

「聞道只分先後，不在年紀大小，我的唐詩課讓給你教，你也可以唸法政課程，做別人的學生。」

「這行嗎？」

「怎麼不行？」加藤歪著頭望著他說：「你是有功名的人，你教唐詩綽綽有餘，怎麼不行？」

隨後加藤又把他教唐詩的情形告訴他，他聽過之後很有信心。美子又告訴他學生不多，但是漢文都很好，用中國話、日語都能教。

「我的日語還沒有到那種程度。」天行說。

「必要時我可以幫忙你翻譯。」美子說。

「本來我還可以替你多安排一點課，但是你要唸書，又不靠教書過日子，所以只要你接我的唐詩課。」加藤說。

「我沒有想到要教書，不然我可以多帶一點書來。」

「圖書館的書多得很，你可以隨時借用。」美子說。

「你入學註冊手續可以請美子替你辦，費用不多。」加藤說：「還有，你也可以請美子陪你去看看金日昇先生，他很想見見你。」

「金先生怎麼知道我？」天行問。

「我和他談過你。」加藤說。

「老師，聽美子說他祖先是中國人，不知道是不是真的？」天行好奇地問。

「這不足為奇。」加藤淡然一笑：「根據千年前的《日本姓氏錄》記載，日本氏族分成四大類，天皇系的「皇別」有三百三十五氏，高天原諸神的「神別」有四百零四氏，由中國移來的歸化族「諸藩」有三百五十六氏，再加上有很多是華裔的「未定雜姓」有一百十七氏。不過歸化族的漢人都不用中國姓，金先生的姓是不是由「秦」演變來的？或者是他的中國姓，我就不清楚了。」

天行聽到「秦」字忽然想起秦始皇派徐福入海求長生不老藥的故事，便禁不住問加藤：

「老師，你說到秦字，使我突然想起傳說秦始皇時的徐福帶了三千童男女來日本沒有回去，《史記》第六卷〈秦始皇本紀〉中也有一段有關他們入海的記載，是不是真有這回事？」

「一點不假。」加藤點點頭說：「當時徐福登陸的地點是紀伊半島的熊野新宮東北數里的波多須浦，這地方現在還叫做『秦住』、『秦須』，後來才移往新宮，現在新宮還有徐福墓、徐福祠，飛鳥神社還有徐福宮。」

「這樣說來，我讀到的有關徐福的詩也是千真萬確的了？」天行說。

「你記不記得那些詩？」加藤問。

「記得。」

「你背給我聽聽看？」

天行隨口背了一首出來：

先生採藥未曾回，故國山河幾度埃；
今日一番聊遠寄，老僧亦為避秦來。

「這首詩是誰寫的？」加藤問。

「是元朝一位叫做祖元的和尚寫的。」天行說。

「這首詩寫得不錯。」加藤說。

「和尚也能寫出這麼好的詩？」美子笑問。

「《全唐詩》中有很多和尚道士的作品，都寫得很好。」天行說。

「不錯，中國讀書人都會作詩，方外人亦不例外。」加藤說。

「老師，另外我還記得我朝公使黎庶昌寫的一首祭徐福的詩。」

「黎庶昌是近人，我怎麼沒有讀過他的詩？」加藤說：「你再背給我聽聽？」

天行又背了出來：

蓬萊岩下已荒萊，漠漠平疇土一堆；
二千年後吾遊此，不見仙人採藥回。

加藤聽了之後突然想起一件事來，他高興地說：
「我倒記得日本和尚中津絕海《蕉堅集》中有關徐福的一段記述。」
「這位日本和尚說些什麼？」天行問。
「他說在洪武九年，被太祖召見，詢問徐福的事，他即席獻了一首詩，太祖也和了一首。」
「老師還記不記得這兩首詩？」美子問。
「記得，」加藤點點頭，「絕海的詩是：『熊野峰前徐福祠，滿山藥草雨後肥；衹今海上波濤穩，萬里好風須早歸。』」
「太祖的詩呢？」天行接著問。
加藤也背了出來：

熊野峰前血食祠，松根琥珀也應肥；
昔時徐福求仙藥，直到如今竟不歸。

「老師的記性真好！」美子向加藤笑笑。

「老了，記性差遠了！」加藤感慨地說。「我在妳這種年齡時，《唐詩三百首》我全背得下來。」

「老師，那徐福這批人應該有後？」天行說。

「當然有，」加藤點點頭：「在《日本姓氏錄》中載有秦氏十五大族。」

「那十五大族？」天行又問。

「太秦公、秦、秦冠、河內秦、山城秦等等，其中有好幾個到現在還是很普遍的姓。」

「那幾個姓？」

「像山村哪、長岡哪、櫻田哪、高尾哪……」

「這都是日本姓嘛！」天行失望地說。

「他們早就改日本姓了，」加藤說：「連以後歸化的漢人也往往改了日本姓，像檜前哪、築紫哪、刑部哪、織部哪、鞍作哪、工哪……有的是以地名為姓，有的是以職業名為姓，都不用原來的中國姓了。」

「這樣我們就不知道那些日本人原來是中國人了！」天行遺憾地說。

「在一千多年以前，《日本姓氏錄》中有五分之一是中國移民。」加藤說。「以後又有把《論語》、《千字文》帶進日本宮廷的博士王仁遺留下來的一族人，王仁自稱是漢高祖的後人，他這一族人後來又分成五個姓，再加上自稱漢靈帝的子孫河知使主，他帶了十七縣的人民由百濟移民到日本，定居在當時大和的檜前，也就是現在奈良一帶，他們自稱為東漢氏，分為坂上、木津、志賀、櫻井等二十八個姓。唐宋以後因為通商的關係，來到長崎定居的中國人，也改姓中山、馬田、清河、鉅鹿、深見、彭城、矢島、穎川這些日本姓了，其實祖先都是中國人。」

「老師，如果不是你這麼一說，我真的一點也不清楚。」天行說。

「不但你不清楚，我們日本人也不清楚。」加藤說。

「老師，我們姓川端的祖先是不是中國人？」美子問。

「這我就不清楚了。」加藤向她微笑。

「老師，照您這樣說來，中日兩國關係是太密切了？」

「不錯，」加藤又點點頭。「我們日本人也自稱是黃帝的子孫呢！」

「這有什麼根據？」天行問。

「大約在千年以前，中日之間曾經流傳一首詠日本國建的讖詩，開頭兩句是：『東海姬氏國，百姓代天工。』」

「姬氏倒是黃帝的姓。」天行說：「黃帝本姓公孫，久居姬水，改姓姬，日本人自稱東海姬氏國，那就是自認為黃帝子孫了。」

「比這更早的是三國時代魏王曹丕派了兩批使節團到日本考察，第一批由建中校府梯儁率領，在正始元年到日本；第二批由塞曹椽史張政率領，在正始八年帶了魏王的『詔書黃鐘』到日本來報聘。他們的見聞都收在《魏略》中。」

「老師，我記得《魏略》中有這樣的話：『男子無大小，皆黥面而文身，聞其舊語，自謂太伯之後。』但是陳壽的《三國志．魏志》中卻沒有這樣的話，所以我一直將信將疑。」天行說。

「陳壽的《魏志》是根據《魏略．倭人傳》抄襲改寫的，他把這幾句話刪掉了。」加藤說。

「當時日本有這種記載嗎？」天行問。

「那時日本還沒有文字正曆，那有記載？所以太伯之後這句話後來在日本就一直爭論不休。」

「是讚成的人多，還是反對的人多？」

「讚成的人多。」

「那些人讚成？」

「最著名的是十四世紀初葉《日本紀》的作者中岩圓月，和江戶時代的日本漢學家林羅山大學士。」

「那他們的著作該可以傳下來了？」

「那有這麼簡單？」加藤一笑。「中岩圓月的書中採用太伯之後的說法，受到朝廷的譴責，不但書被焚燬，本人也受到處罰；林羅山奉幕府命編的日本史《本朝通鑑》記載太伯後裔之說，被水戶藩主德川光圀看到，下令削除了。」

「那太伯之後之說不是絕跡了？」

「倒也沒有，」加藤搖搖頭：「林羅山在他的《羅山文集》卷第一開頭第一篇〈倭賦〉依然堅持他的見解，其中有這樣的句子：『惟吾都之靈秀兮，神聖之所誕生……泰伯競而來兮，少康子止而不復……』可是由於國粹論的抬頭，《神皇正統記》的作者北昌親房，大學者本居宣長等反對派便大佔優勢。明治維新以後，贊成的人更被指為國賊，受到迫害。」

「這就不大公平了。」天行說。

「不公平的事很多，」加藤向天行一歎：「不過學術方面的事應該盡量客觀才是。」

「老師，您的看法呢？」天行問。

「魏人寫《魏略》的時候，日本還沒有統一，分為三十多個部落。我認為太伯之後不一定就是天皇系的起源，很可能泛指吳越遺民，因為浙江江蘇距離日本近，戰亂時渡海來日本避難是很自然的事。《日本姓氏錄》中就說松野一族是吳王夫差的後裔，日本史料中更記述平安時代有吳王遺族居住在內，這都是證據。」加藤冷靜地說。

「老師的高見，我很佩服。」天行說。

「老師，您說了半天，我還不知道太伯是什麼人呢？」美子笑問。

「妳不要只學中國文學，也該多學一點中國歷史。」加藤指著美子說：「據《史記・吳世家》記載，太伯姓姬，是周太王的長子，太王有意把王位讓給三子季薤，太伯便和二弟仲薤逃到南方荊蠻之地，斷髮文身，立國號勾吳。這便是吳王太伯，太伯無子，由仲薤繼位。太伯之後，東海姬氏國的典故在此。」

「日本反對派大概就是根據太伯無子的理由吧？」天行問。

「這也是一種說法，」加藤說：「不過這種說法不能否定太伯之後。」

「老師的意思是？」

「我認為太伯之後是吳越移民的統稱，何況繼位的仲雍又是太伯的弟弟。我們不能否認我們日本人中有很多中國移民。」

「老師的話是持平之論。」

「但是這些話只能跟你講，我們日本人聽到了會把我當作國賊的。」

「老師，我不會把您當作國賊。」美子俏皮地向加藤笑道。

「但你也不能到外面去講，免得自惹麻煩。」加藤說。

「不管怎麼說，我認為日本總是深受中國文化影響的國家。」天行說。

「你的話沒有錯。」加藤點點頭：「遠在一千三百多年前的大化革新，就是日本有計畫地接受中國文物制度作為日本文化的主體，美子的家鄉京都就是日本的洛陽，房屋、街道和洛陽一模一樣，連持反對論的認為日本人是「天神的苗裔」的日本學者，也會寫古文，賦和駢體文，這是他們自己也不能否認的。」

「老師，聽說朱舜水對日本的影響也很大？」

「不錯，不過那已經是明末清初的事了。」

「老師可不可以講給我聽？」

「當然可以。」

「請問朱舜水是那一年到日本的?」

「朱舜水是明永曆十三年，日本萬治二年來日本定居的，在這之前他經常來往日本、交趾兩地。」

「他為什麼要這樣跑來跑去?」美子問。

「表面上是做生意，實際上是做反清復明的工作，絕望之後又到長崎，當時日本正是鎖國時期，要不是他的門人安東守約俠肝義膽，奔走呼號，他還不能定居下來。」

「他是什麼地方人?」美子問。

「他是浙江餘姚人，他不但學問好，也懂武藝，曾被學政監察御史舉為文武全才第一。」

「像他這樣的一位文武全才，朝廷沒有用他，實在可惜。」天行說。

「那時南京朝廷的大權操在馬士英手裏，朱舜水不願成為奸黨，福王弘光帝雖然四次徵召他，他都沒有接受。後來雖然接到魯王的徵召，但已經太遲了。」

「他不能為中國效力，卻對日本作了很大的貢獻，莫非這是天意?」

「要不是水戶侯德川光圀禮賢下士，把他從長崎禮聘到東京來，當老師奉養，他對日本的影響就沒有那麼大。」

「這個水戶侯德川光圀是不是老師剛才說的下令削除林羅山的日本史《本朝通鑑》中的太伯之後的那位德川光圀?」天行問。

「不錯，正是他。」加藤點點頭。

「他既那麼重視尊敬朱舜水，怎麼又沒有容納太伯之後的雅量呢？」

「這就是偏狹的國粹論作怪了。」加藤望望天行說：「你要知道，我們日本人很會學習摩倣別人，也就是說取人之長，補己之短，德川光圀也是一樣。明治維新之前的一千多年，我們完全中國化，明治維新以後，我們又徹底學西洋文明了。」

「這倒是你們的長處。」天行說。

「所以德川光圀在江戶以宰相之尊，折節師事朱舜水，連朱舜水對他也是十分推崇。他在寫給他的好友陳遵之的信上說：『若如此人君而生於中國，而佐之以明賢碩輔，何難立致雍熙之理。』所以朱舜水也樂觀其成。」

「當初福王如果能重用朱舜水而不用馬士英，明朝的半壁江山也就不會丟掉了。」天行說。

「我也有這種看法，」加藤說：「國家興亡全在人，人存政舉，人亡政息。」

「那他怎麼不助鄭成功一臂之力？」天行問

「這你又有所不知了。」加藤向他笑道

「難道還有什麼祕辛？」

「大概是在永曆十二、三年，朱舜水有一封信給他的日本門生安東守約說：『此時遠近傳聞蕃臺不以推賢進士為務，則是興復之志不堅，立業之志不廣，志切復興而棄賢才，是涉大川而去舟楫，何以濟乎？故慨然欲自思明而來貴國。』從這幾句話裏你該可以瞭解朱舜水對鄭成功的失望了」

「如果鄭成功能夠借重朱舜水，兩人同心協力，這兩、三百年的中國歷史可能也要改寫了？」天行說。

「那也就沒有我們的明治維新了。」加藤一笑。

「這是什麼道理呢？朱舜水和明治維新又有什麼關係？」天行連忙問。

「因為朱舜水不是一位開口聖賢，閉口聖賢，只知道求取功名做官，而又手無縛雞之力，五穀不分的書獃子。」

天行聽加藤說到這兒突然想起他的老師王仁儒，一時心神恍惚，加藤看了他一眼，故意大聲說下去：

「朱舜水生在書香之家，又是文武全才第一，他是特別注重實用富有科學精神的人。他的日本門生在他死後寫的《舜水先生行實》中說他是：『古今禮儀而下，雖農圃梓匠之事，衣冠器用之制，皆審其度，窮其工巧。』就是他這種務實的學風，啟發了他的日本門生的維新思想。」

這時天行才恍然大悟，朱舜水原來是這樣一位讀書人，不是百無一用的書生，更不是王仁儒老師那種人。不幸的是國內就多的是那種讀書人，唯一的朱舜水又亡命日本。他一時感慨叢生，又不知道怎樣說好？美子看了他一眼，他才再問加藤：

「老師，有沒有什麼事實可以說明？」

「事實倒是不少，我先說他的《學宮圖說》吧！」加藤一面說一面又望著美子：「美子，妳看過湯島的孔廟嗎？」

「看過。」美子點點頭。

「在什麼地方？」天行問美子。

「就在東京。」美子回答。

「那天請妳帶我去看看？」

美子高興地點點頭，加藤笑著對他說：

「你該看的地方不止這一處。湯島的這座孔廟和水戶的弘道館，都是照朱舜水設計的模型建造的。」

「他是怎樣設計的？」天行又問。

「他先指導工匠造了一個三十分之一的模型，大小尺寸都經過他精密計算，這座模型，再配合文字說明稱為《學宮圖說》。那時他已經七十一歲。在這之前，日本是沒有學校庠序之制的。」

「老師，據說東京後樂園的石橋也是他設計的。」美子說。

「不錯，」加藤點點頭說：「另外他還為德川光圀仿製了一套中國古代的祭器，複製了明朝朝野各式各樣的衣冠，他自己臨終時還是穿著明朝的衣服，棺材也是他自己事先製作的。」

「這樣說來，朱舜水真是個很實際的人，不是我們國內那些打著聖賢的布招兒，卻小麥、韭菜不分的書獃子了。」天行說。

「不但如此，他還改良了水戶藩領地的蠶桑製絲技術，傳授了種痘，醫藥單方。」

「他的家鄉就是養蠶繅絲的地方，這大概是他平時留心學到的。」天行說。

「他的學識非常淵博，甚至一草一木他都能分別。他的門人安積覺說他：『不以循行數墨為學，而以開物成務，經邦弘化為學，大而禮樂行政之詳，小而制度文物之備，靡不講究淹貫。而其教人，未嘗高談性命，憑虛騖究，惟以孝弟忠信，誘掖獎勵，其所雅言不離乎民生日用彝倫之間，本乎誠而主乎敬，發於言而徵於行。』」

「老師，那他是一位學以致用，言行一致的人了？」美子說。

「他就是這樣的人，他開創了水戶儒學，尊皇攘夷的基本思想，因此他對明治維新更有啟發作用。」

「這真是楚材晉用了！」天行輕輕歎口氣。

「不過當初他在長崎如果沒有安東守約的解衣推食，後來沒有德川光圀那樣的禮遇，朱舜水也會懷才不遇，抱憾而終的。」加藤平心靜氣地說。

「老師，他死後葬在什麼地方？」天行問。

「葬在德川光圀的家鄉水戶常陸久慈郡太田鄉的瑞龍山麓，那是德川家的陵墓。他活著的時候，德川光圀替他在江戶造了一座精緻的駒籠別莊，死後又葬在他家的陵墓，可以說是生養死葬都盡心盡力盡禮了。」

「這一段中日史話，倒值得我們中國人深思。」天行說。

「你可以到水戶去看看朱舜水的墓，到京都去看看你們唐代的洛陽，這會使你對中日兩國關係有更深的瞭解。」加藤對天行說。

天行望望美子，美子鼓勵他說：

「只要你想去，我隨時可以奉陪。在京都我會好好地陪你遊玩一番。」

美子的話使他心動，他來日本以後專心學習日語，還沒有出去參觀過，連東京也有很多地方未去，現在一切問題都順利解決了，他也很想出去參觀一下，他便請美子安排時間，美子十分高興。

美子選擇了水戶偕樂園梅花盛開的花朝，帶天行先去水戶，水戶梅花盛開是在陽春三月，不是寒冬臘月。

偕樂園是第九代水戶侯德川齊昭在天保十三年在他的領地內千波湖畔建立的一座佔地三千坪的大庭園，種了一萬多株梅樹，多達兩百多種，是水戶的一大名勝，每年三月湧到水戶的人潮和梅花一樣眾多。

他們兩人隨著人潮來到水戶。天行要美子先帶他去瑞龍山看朱舜水墓，好在美子早有安排，沒有問題，臨時是進不去的。

天行想到國內正是清明時節，他請美子帶他買點紙錢，一時卻買不到，只好在水戶買一束鮮花帶去。

瑞龍山遠望像一條龍，取名瑞龍真是名副其實。天行老家的祖墳山名叫臥龍山，據地理先生說也是一塊吉地，他不知道日本是不是也有風水先生？德川家選擇這個山麓作陵園是很有眼光的，不像一般日人多用火葬。

瑞龍山滿山古木參天，濃陰蔽地，不見天日，遠離塵世，和韓國的俗離山一樣清幽。一進入石砌山道，便不聞人聲，不見人影，只見清風相送，好鳥相鳴。美子穿著木屐，走路比較吃力，她挽著天行的手臂一步步跟著他走上去。

「累不累？」天行笑問。

「不累。」她笑著搖搖頭，但額上鼻頭已經沁出點點汗珠，面孔白裏透紅，真是一副人面桃花。走了幾步，她忽然抬起頭來望著天行說：

「這真是人間仙境，要是在這兒蓋座別莊，住在裏面，那該多好？」

「妳想在這兒修仙？」他笑著反問她。

「你不歡喜這個地方？」她也問他。

「可是這是德川家的陵園，我連看門的資格都沒有，還能在這兒修仙？」

「人要是沒有國界，不分彼此，那該多好？」她兩眼迷離地望著他說。

「那就是天下一家的大同世界了！不過我們是見不到的。」

「你怎麼這樣悲觀？」

「不是悲觀。幾千年前我們的老祖宗就有這種理想，可是弄得我們亡了兩次國，還是辦不到。庚子年又差一點亡國。以後怎樣還不知道？」

「你想不想留在日本？」

「我還沒有到朱舜水這種地步，也沒有朱舜水這麼大的學問，我留在日本誰來養我？」他向她一笑。

「只要你肯留下來，你就不必耽心沒有人養你。」她靠緊他說。

「那你跟德川家交涉一下，看他們肯不肯讓我看守朱舜水的墳墓？」他笑著說。

她嬌嗔地白了他一眼，右腳一跺，木屐在青石板上發出一下清脆的聲響。他笑著連提帶拉把她帶上石階，一口氣爬了兩三百級，到達德川家墓園，她累得往石階上一坐，聲聲嬌喘，隨後又望著他一笑：

「想不到你的身體這麼好？」

「我從小練劍練拳，雖然沒有朱舜水那般文武全才第一，可也不是東亞病夫。」說著他又把美子拉了起來。

朱舜水的墓在右邊的山腰中，有一條整潔的石徑通到墓前，守墓人替他們打開柵門，讓他們進去。——饅頭形的墓前豎了一塊德川光圀親筆題的「明徵君子朱子墓」的碑石，碑後面還刻了墓誌，對朱舜水德望推崇備至。墳墓背依山林、左右有六、七株高達三十公尺，樹齡兩三百年的通天杉樹，遮天蔽日，墓前有一座人工小池塘，墓地打掃得乾乾淨淨，沒有一片落葉、一根雜草。天行獻花行禮之後站在墓前眺望，他覺得這個形勢有點像他老家的祖墳山，他的祖墳山在一片松林之中，面對一湖清水。

「朱舜水亡國遺民，一生憂患，能在這兒安息，也可以無憾。」天行忽然感慨地對美子說：

「如果是在他家鄉，恐怕早已湮沒了。」

德川陵園除了朱舜水的墓外，還有賴房、光圀、齊昭等人塋墓，與朱舜水墓的規模差不多。

他們又循原路走出墓園，美子半身倚靠著他才走了下來。

他們先參觀水戶朱舜水設計的弘道館。弘道館面積有五萬四千多坪，弘道館之外還有孔廟、八卦堂等。

最後才參觀偕樂園梅林。

千波湖風光明麗，梅林一片清香。枝頭繁花滿樹，地上落英繽紛。美子不時攀著花枝湊近鼻尖聞聞，連說「好香」，她看到地上有許多落花，便蹲下來用纖纖玉手收集起來，包在手絹裏面。天行忽然想起黛玉葬花那段哀艷的故事，但眼前的美子不像黛玉，她活潑、健康、純真、柔順，又不像黛玉那麼小心眼兒。她把落花包好之後，慢慢站了起來，又將手絹送上天行的鼻尖，要他聞聞，同時笑問：

「聽說梅花是你們的國花，你喜不喜歡？」

「即使不是我們的國花，我也喜歡。」天行說。

「為什麼？」

「梅花在我國是在冰雪中開放的，它那份傲骨，一身清香，沒有一種花可以比得上。真是『不經一番寒澈骨，焉得梅花撲鼻香』？哦，對了，我們從前還有位文人林和靖，一生種梅養鶴，以梅為妻，以鶴為子，現在還傳為佳話呢！」

「這一包花我就是給你帶回去的，」她笑盈盈地說：「你做妻也罷，做子也好，那就不關我的事兒了。」

他沒有想到她這麼細心，又這麼俏皮，不禁尷尬地笑笑，在她耳邊輕輕說：

「妳教我怎麼說好？」

「我只教你說日本話，我可不知道你心裏怎麼想？」她歪著頭笑吟吟地說。

看花人看她穿著和服，講著中國話，都不自禁地看著她。天行乘機向她示意，她看了週圍的人一眼，毫不介意，還用她那軟綿綿嬌滴滴的京都腔和他們打招呼。

看花人一聽到他的「京音」，都有幾分敬意。

「妳不怕你們日本男人吃醋？」天行笑著問她。

「管他們的？」她嫣然一笑。「他們應該自己反省反省才是。」

他們看完水戶梅林，才去京都。

京都在日本歷史上稱平安京，雅稱洛京，日本首都原在奈良，延曆十三年，遷到三面環山的京都。街道規劃完全模倣洛陽，以朱雀大路分左京右京，東西橫大街九條，南北縱大道四坊，中央北部為大內裏及八省院，朱雀大路的南端的羅城門與北端的朱雀門遙遙相對，朱雀大路北為大學寮，南為私立學校，七街附近劃為東市西市，並有東西鴻臚館。京都作為日本首都，具有一千零七十五年時間。加藤要天行來看看自有道理。他一到京都彷彿回到了中國。街道井然，兩邊古老的中國式房屋，屋頂上還舖著一層層灰白色的瓦片。橫貫市中心清澈的加茂川和倒垂在瀨川兩岸的京柳，確實充滿了詩情畫意，令人發思古之幽情。而美子的家就在瀨川旁邊，她的姓「川端」大概就是這樣來的？

她家門前弱柳千條，一片嫩綠，迎風搖曳，多采多姿。他心中暗想中國向來講究地靈人傑，這麼詩情畫意的環境，難怪會生出美子這樣美麗柔順的美人。

美子早有信通知家裏，所以天行到來，美子家人並不感到意外，而且熱忱親切地歡迎。美子的母親更仔細地打量他這位中國人。她雖然已經五十歲出頭，看來還很清秀，可以想見當年也是一位美人。美子的父親大約六十來歲，還很健康，人也和氣。

美子的家庭環境很好，房屋寬敞，雖然不能和天行家相比，卻比加藤的房屋大得多。她有兩位哥哥，都已結婚，也彬彬有禮。她是么女，父母的掌上明珠。她家經商，另有店舖，生意很好，但沒有市儈氣，倒有幾分書香。一家人講話都輕言細語，美子和父母講話更是軟綿綿嬌滴滴。天行聽她講話和古美雲偶爾講的蘇州話腔調差不多，很少入聲，也沒有捲舌音，十分柔和。

加藤曾經告訴他兩千年前日本就從中國輸入鐵、文字和絲絹，一千多年前京都就有七千五百多戶中國歸化人。他想美子的祖先可能也是歸化人？他把這種想法悄悄地告訴她，她聽了十分高興，望了天行一眼，又遺憾地說：

「可惜時間太久，我一時找不到證據。」

「我看現在的京都美人還是楊貴妃型，事隔千年，並沒有什麼改變。」

「你看我像不像楊貴妃？」她歪著頭笑問。

「妳比楊貴妃美，因為妳沒有她胖。」他笑著回答。

美子聽了他這兩句話立刻眉開眼笑，又用纖纖的食指笑指他說：

「你這是江戶人的眼光。」

「我們現在的中國人也是這種看法。」

「你對我們京都人還有什麼觀感？」

「妳們的柔音女人講起來很好聽，男人講起來就不大對勁。」天行說：「我老家九江的話也是女人講起來好聽，男人講起來也不大對勁。」

「怎麼不對勁？」

「太軟，太文。」

「你歡喜硬梆梆的江戶腔？」

「我也不歡喜江戶腔。」天行笑著搖頭：「不過妳教了我一口娘娘腔，以後我怎麼敢開口講？」

美子掩著嘴笑了起來，看他愁著眉一臉尷尬相，愈想愈好笑，一直笑彎了腰。

第四十一章　花見日揚威耀武
青春夢畫意詩情

天行，美子回東京不久，就到了「花見」時節，也就是日本國花櫻花盛開的日子。這是日本人最重視的一個「花見」。加藤選擇了一個天氣晴朗的日子，帶天行他們去上野賞花。

美子一大清早就準備早餐和在公園「花見」的食物。她用牛肉作壽喜燒。但天行來日本這段時間，沒有一樣日本菜他喜歡吃，只吃了一次美子做的壽喜燒，算是日本口味中最好的了，它是用胡蔥、香蕈、茼蒿、線粉等佐料，上澆醬油、酒、糖等圍爐而煎，熟時蘸生雞蛋吃。因為天行比較喜歡這樣菜，雖然著帶不便，她還是做了準備帶到公園去。

天行覺得麻煩，事先勸她不要做，她笑著對他說：

「你喜歡這樣菜，再麻煩我也要做。我們日本的花見比過年還熱鬧，這天大家一面賞花，一面大吃大喝，我們也不能太寒酸。」

除了壽喜燒，她還做了天婦羅、燒鳥，這兩樣菜天行是在美子家裏吃的，味道也不錯。

天婦羅是以魚蝦作「種」，用雞蛋、麵粉加水打成糊狀，作魚或蝦的外衣，然後放進豆油、麻油、花生油三種滾油中炸成又鬆又脆的嫩黃色，吃時蘸醬油、味淋、蘿蔔末合成的汁，或者蘸細鹽吃。美子做天婦羅用的是斑節蝦，更好吃。做好以後放在精緻的竹編小盆裏面，盆上舖了一張白紙，以吸去餘油。美子做天婦羅時天行站在旁邊留心觀看，她怕油噴到他的身上弄髒了衣服，一再對他說：

「這是我們女人的事兒，你不必看。」

「我想學會幾樣日本菜，將來回國時自己也可以做。」天行說。

「你們那麼多好吃的菜，何必學我們的？」

「要是我連一樣日本菜也不會做，人家會笑我白來了一趟日本。」

「你是讀書人，學這些幹麼？」她向他笑笑：「我們日本男人是吃現成的。」

「朱舜水不是什麼都會嗎？我也不能成為百無一用的書生呀！」隨後又開玩笑地說：「說不定我回國以後找不到工作，也可以開個日本料理店呢！」

「那你一定會賠老本，中國人誰會吃我們日本料理呢？」

「人都是好奇的，說不定會有生意？」

「你只會一樣菜，開什麼樣日本料理店？」

「我再看你做燒鳥，不是兩樣了？」

「你為什麼不學壽喜燒呢？」她偏著頭笑問。

「我們的紅燒牛羊肉比你們的壽喜燒好吃多了，用不著學。」天行回答：「只有天婦羅不但我們的酒席中不用，一般家常菜也沒有。」

「那你再看我做燒鳥好了。」美子一面說，一面把去了骨頭，切成了塊的雞肉，夾著大蔥，用竹籤串起，蘸著醬油、糖、醋等佐料水汁，放在小炭火上燒烤。熟了就可以吃。日本把雞叫作庭鳥，以前是不吃的，吃雞的歷史也很短。

「這兩樣菜在我們中國上不了酒席，只能當做一般大眾的小吃。」天行看美子做完以後說。

「在我們日本卻是上好的料理。」美子說：「還有 Sashimi，你是不吃的，我們日本人也當做名貴的好菜。」

Sashimi 就是生魚片，日本人叫刺身，是把鮪魚、鯛魚、比目魚、鰹魚之類的魚，去鱗、去骨、去刺，蘸著醬油、山葵末吃。天行第一次吃時，就哇哇吐了出來，以後他就不敢再吃，美子也不再做生魚片，但是加藤夫婦和她都非常歡喜吃，今天因為要「花見」，美子特別準備了一盆。

「提起吃魚，我就很想念我老家長江中的淡水魚，魚類之多，味道之鮮，你們是想不到的。」天行說。

「希望有一天我也能吃到你們長江的魚。」美子仰起頭來如夢似幻地望著他說。

「希望天從人願。」天行看她那如夢似幻的眼神，安慰她說。

她聽了高興地倩笑，像一朵八重櫻慢慢開放起來。

隨後她又用紫菜薄頁捲飯和黃瓜條，做成海苔捲，做了四人吃的份量，放進竹編的盆內，再把這些飯菜，統統放進竹籃裏，提給加藤夫婦看，加藤夫婦看了十分高興，誇獎了美子幾句。

早餐之後，加藤先生提著一大瓶關西正宗清酒，加藤夫人腋下夾著一床草蓆，美子手上提著一個食籃，準備出發。天行接過加藤夫婦的清酒、草蓆，四人便一道向上野出發。

日本花見時節，往往春雨淒迷，今天卻是一個艷陽好天，大家的心情特別好，美子更像是迎春的小鳥，今天又穿了一身花俏的新和服，更顯得青春活潑，走起路來，更是嫋嫋婷婷，婀娜多姿。加藤也高興地輕吟著奈良時代最古的詩集《懷風藻》中有佐大臣正二位長屋王的漢詩：

景麗金谷室，年開積草春；
松煙雙吐翠，櫻柳分含新。
嶺高闇雲路，魚驚亂藻濱；
激泉移舞袖，流聲韻松筠。

本來日本也是以梅花作代表的，江戶時代的國粹派，提倡國學和日本精神，就貶梅花而捧櫻花，所以那時有兩句諺語說：「花以櫻花為首，人以武士為高。」江戶時代的國學家本居宣長作了一首和歌以後，對於日本的大和精神便有這樣的解釋：

要是有人問日本的大和精神是什麼？
像開在朝日裏的山櫻花一樣。

明治維新培養了軍國主義精神，櫻花也成了軍人的象徵。天放在士校就深深體會到這種輕生重死的武士精神。松下的切腹自殺，就是這種精神造成的。

上野公園相當遼闊，張燈結綵，攤販雲集，繁花似錦，遠望一片櫻雲。

日本櫻花大致可分為四類，一是彼岸櫻、二是山櫻、三是枝垂櫻、四是人工改良的里櫻。里櫻又可分為兩種，單瓣的稱為吉野櫻，重瓣的稱為八重櫻。一般庭園街道種植的都是吉野櫻，顏色比較淡，沒有八重櫻那麼緋紅美觀。新宿御苑有幾百株八重櫻，比吉野櫻開的遲十天左右，但那是天皇的御苑，一般人不能進去，所以都來上野公園賞櫻。上野公園種的是吉野櫻，出自奈良吉野山。

公園裏的櫻花樹下早已團團坐著一堆堆的賞花人，有的是全家聚集，有的是三、五好友，有的是一對對的情人，他們有的在吃酒，有的在彈三弦，有的在唱民謠，旁若無人，狂歡作樂，不像平時那麼拘謹。

加藤他們好不容易找到一株櫻花樹下沒有坐人，他和天行把草蓆拉開，鋪在地上。美子便把帶來的飯菜擺在草蓆上。他們四人便和週圍的人一樣圍著飯菜坐了下來。

他們左邊一株櫻花樹下坐著六個日本人，三男三女，三個男人已經喝得醉眼朦朧，站起來拍著手唱歌跳舞，歌聲悲愴淒涼，唱著跳著，有兩個人搖搖晃晃，腳一軟，像綿花糖般攤在地上，嘴裏還酒言酒語，不久就呼呼大睡。另外一個男人隨後也倒在地上。天行看看他們的草蓆，兩大瓶清酒已經瓶底朝天，飯菜都吃得不多。那三個日本女人跪在地上細心地替他們擦拭嘴邊的涎沫，毫無怨言。

「他們醉倒在櫻花樹下，怎麼回去？」天行笑問。

「沒有關係，他們會睡在公園裏。」加藤說。

「看樣子他們的酒量並不大？」天行望望那兩隻空瓶說。他知道日本清酒遠不如中國高粱濃烈。

「我們日本人沒有你們懂得喝酒。」加藤說。

「何以見得？」天行問。

「你們喝酒會留量，往往微醺即止。」

「這是喝酒的藝術，要有很好的修養，一般人辦不到。」

「我們日本人不然，」加藤笑道：「能喝多少就喝多少，怎麼不醉？」

天行也覺得好笑。中國人喝酒，總是勸別人多喝，自己盡量少喝，醉酒的人，多半是被別人灌醉，很少自己喝醉的。

「還有一點，你們是先吃菜，後喝酒，或是一面吃菜一面喝酒，你們的菜又多，所以不容易醉，我們的菜很少，而且先喝酒，後吃菜，自然容易醉了。」

「我們中國人是醉倒在床上，他們卻醉倒在公園裏。」天行指指三個醉漢說。

「也醉倒在馬路邊。」美子說。

「我們喝酒還有兩個禁忌。」

「什麼禁忌？」美子連忙問。

「一是空肚子不喝酒。」

「為什麼？」

「因為容易醉。」

「還有什麼禁忌？」美子又問。

「二是不喝卯時酒。」

「那又是什麼原因。」

「昏昏醉到酉。」

「有道理。」加藤點頭。

「還有一句話也很有意思。」天行笑著說。

「那是一句什麼話？」加藤問。

「不打酉時妻。」天行看了美子一眼才說。

「那又是為什麼？」美子笑問。

「一夜受孤寂。」天行笑著回答。

「有意思，有意思。」加藤笑著連連點頭：「睡覺前打老婆，那不是自找苦吃？」

「我看中國男人比我們日本男人聰明。」美子笑吟吟地說，隨後又覺得失言。連忙向加藤一鞠躬：「老師，我可不是說您呀。」

「美子，我對日本男人的認識比你清楚，」加藤向美子一笑，又指著加藤夫人對美子說：「妳問問師母，我有沒有做過那種蠢事？」

加藤夫人嘻嘻地笑，眼睛瞇成一條縫。她比中國的賢妻良母更柔順，她從來不表示自己的意見，完全以加藤為主。美子自然不好問她，但看得出來她很幸福滿足。美子便笑著對加藤說：

「老師，那因為您是漢學家，不是一般日本男人。」

「我研究漢學已經不走運了，想不到還有這種好處？」加藤自嘲地說。

他們用中國話交談，別的日本人聽不懂，也不理會他們，那些日本人，並沒有幾個真正在賞櫻花，都在飲酒作樂，彈彈唱唱，像趕廟會似的。尤其是男人，喝了酒又醜態百出。天行看了好笑。

「他們為什麼不好好賞花，要在這兒大鬧？」

「他們是趕熱鬧，有幾位懂得賞花？」美子說。

「世界上到底是俗人多，雅人少。」加藤說。「真要賞花，只要二、三知己，芒鞋竹杖，去山邊水涯，一邊行吟，一邊欣賞，今天我是帶你來看熱鬧，好讓你知道日本「花見」是怎麼一回事？如果你還有雅興，過一兩天你和美子兩人可以再去青山墓地，或是小金井好好欣賞一番，那就充滿詩情畫意了。」

「京都的垂枝櫻比東京的吉野櫻好，銀閣寺更是一個賞花的好地方，可惜上次我們去京都時太早，櫻花還沒有開。」美子接著說。

「東京這兩個地方，你也可以帶天行去看看。」加藤說。

美子望望天行，笑著問他：

「你想不想去？」

「在國內我很少看到櫻花，能在日本多看看，增加一點兒見識，日後也好多一分回憶，自然是件好事兒。」天行回答。

「明天我們都沒有課，那我明天就帶你去小金井，風雨無阻，你看如何？」

「我倒不在乎天晴下雨，只怕你不方便？」

「也沒有什麼不方便，帶把傘就行。」

他們兩人就這樣決定。加藤已經打開酒瓶，倒了一杯酒遞給天行。加藤先喝了一口，天行也陪他喝了起來。

加藤他們都喜歡生魚片，吃得津津有味。天行夾了一隻天婦羅下酒，味道不錯，可惜已經涼了。

他們正在邊吃邊賞花時，突然歡聲雷動，外面也是一樣。櫻樹下有人把酒瓶拋向天空，有人高呼天皇萬歲，有人朝皇宮方向跪下膜拜，甚至高興得哭了起來。天行不知是怎麼回事？加藤冷靜地聽了一會，也禁不住歡欣地說：

「我們把俄國人打敗了！」

天行略微知道一點日本和俄國打仗的事，但他並不怎麼關心，他原先以為日本不是俄國的對手，想不到俄國居然敗了？隨後有人把號外散到公園裏來，美子也拿到一份，一看都是大字新聞，說日本海軍在對馬海峽徹底擊潰了俄國艦隊，俄國艦隊司令羅施戴文斯特斯基投降，陸軍也在滿州大敗俄國遠東軍四十萬人，取代了俄國在滿州的地位，櫻樹下所有的日本人，全都如癡如狂，連那三個醉倒在櫻花樹下的日本人也被搖醒起來，告訴他們這個勝利的消息。他們也突然坐了起來，摟著那三個女人在地上打滾，那三個女的都尖叫起來。加藤夫婦和美子看了都好笑，只有天行沒有笑，他知道中國自甲午戰敗以來，乙未的《馬關條約》，中國喪失了朝鮮，割讓了遼東半島、臺灣、澎湖。庚子年日本又參加八國聯軍，佔領北京，在東交民巷還有日本兵營，現在又把東北做戰場，打敗了俄國，取而代之。以後日本皇軍會不可一世，步步進逼，更不把中國放在眼裏了。中國是不是會被列強瓜分？還是被日本獨佔？中國已經亡國兩次，是不是還有第三次？自己是不是會做亡國奴？他不敢再想下去。美子看他忽然落落寡歡，不知道是什麼原因？拿了一串燒鳥給他。加藤心裏清楚，嘴裏不便講出來，卻舉起杯子對他說：

「來，我們喝酒，讓他們狂歡。」天行舉起杯子一飲而盡。他很少這樣喝酒，他忽然有大醉一場的衝動，希望一醉解千愁。但他立刻又想到萬一自己醉了，不但失態，他們三人又怎能回去？美子看他這樣豪飲有點奇怪，加藤卻有點耽心。他不再敬他的酒，反而對他說：

「我們慢慢地喝酒賞花，不要像那些人醉倒在櫻花樹下。」

天行瞭解他話中的意思，便淺嚐即止。他看看櫻花，櫻花是很美、很艷，開得又很熱鬧，日本人所稱的「櫻雲」，更富有整體美，的確壯麗，難怪日本國粹派說：

「花以櫻花為首，人以武士為高。」

可惜美中不足的是花期不長，忽開忽謝，缺少梅花的笑傲冰雪精神，暗香浮動的雅趣。他再看看櫻花樹下的那些日本男人，個個如癡如狂，東倒西歪，忘形失態，沒有一人像加藤這麼清醒。加藤看看那些人也不禁好笑：

「恐怕今天有很多人回不了家了！」

「他們為什麼要那麼狂飲？」美子說。

「一來是櫻花節，二來是打敗了俄國人，所以他們更忘了形，不醉不歸了。」加藤說。

「老師，你可不要喝醉呀？」美子笑著說。

「我不會，眾人皆醉我獨醒。」加藤笑著搖搖頭。又望望天行說：「天行，你說是不是？」

「老師這樣淺斟低酌，當然不會醉。」天行說。

加藤笑著向他舉起酒杯，兩人又對飲了一口。

美子帶來的飯菜都吃完了，一大瓶清酒還剩了三分之一，加藤已經有點醺醺然，加藤夫人和美子都不要他再喝，他看看沒有菜，也就把酒瓶蓋了起來。天行年輕，又沒有心情喝酒，所以他連微醺都沒有。

一片夕陽，照著上野的櫻雲，顯得更紅、更豔、更美，整體看來更有一種壯麗悽美的感覺，櫻花下的女人嬌豔欲滴，男人橫七豎八，躺了一地。

加藤頭髮灰白，臉頰酡紅；美子的臉如八重櫻花初放，人比花嬌。加藤夫人催大家回去，美子連忙收拾起來，天行扶著加藤慢慢起立，他已經有些頭重腳輕，還連連笑說沒有醉。

他們離開公園，一人坐上一輛東洋車一道回家。

街上人潮洶湧，狂歡未退，貼了許多「武運長久」、「國運昌隆」、「天皇萬歲」的紅紙條子，還有些武士裝束的男人在街上耀武揚威。

加藤在車上已經睡著，回到家裏加藤夫人就扶他進房去睡。

美子換了衣服就去廚房清洗碗筷。

天行一進房就拉上紙門，歪在塌塌米上休息。他想起義和團和八國聯軍在北京的種種情形，老百姓的垂頭喪氣，劉嬷嬷的忍辱含垢，還生了一個混血兒，正陽門外的大火，景德瓷莊的一片瓦礫，李桂花兒穿著白布背心，上面寫著「我是罪人」，「信主的得救」，跟在錢來奇的背後在大街上勸人信教……。而在上野公園和東京街頭卻是另一番景象，日本人是那麼自信，那麼朝氣勃勃，那麼如癡如狂，那麼趾高氣揚。他沒有看到千年以前的漢唐盛世風光，不知道是個什麼模樣？他親眼看到的是義和團、八國聯軍，和抬不起頭來的中國人。他不知道現在北京的情況如何？他想念家人，也想念文珍和香君。一想到她們，他的心緒就更加紊亂、矛盾……。

美子的心情和他完全不同，她雖然最忙，也最快樂，她無憂無慮，今天他欣賞了上野如雲似錦的櫻花，也分享了自己同胞如癡如狂的歡樂。心裏還憧憬著明天和天行去小金井賞花的樂事。她本想去天行房間和他閒聊，但發現他今天並不開心，反而有些悶悶不樂，她就沒有過去。她不知道他是想家？是想表妹？還是別的原因？觸景生情，自然難免，何況他又是個文人，情感豐富，不像他哥哥是武人性格，又沒有兒女情長的創傷。

「明天去小金井，我一定要使他快樂。」她這樣想。

她懷著愉快的心情睡了，而且做了一個甜蜜的夢：

她夢見自己頭戴盆狀白絲冠，鬢邊插著珍珠花釵，身穿白絲禮服，腳穿白布襪、白絲鞋。天行穿日本古式男禮服，披風摺裙，他們兩人面向寺院神龕，她在左、天行在右，右側站著天放代表男方，左側站著她的父母和家人。加藤夫婦是媒人，陪伴在他們兩人左右。神官頭戴高聳烏帽，身穿白色古袍，巫女白襖紅裙、司儀兼儐相。

婚禮開始，先奏古樂，神官修祓、奏讀祝詞，新郎讀誓詞，巫女為花娘、花婿酌三三九度誓杯，然後奉奠玉串，天放和她父母家人各飲一杯清酒，莊嚴肅穆的神前結婚典禮於是完成。他們的婚事已經內務大臣的准許，成為合法夫妻。

婚禮過後他們便到離東京最近的草津溫泉去度蜜月。草津溫泉溫度、泉量居日本三大溫泉之首。草津節民謠說除了相思病之外，任何病都能治，多洗延年益壽。

他們到達草津時已經暮色蒼茫，住進一家旅社，歡度甜蜜的新婚之夜。

「現在我們是夫妻了，你應該快樂一下，不該再有什麼顧忌。」美子對他說。

「我沒有得到祖母和父母的同意，這是私婚，我心裏還是不安。」

「他們遠隔重洋，不能怪你，而且你哥哥在場，有神為證，不算私婚。」

「我不能久住日本，我回去了妳怎麼辦？」

「我跟你到中國去。」

「妳父母會同意嗎？」

「不同意也不行，我會和他們哭鬧。何況他們都很開通，對你的印象很好。」

「我祖母不同意，妳也不能進我家的門。」

「我會去求你祖母，我想她不會不准。」

「萬一不准那怎麼辦？」

「那我們在外面住好了。」

「那我會揹個不孝的罪名。」

「你們中國有句俗話：『船到橋頭自然直。』今天是我們的好日子，不要想得那麼多。」

「萬一事與願違，妳不會後悔？」

「就是天塌下來，我也不會後悔。」她指指屋頂，笑著搖搖頭。

他眼圈微微一紅，在她額上親了一下，她緊緊地擁抱著他，把頭深深地埋進他的懷裏。

第二天一大清早，她就帶他去露天溫泉洗澡，這是個最好的溫泉，水質好、溫度適宜，他原先以為只有他們兩人，想不到一走近，透過熱騰騰的蒸氣，才發現池子裏有好幾個赤條條的男女混在一起，一浮一沈。她毫不在意地走到池邊，準備寬衣下去，他卻啃了一聲，轉身就走，她連忙把他拉住，輕盈淺笑地說：

「這溫泉可以延年益壽，你怎麼可以入寶山而空還？」

「男女混雜，成何體統？」他一臉苦笑。

「入境隨俗，這是日本，不是中國，你怕什麼？」

「在中國女人寸肉為羞，怎麼可以赤條條地在露天和野男人混在一起？」

「你是男人，還怕吃虧？」她望著他抿嘴一笑。

「我也不想佔日本女人的便宜。」

「有我在一起，你也佔不到她們的便宜。」

她笑著替他脫下睡衣，把他推了下去，隨後自己也赤身下去，卻不小心滑了一跤，噗通一聲，掉進水裏，她一驚而醒。

她臉上有些發熱，心在微微地跳，她不禁失笑，怎麼會做這個夢？但是她覺得這是個好預兆，心裏十分高興。她睜開眼睛向窗外一望，已經黎明，她忽然想到今天要和他去小金井賞花，連忙起身，蹦蹦跳跳走了出來，經過天行房間時，她向紙門望了一眼，門內沒有動靜。

「他大概賴在房裏不想起來？」她這樣想著又不禁嫣然一笑。

她很快做好了他們兩人的午餐，裝進兩個便當盒中，放進手提的竹製書包裏。早餐時天行還是無精打彩。她一切準備停當，便催他動身，他卻懶洋洋地說。

「我不想去小金井。」

「昨天不是說好的嗎?怎麼今天又變卦了?」她睜大眼睛望著他說。

「天氣不好，我怕會下雨?」他望望窗外故意推託。

「我帶了傘，雨中賞花才更有詩情畫意。」

「妳不怕變成落湯雞?」

「不會的，縱然下雨，也是毛毛細雨，東京的春天就是這個樣子。」她向他微笑：「我不怕，你還怕?」

天行想起杏花春雨中賞花更是一種韻事，他心裏倒希望真會下點小雨，何況現在並沒有下，他只是借故推托，美子這樣一說他就不好再推了。

美子要他拿著竹製書包，裏面有兩盒便當，是他們的午餐。她自己卻抱出古箏，天行已經教會了她彈，她的興趣正高，天行覺得攜帶不便，要她不要帶去，她卻笑著回答：

「在小金井那種清溪邊上彈古箏，才有詩情畫意呢!」

天行原先沒有想到這一點，聽她這麼一說，便欣然同意，他學古箏和學唐詩一樣入迷，她的手指尤其靈巧，進步很快，而且有這方面的天才，他心中十分欣賞。

小金井在東京郊外，有一道清溪，溪旁有兩道長堤，沿著堤岸有很多兩、三百年的古櫻，現在正是繁花似錦，一眼望去，兩道櫻雲，沿著堤岸向前延伸，溪中清流潺潺，落花片片，宛如桃花源，恰似人間仙境。

他們兩人一來到小金井，看到這種情形，不禁相視一笑，天行讚歎地說：

「這真是世外桃源，人間仙境！」

「你要是不來，那不辜負了大好春光，白來東京一趟？」

「這兒比上野好多了。上野是看人，不是看花，這兒才真正可以賞花。」

「我們兩人擁有兩岸櫻花，一溪清流，你說我們該多富足？」美子看看除了他們兩人之外，再也沒有別的賞花人，欣喜地握著他的手說。她一想起昨夜的夢境，更有一種幸福的感覺。

「可惜這世界不止我們兩人，我只是一個過客。」他心裏這樣想，嘴裏卻沒有說出來。他也覺得此刻他最富足，不僅擁有兩岸櫻花，一溪清流，還有她這樣一位如花似玉的異國佳人陪伴，如果時間就此停住，世事不再紛擾，人生夫復何求？

她看他臉上開朗起來，也就不求答案，牽著他的手在長堤上漫步，偶然有幾片落花，飄上她如雲的秀髮，他用嘴輕輕吹了下去，她笑著搖搖頭說：

「不要吹，讓它落滿一頭，那不更有詩意？」

他看她烏黑的頭髮，落著片片櫻花，的確另有一種風流。

天空忽然飄下毛毛細雨，他們走進一座亭子，放下古箏，以免布套被雨打濕。竹書包裹的便當也留在亭子裏，她撐起紙傘，牽著他在細雨中散步。她滿頭落花，再加上一身華麗的花和服，嬝嬝婷婷，走在櫻花樹下，又是一番風流體態。京都西陣織、友禪染是很有名的。天行上次去過京都，才知道京都女人的衣著比東京女人考究。美子的每一件和服，都是上好的花色質料，今天出來遊玩更不例外，還特別打扮了一番。京都女人不但說話像吳儂軟語，連穿著也像蘇州女人一樣考究。她們的和服到現在還稱吳服，因為是當年應神天皇派專使到吳國請了一批織女來日本教紡織的。

天行沒有帶傘，她把傘交給天行撐著，上身緊緊靠著天行，躲在傘下，像隻依人的鳥兒。天行不走，索性站在堤上凝視流水。

毛毛細雨，構成一幅淒迷的淡墨山水畫：花非花、霧非霧。她靠在他肩上，靜靜地欣賞這難得一見的淡墨山水。

天行想起杏花春雨，草長鶯飛的江南，想著自己的花園、想著梅影、蝶仙、文珍、香君她們，心裏自然有股淡淡的哀愁、幽思。美子想著昨夜的美夢，想到一夜纏綿，不禁偷看他一眼，覺得他和昨夜沒有兩樣，怎麼臉上有種落寞？一想到他一看見男女混浴便轉身要走，以及自己硬把他推進溫泉的尷尬情形，她不禁失聲笑了出來。

「妳為什麼發笑？」他奇怪地問她。

「不告訴你。」她把頭埋進他的胸前，細細回味昨夜的夢境。她忽然聽見他的心跳。這是她第一次聽見一個男人的心跳。

「妳接到你表妹的信沒有？」過了很久，她忽然抬起頭來問她。

「她已經是別人的人了，怎麼好寫信給我？」天行回答。

「你還想不想念她？」她故意笑問。

「春蠶到死絲方盡，我怎麼能不想念？」

「看來你倒是個有情有義的人？」

「我不能見了妳就忘記她。」

「這樣你不是很痛苦？」

「既然遇上了這種事兒，那又有什麼辦法？」

「你何必這樣死心眼兒？」

「要忘記她也很不容易。」

「生米已經煮成熟飯，記著她也不能改變既成事實。」

「不管怎樣，她總是和我一起生活了十幾年的表妹。」

「難道就沒有一個人能代替她？」她仰著頭盯著他問。

「不能說沒有，只怕又是一場悲劇。」他想起日本的「心中」（註一），總是提心吊膽。

她也想起昨夜夢中和他的對話，不禁問他：

「你祖母是不是很固執？」

他有些奇怪，她怎麼會突然提起他的祖母？他望著她說：

「妳這是從何說起？」

「我只是這麼猜，老人家多半固執。」

「我祖母通情達理，更識大體，並不固執。」

「她知不知道我們兩人住在一起？」

「我沒有告訴她。」

「你為什麼不告訴她？」

「我怕她要我回去。」

「那又為什麼？」

「一言難盡。」

「你不會向她解釋？」

「有些事情解釋也沒有用。」

「那有解釋不開的事情？」

「比方說：現在你們是真正的強國，而且在我們的東交民巷駐了兵，我們卻在風雨飄搖之中，這種事情怎麼解釋也沒有用。」

「那是國家的事兒，這是我們個人的事兒，不能扯在一起。」

「覆巢之下無完卵，這是分不開的，我和我表妹的事兒就是一個教訓。」

「我父母可不像你姑爹那麼勢利？」

「妳和令尊、令堂談過我？」

「他們對你都很滿意，是他們先問我的。」

「多謝令尊、令堂的錯愛和關心。」

「你就只有這麼一句話嗎？」

「這是我的真心話，我不會作假。」

「他們要是選你當女婿呢？」

「那就選錯了人。」

「他們並沒有選錯，我更早選定了你。」她兩眼目不轉睛地盯著他，目光顯得格外冷靜而深沈。

「妳知不知道長崎陳仁舍和連山的故事？」

「知道，」她坦然點點頭：「而且我還記得我們日本人為他們兩人寫的那首律詩。」

「那首詩是怎麼寫的？」

美子隨口背了出來：

攜手回頭望故鄉，愁雲漠漠海茫茫；
人情難謝紅顏子，恩愛堪慚黃帽郎。
朝憶歸帆腸萬斷，夕愁離別淚千行；
未成偕老同穴契，和漢異姓死一場。

「這不是前車之鑑嗎？」天行說。

「這是一百多年前的往事，你不是陳仁舍（註二），我也不是遊女。何況我的家庭也不反對。」美子回答。

「我的家庭會有問題，我們兩國之間也會有問題。」

「我認為那都不成為問題，有問題的是你。」

「怎麼會是我？」他指指自己，茫然地望著她。

「不錯，是你！」她指指水面旋轉的落花說：「我是落花，你是流水。」

「那妳就冤枉我了！」

她嫣然一笑，一頭倒進他的懷裏，像一隻鑽進熱灶的花貓。

「我們進亭子去彈彈古箏吧，」過了一會兒他對她說：「妳不是歡喜聽〈高山流水〉嗎？」

她慢慢抬起頭來，牽著他的手走進亭子。天行打開布袋，開始琤琤琮琮彈起〈高山流水〉來。

「今天你彈得特別好聽！」他一彈完她就贊歎地說。

「因為這兒有山有水助興。」

「只是格調兒太高了！」她似笑非笑地說。

接著她也彈了一曲〈百鳥朝鳳〉，韻律輕快生動，如百鳥齊鳴。他也贊她一句：

「妳的進步真快？」

「不過我覺得我的進步太慢！」她一語雙關地說：「我真是個笨蛋！我怎麼也趕不上你的表妹。」

天行被她說得啼笑皆非，癡癡獃獃地望著溪中的落花流水。

註一：日本「心中」過去多為男女情死，後演變為一般自殺。

註二：陳仁舍為姑蘇青年，連山為長崎丸山廓遊女，好事不成，雙雙自殺殉情，時為一七八一年（天明元年）。

第四十二章　漢學家一針見血
好男兒滿腹疑憂

天放又來看天行，他已經畢業，換了便衣。

美子看見他，顯得更親切；他見了美子，也不再見外。他直接走進天行的房間，天行看他來了十分高興。本來天行很想陪他去名勝地區玩玩，因為他行動不自由，一直沒有提出來，現在畢業了，該可以去富士五湖等名山勝水的地方遊歷一番。想不到天行一提出來他卻說要馬上回國。天行聽了很高興，便說：

「婆婆希望我們早些回家，我一時還回去不了，你先回去也好。」

「我不回家。」天放說。

「既然畢業了，怎麼不回家？」天行望著他，不知道是什麼緣故？

「我回家派不上用場，我決定先去南方。」

「南方無親無故，你有什麼好幹的？」

「無親無故才好，不然反而麻煩。」

「你是不是也想革命？」天行笑問。他聽說朝廷正在日本緝捕謀反的人。

「我不是想革誰的命，我是想推翻腐敗的滿清。」

「你一個人去？」

「不止一個人。」

「當年朱舜水奔走長崎、交趾之間就是為了反清復明，你也想學他？」

「理想不同，推翻滿清的目的一樣。」

「你回國的事兒要不要告訴家裏？」

「我不想寫信回家，」天放搖搖頭：「你寫信時替我帶上一筆好了，就說我去南方做生意，其他的一概不提。」

「恐怕婆婆放不下心來？」

「所以我不能回家，一回家就出不來。」

「你這一批中國同學是不是都回國去？」

「也有留下來的，本來學校也想留我。」

「現在日本軍人吃香，他們正想開疆拓土。」

「不錯！他們曾經勸我入日本籍，做日本人，他們便會派我到滿洲去。」

「日本人真有心機！」

「他們做任何事兒都有計畫，而且能夠學習別人的長處。」

「明治維新以前，他們完全學我們，連京都都是洛陽的翻版。」

「他們能保持我們的優點，去掉我們的缺點，這就是他們成功的地方。」

「他們打敗了俄國之後，對我們也不是什麼好事兒！」

「當然！現在我們既不是龍，也不是獅。」

「那是什麼？」

「我們是一頭綿羊，一塊肥肉，豺、狼、虎、豹都想吃下去？」

美子端茶進來，他們立刻住嘴，天行對美子說：

「今天我和哥哥出去吃飯，妳不必麻煩。」

「是不是嫌我做的菜不好？」她笑著望望他們。

「妳不要多心，」天行說：「哥哥畢業了，他就要回國，我想陪他出去走走，再隨便吃點東西。」

「歡迎妳和我們一道去。」天放對她說。

「我要照顧老師，他回來時要吃飯，不然我該奉陪。」美子說。隨後又向天放一笑：「大公子，你何必這樣匆匆回國，不在日本遊歷幾天？」

「我是個俗人，不懂遊山玩水。」天放說。

「我們日本的山水倒也有些可看的地方，你錯過了機會不很可惜？」

「他倒是個雅人，」天放指指天行說：「妳有空時不妨陪他遊歷、遊歷？」

「你們兩兄弟個性這麼不同，倒很有趣。」她望著他們笑笑。

「幸好我有他這麼一個弟弟，不然人生就沒有什麼意義。」

「大公子，他雅是很雅，可並不怎麼灑脫？」她望了天行一眼向天放笑道：「他總好像有什麼心事？」

「妳瞭解他倒比我清楚，」天放也向她笑道：「妳看他像不像個花花公子？」

她笑著搖搖頭，天放便說：

「如果他是個花花公子，只顧吃喝玩樂，那就不會有什麼心事了。」

「你說得也是，」她嫣然一笑：「他要是個花花公子，我才不會這樣侍候他呢！」

加藤從外面回來，天放、天行連忙出來迎接他，天放並說是來向他辭行的，加藤聽了有點訝異，笑著問他：

「你有什麼急事？不留下來玩玩？」

「我想回去接洽一筆生意，沒時間玩。」天放支吾地說。

加藤打量他一眼說：

「我看你不像個生意人，做生意是將本求利，可不是玩的？」

「多謝老前輩的關心，我會小心。」

加藤想留他吃飯，他婉謝了，加藤抱歉地說：

「你來日本這麼久，我沒有盡到一點地主之誼，實在遺憾。」

「老前輩不必客氣，以後說不定還會再來日本。」天放說。

「你們都來日方長。」加藤望望他們兩兄弟說：「只是我的年紀大了，世事又難料得很，以後是怎樣情形？誰都不知道。」

他們兩兄弟都暗自耽心日本軍人氣燄太高，會得寸進尺，對中國很不利，但又不好怎麼說，過了一會以後天放才說：

「老前輩，就我瞭解，將來吃虧的恐怕還是我們？」

「漢唐以來，我們從你們那邊確實獲益不少，你們沒有什麼對不起我們的地方，倒是我們常常製造一些不愉快的事件。我希望我們自己人以後不要乘你們之危，做出對不起你們的事來才好。」加藤說。

「老前輩真是從大處著眼，晚輩實在敬仰！」天放說：「不過有老前輩這種想法的人恐怕不多？」

「不錯。」加藤點點頭：「別說軍人和我的想法不一樣，連國粹派學者的想法也不一樣。」

「這樣說來，真教我們憂心忡忡了！」天放說。

「也許我受漢學的影響太深？我總覺得老子說的『罪莫大於可欲，禍莫大於不知足，咎莫大於欲得』的話很有道理，善泳者死於水，玩火者必自焚。國家和個人一樣，如果不知道適可而止，那是很危險的。」

「老前輩真是金石之言，晚輩受益不淺。」

「可惜我們自己人反而聽不進我這種話。」加藤感慨地說。

「老師，我聽得進。」美子笑著說。

「可惜妳是個姑娘，不是個武士。」加藤憐惜地說：「我們現在是花以櫻花第一，人以武士為高，妳和我一樣，都起不了什麼作用。」

「老師，您也別洩氣，您還有不少學生。」美子說。

「像妳一樣，這只是一種精神安慰。」加藤落寞的苦笑。「不能立竿見影，而且漢學是每下愈況了。」

「老師，日本漢學雖然在走下坡，但還保存了它的本來面目，我們科舉出身的讀書人，反而是掛羊頭賣狗肉。」天放突然插嘴。

「不錯！」加藤用力點頭：「你很有眼光！恕我說句直話，這就是你們積弱的原因。宋明以來，你們連朱舜水這樣務實的讀書人都很少，更別說諸葛亮、劉基那樣的高人了。光打著聖賢的幌子，沒有真學問反而會壞事的。」

「老前輩，您愈說愈高，我不學無術，一介武夫，真有些不懂了！」天放笑著說。

「你太客氣？你們世代書香，你豈是一般武人可比？」加藤望著天放說。

「今天與老前輩這一番話，真個勝讀十年書，晚輩是三生有幸。」天放說。

「我沒有把你們兩昆仲當做外人，一時感慨，話就說多了，希望賢弟不要見笑。」

天放更對他肅然起敬，說了不少謙恭的話，才告辭出來。走到大門外他就感慨地對天行說：

「可惜加藤先生這種人太少，松下那種人太多。我們真是內憂未已，外患方殷。」

「剛才他有很多話真是一針見血，」天行說：「他比王仁儒老師高得太多了！」

「這就叫做禮失而求諸野，你能住在他家裏真是你的運氣。」天放說，隨後又望望弟弟：

「還有，美子也是一位不可多得的日本姑娘。」

「她是很不錯，只怕我沒有這種福氣。」天行說。

「為什麼？」天放奇怪地望著弟弟：「她不是對你很好嗎？」

「對我好是一回事，我們之間的大問題我也不能不慎重考慮。」天行冷靜地說：「我真怕再有第二個悲劇。」

「你的顧慮也有道理，不過這樣下去你們也會痛苦。」

「她對我實在是一見鍾情，我對她是進退兩難，有時的確是很痛苦，到底我是凡人，她也不是聖女。」

「你要不要寫信回家說明？」

「這種事兒正像你去南方一樣，提都不能提。」

「我們兩兄弟正是難兄難弟。」天放不禁失笑，隨後又沉重地說：「以後我不但要和家庭暫時斷絕書信，我們兩人也不宜通信。」

「那我怎麼知道你在什麼地方？」

「以後我是行蹤不定，連我自己也不知道。」

「你也到了該成家的時候了，難道你一點也不考慮這件事兒？」

「韃虜未除，何以家為？」

「你不怕祖母和爹娘操心，揹個不孝的罪名？」

「我們兩兄弟為國盡忠，就不能為家盡孝、盡孝的事兒就靠你了。」

「盡忠不易，盡孝亦難，我已經進退維谷了。」

「如果日本人都像加藤、美子，我倒贊成你們這一對異國的好姻緣，可是我愈來愈發現日本人不對勁，他們是真的想把我們吞下去。」

「日本人實在是吃我們的奶水長大的，一長大了就不認奶娘，反而想把她吃掉，實在很可怕。」

「聽說這和朱舜水的水戶儒學有關。」

「你也知道朱舜水的故事？」

「我不光是學軍事，我也留意中日間的一些事情。」

「朱舜水的務實學風，啟發了日本人的維新思想，反而使他們排斥不切實際的儒學流弊，連累了整個漢學，而調轉頭去學習西洋的科學文明，凡事注重功利，不講道義；再加上國粹派的所謂大和魂、武士道精神，這就變成一個有人的頭腦的豺、狼、虎、豹了。」

「你沒有白來日本。」天放突然在天行的肩上一拍：「你看得比我深。」

他們兩人到一家日本料理吃飯，要了兩人都比較喜歡吃的壽喜燒、天婦羅、壽司，就是不要刺身，他們到現在還沒有完全習慣日本飲食，壽司也是不得已而吃的。

吃飯時自然會談起家裏的飲食和許多瑣事，也不免勾起鄉思，但天放為了家庭的安全還是不打算回去。

飯後兩兄弟黯然分手。

天行回到加藤家裏，美子笑盈盈地迎接他，輕輕地問：

「哥哥走了？」

天行點點頭。

「老師認為他不是回國做生意。」她向他神祕地一笑。

天行望了她一眼，沒有作聲，她又笑著對他說：

「你放心，我不會管閒事，也不會多嘴；老師更沒有惡意，他只是關心。」

「我知道，我是有點兒耽心哥哥的安全。」

「他很有勇氣。」

「這是拋頭顱灑熱血的事，甚至還會有滅門之禍。」

「你家裏知不知道？」

「我是第一個知道，哥哥不會回家，也不會告訴家裏，他這一去就杳如黃鶴。」

「你可不能像你哥哥一樣？」她憂慮地望著他。

「我哥哥盡忠，他要我盡孝。」

她鬆了一口氣，臉上又露出笑容，他卻歎口氣說：

「盡孝也不容易。」

「你們是不孝有三，無後為大，結婚生子，是正事，你又何必愁眉苦臉？」她向他笑道。

加藤走了過來，也問起他哥哥的事，天行只好實說，加藤聽了便說：

「我就知道是這麼回事。在日本你們有些人正計畫推翻愛新覺羅王朝，聽說在你們南方鬧得更厲害，你哥哥去南方當然是參加他們，所謂做生意不過是掩人耳目罷了。」

「百足之蟲，死而不殭，要想推翻滿清，恐怕要付出很大的代價？」

「說不定朱舜水不能辦到的事，你哥哥他們能夠辦到？」

「但願如此。我們也應該改頭換面了。」

「你們幾千年來的帝王思想，恐怕一下子不容易改掉？」

「我們本來是民主的，堯舜的禪讓就是最好的選賢與能，夏禹以後才變成世襲的帝王了。」

「這種帝王制度很危險。」

「怎麼會很危險！」美子問。

「如果遇到一位英明的帝王，政治就會清明，國家也會強盛；可是如果遇到一位昏君、暴君，那就會生靈塗炭！改朝換代事小，亡國可就不是兒戲了！」

「老師，我們也是這種制度，怎麼強了起來？」美子又問。

「這可不同！」加藤搖搖頭：「我們是以神道立國，自神武天皇開國以來，萬世一系，統而不治，百姓奉天皇如神，權在幕府及諸侯（大名）手裏，諸侯、幕府打來打去，都不影響天皇的地位，中國皇帝可不一樣。」

「怎麼不一樣？」美子問。

「中國皇帝是統而又治，皇帝的江山是打來的，江山丟了，皇帝就變成階下囚。如果我們的諸侯、幕府做了天皇，那就危險了。」

「老師真是高見。」天行說了這句話又望望美子：「你們的神武天皇相當於我們的軒轅黃帝，是國家民族的象徵，可是我們的皇帝沒有神化，沒有萬世一系。你們天皇如神，又是萬世一系，別人不能取代，這是你們的優點，中國皇帝只能代表一家一姓，不能代表整個民族，所以別人可以取而代之，因此動亂不已。」

「唷！原來有這麼大的分別？」美子笑說：「我還不知道呢？」

「由於中國皇帝和我們的天皇不同，皇帝的寶座你爭我奪，皇帝的不肖子孫又多，所以西漢以後，中國只出現過一次貞觀之治。這一、兩千年來，反而每下愈況了。」加藤深深歎口氣，又緩緩向天行說：「我們江戶的國粹派，主張廢棄漢學，排斥孔孟，和你們這種積弱的情形，不能說沒有關係。不過我耽心的是，我們現在軍政分離，軍隊直隸明治天皇，軍人不聽命政府，恐怕以後會闖大禍？」

加藤這番話如當頭棒喝，使天行目瞪口呆。加藤看看天行，又和顏悅色地對他說：

「因為我太愛中國，又愛日本，所以才說出肺腑之言。每次我去京都，就好像看到你們的唐朝，親自到了長安、洛陽。我自己也奇怪，這種感情怎麼會發生在我的身上？不知道美子是不是和我一樣？」

「老師，我對中國歷史沒有研究，」美子笑著回答：「我只從唐詩中窺見一點唐朝的風貌，不過我比你更愛京都。」

「這我相信，」加藤笑著點頭：「因為那是妳的家鄉。如果我也是京都人，我就會覺得我是唐人了。」

「老師，這樣說來，我出生在京都那很榮幸了？」美子望著他說。

「當然啦，這就是地靈人傑了。」加藤笑著回答。

「老師，地靈倒可以稱得上，人傑我可不敢當。」美子笑著回答。

「京都三面環山，氣象雄偉，在我們日本來說，的確是一個好地方；至於說到人嘛，不是我當面誇獎妳，妳兼有京都江戶美女的優點，而又不失靈毓之氣，這就是山川自然環境的影響。天行，你說是不是？」

「老師，上次我去過京都，我就有這種感覺。」天行說。

「不過，如果說到地靈，你的老家江州，山水之美，氣勢之佳，那就更令我歎服了。」

「老師，白居易的〈琵琶行〉，怎麼對江州不大恭維？」美子望了天行一眼才問加藤。

「妳要瞭解白居易那時的心情。」加藤望著美子說：「他是從長安貶到江州，心情不好，唐時的江州當然沒有長安繁華，但中國第一大河長江就在江州城外流過，城內還有三國時周瑜練水師的甘棠湖，湖水和我們的蘆之湖一樣澄清，南面更有中國第二大湖鄱陽湖，境內有中國名山廬山，這種名山勝水集於一地，不但我們日本沒有，世界各國恐怕也很少見？」

「老師，江州真有這麼好嗎？」美子將信將疑，似笑非笑。

「山川是自然形勢，誰也搬不走、加不上去的。不信，妳問天行好了。」

美子望望天行，天行笑著說：

「我不能老王賣瓜，自賣自誇。不過庚子年我第二次回老家時，還上過牯嶺，可以證明老師的話沒有半點誇張。」

「美子，將來如果有機會，我勸妳去中國看看，天行的老家江州更不可不去。行萬里路，勝讀萬卷書，學文學的人更應當如此。」

美子望望天行，天行笑著點點頭。加藤又接著說：

「中國文化發達得這麼早，這就是地靈的關係。中國積弱到今天這種地步，倒有些出乎我的意外。」

「老師，這是後代子孫不肖，人謀不臧，政治方面造成的後果。」天行說。「尤其是劉徹建立一言堂，否定科技，更是大錯。」

「我同意你的看法，」加藤點點頭，又向天行笑笑說：「因此我也覺得你們兩兄弟的責任更大。」

「老師，冰凍三尺，非一日之寒；中國這麼大，要想撥雲見日，也非一朝一夕之功。」

「不錯，急功近利，也不是什麼好事，長治久安，還是要從調整文化方面著手。」

「老師，我也是這個意思，所以我對做官毫無興趣，我覺得文化才是立國的根本。」天行也笑著說。

「可是有幾個人像你這樣想呢？」美子忽然笑問。

「不管別人怎樣想，我只能盡其在我。」天行坦然回答。

「好一個盡其在我。」玄關外面突然傳來這句話。

美子連忙伸頭一看，原來是金日昇先生。她把他迎了進來，加藤、天行也雙雙迎接，天行和他在學校已經見過幾次面，兩人也很談得來。

金日昇和加藤的年齡不相上下，身裁卻比加藤高大，也比加藤健壯，性格開朗，十分健康。他一見天行就笑問：

「你們剛才談些什麼？」

天行稍微解釋了一下，美子又補充了幾句，金日昇望望他們三人說：

「你們談的都是些大問題。」

「也不是什麼大問題，我們只是隨便談談。您來了正好，又多了一個人聊天。」加藤說。

美子給金日昇沏茶，金日昇打量美子一眼，又望望天行，忽然笑著對他們兩人說。

「我看你們兩人倒是頂好的一對兒？」

「你真是快人快語？」加藤向金日昇笑道：「我早就有這種感覺，只是一直藏在心裏。」

「我沒有您這麼好的涵養，想不到一句話竟揭開了您的悶葫蘆？」金日昇說著笑了起來。

美子覷了天行一眼，低頭一笑。天行不好搭腔，金日昇又笑著望望他和美子說：

「要不要我和加藤先生做個媒人？」

「他們兩人早就一見投緣，我看倒不必我們兩人做媒了。」加藤笑著說：「不過中國婚姻也是父母之命，媒妁之言；沒有父母的允許，天行自然不敢造次，何況他還有祖母？至於美子的父母，大概沒有問題，但還得內務大臣的准許才行。」

「他們就是要多這麼一道手續！」金日昇惋惜地說：「好在他們都還年輕，只要雙方家長同意，申請大概不會有多大的問題？」

「我們兩人都是研究漢學的，」加藤對金日昇說：「我總覺得中日兩國應該和睦相處，這樣彼此都有好處，而和睦相處的最好方法應該是通婚，你說對不對！」

「可惜我們兩人年紀都大了，不然我倒想以身作則呢？」金日昇說著笑了起來。

加藤、天行也好笑，美子背轉身去吃吃地笑。

「我看你倒老興不淺，」加藤又笑著對金日昇說：「你要是天行，恐怕老早私婚了？」

「我們心照不宣，您何必說了出來？」金日昇哈哈笑了起來：「中國小說裏後花園私訂終身的故事多得很，這有什麼稀奇？」

「對了，你也是中國小說專家，你最喜歡那一部中國小說？」加藤笑問。

「這倒很難說，」金日昇笑道：「要瞭解中國歷史文化背景，最好看的當然是《三國演義》、《水滸傳》了。

「我也有這種看法。」加藤點點頭：「《三國演義》裏的五虎將關、張、趙、馬、黃，和我們的武士可大不相同。」

「他們都有大將之風，關雲長義薄雲天、張飛也粗中有細，十分可愛。」金日昇說。

「張飛和《水滸傳》裏的李逵不同，和我們的武士都不一樣。」

「李逵大鬧江州的故事，就是發生在我的老家。」天行說。

「我很佩服中國小說家，他們寫張飛、李逵這兩個粗人都寫得可愛又完全不一樣。」金日昇說。

「《三國演義》裏的五虎將個個武藝高強，但個個不同；《水滸傳》裏一百零八將，也沒有一個相同。不知道他們是怎麼寫出來的？」加藤說。

「這是另外一套學問，和我們研究義理的不同。」金日昇說。

「中國另外兩部小說，卻是我們研究中國社會很好的參考資料。」加藤說。

「你說是那兩部？」金日昇問。

「《金瓶梅》和《儒林外史》。」

「不錯。」金日昇連忙點頭：「《金瓶梅》表面上雖然寫的是宋朝的腐敗荒淫，其實是明朝社會的寫真，因為作者不敢直寫本朝，所以假託宋朝。」

「《金瓶梅》是禁書，我還沒有看過。」天行說。

「為什麼要禁？」美子問。

「據說是一部淫書，究竟如何？我也不清楚。」天行說。

「你們年輕人是不宜看，我們老頭子就無所謂了。」金日昇笑著說，「其實這是一部社會寫真的作品，很值得研究。」

「《儒林外史》也是社會寫真的作品，不過它寫的是清朝的科舉弊端和士人的多種醜惡嘴臉。」天行說。

「你們的積弱不振，從這兩部小說中就可以找到正確的答案。」加藤說。「從正史裏面，反而不容易看出真相來。」

「宋朝的腐敗，只許官州放火，不許百姓點燈，在《水滸傳》裏看得更清楚。」金日昇說。

「我們的朝廷和科舉出身的人，向來看不起小說，也不會記取這種教訓。」天行說。

「你們科舉出身的讀書人只求有官做，朝廷也只需要聽話的奴才，這和我們有些不同。」金日昇說。

「請問有什麼不同？」天行問。

「我們讀書人做學問的歸做學問，做官的歸做官，這是兩回事。」金日昇說：「我和加藤先生雖然不算走運，但是我們可以安心教書，安心研究，我們不會喪失良知，我們有我們的學術地位。」

「我們的吳敬梓和曹雪芹，都不是科舉中人，所以他們才能寫出兩部有良知的作品。」天行說。

「不錯。」金日昇笑著點頭：「《紅樓夢》裏也有個賈寶玉罵的祿蠹賈雨村，這種讀書人做官怎麼能把你們的國家搞好？」加藤說。

「賈政那種書獃子更不能把中國搞好。」加藤說。

「可是我們中國人看《紅樓夢》只是陪著林黛玉流眼淚，不會注意賈雨村、賈政這兩個人物。」天行說。

「只有我們這種人才會注意這些人物，像你們這種年齡的讀者自然只歡喜看一把眼淚一把鼻涕的愛情故事了。」金日昇望望美子和天行說。「不過美子還是應該看看。」

「不過妳得多準備兩條手帕。」加藤對美子說。

「我看過《石頭記》。」美子說。

「那是二而一，那裏面有很多好詩詞。」金日昇說。

「老師，您怎麼不講這門課？」美子問。

「這是清朝小說，以後慢慢會講到的。」金日昇說。

「您最近有沒有聽到滿清什麼消息？」加藤忽然問金日昇。

「我剛看到兩篇文章，都是他們的人寫的。」金日昇指指天行說。

「那兩篇文章怎麼說？」天行問。

「一篇主張君主立憲，一篇主張推翻滿清，另起爐灶，不要皇帝，建立民國。」金日昇說。

「這倒是一件大事，我也聽說過。」加藤說。

「聽說他們國內真有人在太歲頭上動土呢！」

加藤望望天行，天行不作聲，金日昇又說：

「恐怕中國會有風暴？」

「物極必反，窮則變，變則通，說不定睡獅也會醒來？」

「你準備在日本耽多久？」金日昇忽然問天行。

美子聽金日昇這麼一問，連忙望著天行。天行知道她的心意，緩緩地說：

「如果沒有什麼意外，可能多耽兩年？」

美子欣慰地一笑，金日昇卻半開玩笑半認真地說：

「我倒希望你做日本女婿，長期留在日本，這樣我和加藤就不愁後繼無人了。」

「你這倒是個好主意。」加藤向金日昇點頭一笑：「如果他和美子合作，日本漢學還有後望，不過，恐怕他留不下來？」

「為什麼？」

「他的家世不同，祖母還在，怎麼會讓他長期流寓國外！」

「說不定美子可以把他留下來？」金日昇望望美子說。

「老師，他心裏在想什麼我還不知道呢，我怎麼能把他留下來？」美子望望金日昇一臉苦笑。

第四十三章　讀香箋天行吐血　破疑團美子獻身

美子手上拿著一封信要交給天行，天行起先以為是家信。最近他有些怕接到家信，因為父親總是問起哥哥的事情，使他無法答覆，而且也不知道他在什麼地方？他暗自耽心怕受哥哥的影響，父親要他回去。現在他還真不想回去，一方面學業還未完成，一方面他也捨不得離開美子，他心裏雖然時刻記住離家時祖母囑咐他話，和深深瞭解當前日本對中國的野心，時時心存戒懼，可是美子的濃情蜜意，他實在無法拒絕，她一不在他身邊，他就彷彿失魂落魄，六神無主。

他接過她手上的信，一看是古美雲來的，便連忙折開。古美雲的信不像父親的信那麼公式，那麼簡單，她的信裏總充滿溫情，而且會告訴他許多事情，尤其是文珍、香君的情形。父親是隻字不提，她卻能透露一些消息。

美子坐在他旁邊，看他展讀古美雲的信：

天行賢姪：

前信收到多日，因為金谷園的生意很好，我個人的應酬也多，所以沒有及時回信。京中近來時有流言，王公大臣也多膽怯。金谷園常有豪客一擲千金，姑娘們笑逐顏開，我也樂在其中。

天放久無消息，家中甚為懸念。

文珍月初弄璋，汝姑爹與彼得甚為高興，大宴賓客。他們生意興隆，地位與日俱升，大勢所趨，汝亦不必耿耿於心。

烏爾固爾已受人重金，將香君許人。據聞男方姓石，綽號石獃子，為一綢緞莊殷商之子，形同白癡。乾娘恐汝感傷，囑我密而勿宣。但香君為一可人，與汝主僕情深，且芳心早已私許，又有信託我附寄，我豈能辜負伊人芳心？情劫重重，雲天遠隔，願汝善自珍攝，毋令我懸心。

雲姑斂衽

香君親筆信附後，請代我問候加藤先生。

天行看了這封信，如癡如獃。美子從他手中抽走信紙，他也渾然不覺。他在想金谷園的車水馬龍，鶯聲燕語，絲竹清音、彈詞、對弈、清唱、極盡聲色之娛、古美雲周旋在王孫公子、富商巨賈、文武百官之間，那種得心應手，進退自如的快樂神情；哥哥杳如黃鶴，成敗未知，生死難明，家人憂心忡忡的情形；文珍弄璋簡直是他難以相信的事實，她心中的文珍還是一位清純的千金小姐，怎麼會為人母？而父親又不是他，她又是怎樣的心情？香君真的應驗了他的夢境，被她父親烏爾固爾那個賭鬼將她另許他人，他們兩人最後的一點希望也像吹肥皂泡泡樣地破滅了！他突然從美子手中將信紙搶了過來，急急忙忙再看香君的信：

二少爺：

香君命苦，自您離家之日起，香君無日不坐愁城。身為丫鬟，雖有千言萬語，亦不敢一吐心聲。小姐千金之體，尚且身不由己，我何人耶？即使哭斷肝腸，亦不過徒惹人笑耳！香君唯長夜叩拜觀音，可憐香君一片癡心，祈求降福少爺。日後少爺榮歸，香君能奉箕帚，問暖噓寒，代償小姐心願。然香君冥頑，未蒙大士垂憐。好夢未醒，忽聞晴天霹靂！家父不察女兒之心，貪人厚聘，將香君終身，輕許癡人！老夫人雖表同情，但未便援手。呼天無門，肝腸寸寸斷矣！香君薄命，重蹈小姐覆轍，惟願來生能效犬馬之勞，再結同心，皇天后土，共鑑我心。

小姐月初一舉得男，但無歡心。曾私語我：藍田種玉，恨非其人！

蒼天悠悠，善惡不分！乾坤朗朗，是非不明；人生渺渺，能不認命？

妾香君泣陳

香君信紙原已淚痕斑斑，天行信未看完，舊淚痕上又添新淚痕，看到最後，忽然啊的一聲，吐出一口鮮血，一痛暈厥，頹然倒在榻榻米上。

美子先看過這封信，知道他傷心已極，看他躺在榻榻米上，怕他受涼，連忙抱床毯子輕輕替他蓋上，又用毛巾擦掉他嘴上和塌塌米上的血，坐在他旁邊照顧。她看他滿面淚痕，也為之心酸，她想香君不過是個丫鬟，尚且如此，表妹可想而知。這兩位可人兒都情深款款，又都不能成為眷屬，怎不令他傷心？也難怪他對自己這麼閃爍不定，若即若離。原先她對他多少有些艾怨，這樣一來她反而更加愛他，更加同情他了。她深知他不是一位薄倖的男人。

過了一會，他悠悠地歎了一口氣，又淚如泉湧，她用手絹連連替他擦拭，濕透了一條手絹，仍然流淚不止。

「男兒有淚不輕彈，只因未到傷心處。」她心裏這樣想。過去她雖然知道他一直悶悶不樂，但沒有看過他流眼淚。有時她甚至誤會他是一個寡情的人，現在她完全明白他不但不寡情，而是一個深情不露的人，她心裏十分欣慰。她沒有浪費自己的感情。

「你好好地睡一會兒，我等會再來叫你。」她在他身邊輕輕地說，悄悄離開，把紙門拉上。

天行再看看那兩封信，傷心之外，更加耽心？古美雲的信上說，哥哥久無消息，家中甚為懸念，加之京中已有流言，可見國內時局動盪不安。父親、祖母不會不知道內情。哥哥是從日本回國的，他身在日本，他們未嘗不耽心他會走哥哥的路，不知道那一天會突然來封信要他回國，果真如此，他便很難抗命了。

香君的信他看了又看，他還清楚地記得那天他從紫竹菴瘋狂地跑到荒郊，失神大叫，香君上氣不接下氣地追上來跪在地上抱著他的大腿哀哀痛哭的情形，乃至平日的噓寒問暖，一顰一笑，都歷歷如在目前。而今卻許配一個獃子，究竟是怎樣的癡獃？是不是真像古美雲的信上說的形同白癡？一個白癡除了吃飯睡覺之外，還懂什麼風情？如此聰明伶俐的香君，怎麼會嫁一個什麼都不懂的大傻瓜？這真不公平！難怪她有那麼大的感慨。她也沒有想到香君會寫出這麼好的信來？大概他離家後她心無所託，更加用功，以讀書寫字消遣？他房中的藏書夠她讀一輩子，文具也夠她用幾年，婆婆又有梅影、蝶仙、璧人三人侍候，用她的時候不多，她一定好好地利用了這段時間，加上她聰明過人，悟性很強，難怪古人說：「士別三日，刮目相看。」像香君這樣的人，嫁給一個白癡，不真應了一句俗話，「一朵鮮花插在牛糞上」了嗎？婆婆怎麼不阻止呢？這裏面一定有什麼原因？

美子將天行的情形悄悄告訴加藤，加藤聽了之後，沈吟了一會才說。

「他的感情一再受到這麼大的創傷，真虧他能忍受下來。」

「老師，男人的感情會不會變？」美子忽然提出這個問題。

「妳教我怎麼說好？」加藤尷尬地一笑：「我一生只有妳師母一個女人，沒有遇上第二個，妳要我談這個問題，那不是隔靴搔癢？」

「老師，假如你遇上第二個女人，你會怎樣？」美子笑問。

「好在我同妳師母都老了，誰也不會變心。」加藤也笑著回答。「因此不會有第二個。」

「這樣說來，年輕人就會變心了？」

「這也不能一概而論，往往會因人而異。」加藤沈吟了一會說：「不論男女，有的人朝秦暮楚，有的人終身不渝，這都要看情況而定。」

「老師，您看天行是那一種男人？」美子兩眼盯著加藤問。

「他是一位君子。」加藤立刻回答。

「老師，我不是和您談君子、小人，我是問男女間的事情。」

「也是一樣，不能分開來看。君子講原則，小人講利害，走遍天下，都是同樣的道理。」

「那他是一個可靠的人了！」

「當然。」加藤點點頭，又反問她：「妳怎麼對他還沒有認識清楚？」

「我早認識清楚了，」美子嫣然一笑：「只是我覺得他很難忘記他的表妹，還有香君那個丫鬟。」

「這正好證明他有情有義，不是見了姐姐就忘了妹妹的男人。」

「那我是沒有希望了？」

「這是兩回事。」

「怎麼是兩回事？」

「忘不忘得掉是一回事；他的表妹，丫鬟嫁了別人又是一回事；他不能不結婚更是一回事。我看妳現在的機會是最好的了！」

「但是我沒有一點把握?」

「我看問題不在妳。」

「在他?」

「也不在他。」

「在於他是中國人,妳是日本人,以及兩國之間的許多問題。」

「我沒有什麼問題。」

「我看他有。」

「縱然有也該可以解決。」

「恐怕需要時間。」

「我情願等。」

「妳既然對他這麼癡心,那就得多付出一些代價。」

「我愈來愈同情他,我覺得他也應該得到一些補償,老天對他是太不公平了!」

加藤望著她想笑,但又笑不出來。

美子過來看天行,她以為天行還在睡,她輕輕拉開紙門,發現天行正在書桌前發獃。她碎步走近他身邊,向他一笑說:

「事情已經過去了,還發什麼獃?」

「在我來說,還是剛剛發生的事,並沒有過去。」天行說。

「你這樣悶悶不樂，會悶出病來。我陪你去富士五湖、蘆之湖遊歷幾天，散散心、解解悶好不好？」

「我沒有時間，妳也沒有時間。」

「你放心，一切我會安排。」

「妳出去了老師會不方便。」

「老師也年輕過來，他會體諒我們，尤其是你。」

天行不再作聲。他聽說過富士五湖和箱根蘆之湖這幾處名勝，離東京又近，他本想陪哥哥去遊歷一番，想不到哥哥行色匆匆，沒有如願，哥哥什麼時候能再來日本？只有天知道？他在日本又能待多久？也無法預料。

正在美子挑選假日空檔，安排遊歷期間，天行又接到父親的信，說祖母春秋已高，身體不好，很想念他，希望他能早日回國。天行接到這封信後，六神無主，美子更如晴天霹靂。她特別把遊歷日程提前，一切都由她一手準備安排，天行沒有操一點心。

出發的這天，她特別打扮化粧了一番，顯得更加漂亮嫵媚。

他們先去山中湖。山中湖是富士五湖位置最高的一個湖，海拔九百二十八公尺，週圍十三點五公里，面積僅次於河口湖。他們到達山中湖時，已是黃昏時分。她先選了一家旅社的一個既面臨湖水又可以仰望富士山頭的好房間。

天行要她訂兩個房間，她說只有這個房間最好，又用日語告訴帳房說他們是夫妻。

天行聽了一怔，想說什麼，她輕輕碰了他一下，便領先走進房間。

天行進房之後隨手把紙門帶上，輕輕對她說：

「這樣做對妳不好。」

「我不計較這些，」她搖搖頭說：「我既然愛你就愛到底。」

「我怕我家裏不會同意？」

「同不同意是他們的事，願不願意是我的事。」

「如果我家裏不同意，日後妳會後悔的。」

「我不會後悔。」

「我的良心也會不安。」

「你就是顧慮太多。」她艾怨地向他一笑：「你已經錯過兩次機會，難道還想錯過第三次？」

她的話如雷擊頂，震得他暈頭轉向，熱血沸騰，眼花撩亂，他一時分不清她是文珍？香君？還是美子本人？看來又像是三位一體？難解難分。他忽然又想起夢中美子那麼晶瑩圓潤曲線玲瓏的胴體，他更神情恍惚，他像是又進入了那個夢境，終於讓美子睡在他的身邊。

「其實我們早已結婚。」美子在他耳畔輕柔地說。

「妳在說夢話……」他睜大眼睛看看她。她的確玉體晶瑩，和那夢中所見的完全一樣。她想莫非這是前世姻緣？

「不是夢話。」她笑著搖搖頭：「不過那次是夢中結婚，完全依照日本神前結婚儀式行禮，還得到內務大臣的准許，婚後我們還到草津溫泉去度蜜月……」

她突然吃吃地笑了起來，他不知道她為何發笑，以為她犯了西洋名詞的歇斯底里，他用力握著她渾圓的兩肩，她嬌瞋地說：

「你捏得我好痛！」

「妳為什麼發笑？」他望著她的臉上說。

「你看到那個男女同浴的溫泉，羞得轉身就走，我把你推了下去！」說著她又笑了起來。

「那是什麼時候的事？」

「在上野賞櫻的那天晚上。」

「那只是一場春夢而已。」他也不禁失笑。

「現在該不是春夢吧？」她雙手捧著他的臉，蜻蜓點水似地在他唇上親了一下說。

「可是我們沒有舉行儀式。」

「我重視的是真實的人生，我不在乎那些俗套。山中湖、富士山，是最好的證婚人。」

「我還是希望我們能補行婚禮，不論是在日本，或在中國？」

「你很重視形式？」她向他嬌笑。

「不然我會不安。」

「我很感激你這番心意，有你這句話，我雖死無憾。」她笑盈盈地說。

他輕輕摀住她的櫻唇，責怪地說：

「不要說不吉利的話。」他知道日本「心中」十分流行，他最怕日後萬一好事不成，她也會發生這種事。

「你放心，只要你在人世，不論是在天涯海角，我絕不會自殺。」

他想不到她會這樣癡心？這樣鍾情？他憐愛地擁著她直到天明。

他們都有早起的習慣，為了欣賞湖上風光，他們像平日起得一樣早。

美子面對著湖面刻意地化粧，天行站在她身後一面看她化粧，一面欣賞波平如鏡的湖光，他突然想起沒有給她買一樣紀念品，十分抱歉地說：

「事先我沒有想到我們就這樣完成了終身大事，我連一樣嫁粧，一件紀念品都沒有買給妳，真對不起！」

「你看我這樣是不是像個新娘？」她指指自己的頭髮，上面也插了銀釵、玉飾，白底紅花的新和服，穿在她身上也喜氣洋洋。

「我沒有看過像妳這樣漂亮的新娘。」他撫著她的雙肩，在她臉上輕輕一吻：「不過真太委屈妳了。」

「沒有什麼比愛更能令人滿足。」她回眸一笑：「除你以外，我不需要什麼。」

她笑著站了起來，牽著他去湖邊散步。走過一家特產店，天行拉她進去看看，發現有不少珍珠項鍊，珍珠是日本特產，他挑了一串最大最好的項鍊給她戴上，她戴上這串項鍊顯得美麗端莊。她高興得兩眼閃閃發亮，神采奕奕，兩頰酡紅，像喝了她家鄉的清酒一般。女店東看著她羨慕之至，說了不少恭維的話。

天行付過錢之後他們便沿著湖畔漫步，湖水澄清，十分可愛，天行忽然想起北京頤和園的昆明湖，和老家九江城內的甘棠湖。頤和園面積四千多畝，昆明湖佔了四分之三，湖中還有島嶼、長提，遠望如海上仙島、天上虹橋。甘棠湖面積雖然沒有山中湖大，但形勢更好，又有長提綠柳，湖水一樣澄清，而天下名山廬山比富士山更近，也更多彩多姿，不像饅頭般的富士山這麼單調。當他把這種情形告訴她時，她十分驚喜地說。

「你老家的山水真的這麼好？」

「一點不假。」他點點頭。

「那我真希望能去一下。」

「但願我家裏能同意我們的婚姻，那妳就可以久住了，山上山下我們都有房子，不像萬壽山、昆明湖是皇上的行宮，我們住不得。」

她高興地一笑，轉頭望望井口般的富士山頭，彷彿那就是廬山？

他們漫步了個把鐘頭，就回到旅社早餐。帳房看她打扮得這麼漂亮，又掛了一大串珍珠項鍊，也不免多看了一眼。

美子知道箱根山頂的蘆之湖四面環山，比山中湖的環境更幽更美，她想在那兒多住兩天，所以飯後就去蘆之湖。

蘆之湖畔的古杉行道樹，青翠蒼勁，迎面有一道高山，樹木也蒼翠欲滴，湖中還有富士山頭的倒影。天行一看見這種情形，就覺得美子的眼光不錯，住在這兒比住在山中湖好得多，旅社也比山中湖的好，湖上還有遊艇航行。

他們住進湖濱一家旅社。漱洗之後，兩人並肩站立窗前，欣賞湖光山色，天行高興地對美子說：

「妳很有眼光，住在這兒比山中湖好。」

「這像不像世外桃源？人間仙境？」她側著頭笑問。

他笑著點點頭，在她臉上親了一下說：

「我們現在是地行仙了。」

「要是能永遠住下去，那該多好？」她雙手扶在他的肩上，全身靠著他說。

「不知道那要幾世才能修到？」他側過頭來回答她。

「那我們現在就開始修好不好？」她在他身邊輕輕地說。

「修行可不簡單？」

「那有什麼困難？」

「第一要清心寡慾，我們能辦到嗎？」

她笑著搖搖頭，隨後又說。

「我們日本和尚都娶太太，修行何必要清心寡慾？」

「日本和尚都是花和尚，成不了正果。」

她聽了輕輕一笑，又望著他說：

「要是能把東大寺移到這兒來，我倒願意陪你在這兒修行一輩子，管它成不成正果？」

「人生如寄，能在蘆之湖畔小住幾天，我也就心滿意足了。」

「那我們要好好地珍惜這幾天，你可不要再想你那位好表妹文珍和俏丫頭香君了？」她附在他耳邊輕輕地說。

「妳要我對妳說假話還是真話？」他面對面問她。

「當然是真話。」她笑著點頭。

「我和我表妹以及香君，絕無可能成為和妳這樣的事實。不但我沒有做偷雞摸狗的事兒，她們也遵守婦道。但要我完全不想她們，也不可能，除非我死……」

她連忙用纖細的玉手掩住他的嘴唇，笑盈盈地說：

「不要再說下去了，我懂你的意思，難怪加藤老師說你是個君子。」

他握住她的手，放在自己的胸前說：

「如果我是那麼容易忘記她們，我會更容易忘記妳。」

她把臉貼在他的胸前，過了一會又抬起頭來問他：

「我在您心裏有沒有她們兩位一樣重要？」

「過去沒有，現在一樣。」他脫口而出。

她迅速地在他臉上親了幾下，又把頭埋進他的懷裏。他接著說：

「現在我要做的是希望家裏瞭解我們的關係，尤其是要得到祖母的諒解，讓我們成為正式夫妻。」

「難道你以前一直沒有向家裏提過我的事？」她又抬起頭來問他。

「我不敢提。」

「為什麼？」

「一提到妳，祖母準會要我立刻回去？」

「難道她對我會有成見？」

「不是對妳有成見，是她耽心你們的人對中國不安好心，現在你們佔了朝鮮，又進軍東三省，在東交民巷還有你們的兵營，祖母自然更不放心。」

「原來她有這麼大的顧慮？」她聽了一驚。

「這就是我為什麼遲遲不敢接受妳的感情的原因。」

「原先我還以為你是個木頭人呢！」她嗤的一笑。

「我既不是柳下惠，也不是木頭人，我是一個滿肚子委屈的中國人。」他兩眼隱隱閃著晶瑩的淚光。

她緊緊擁著他，愛憐地在他臉上頻頻親了幾下，隨後又耽心地說：

「不知道你祖母會不會同意我們的婚姻？」

「這要靠我們的造化，我會盡力而為，但我實在沒有把握。」

「回東京以後，我們一道去寺裏求求菩薩，許個大願，求神保佑我們不要受兩國關係的影響。」

一個俏下女走了進來，說有艘遊艇要開，問他們要不要遊湖？天行看看她，她拉著他往外走，邊走邊說：

「不管以後如何？我們要好好地把握現在，把握住每一刻。」

她們一道來到湖畔，碼頭邊有一艘遊艇正準備離開，她把手一揚，用日語向船上打個招呼，兩人三步併作兩步搶了上去。

因為不是假日，艇上的遊客不多，他們是最年輕的一對，其他的都是中老年人，也有老夫老妻。

蘆之湖像隻豬腰子，遊艇從腰子的大頭這一端向另一端開去，週圍都是青山，右邊的山最高，樹木森森，十分青翠，湖水澄清，波平如鏡，他們並肩憑欄站在艇前甲板上靜靜欣賞湖光山色，富士山頭在夕照中顯得也很壯麗。

艇上有些中老年人在唧唧喳喳，指手劃腳，一對老年夫婦看天行穿了一身長袍，好奇地走過來和美子搭訕，問天行是她的什麼人？天行能完全聽懂他們的日語，美子用漂亮的京腔清脆地回答他們：

「他是我丈夫。」

天行沒想到她會這樣回答，倒有些不好意思。

她滿臉含笑，十分坦然。那一對老夫妻看她像隻快樂的蝴蝶，也很高興，彷彿自己也年輕起來。

美子和他們談得很愉快，天行偶爾也插一兩句，他們知道天行的身分肅然起敬。

天行等他們走開，用中國話悄悄笑問美子：

「剛才妳怎麼那樣回答他們？」

「那有什麼不對？」她笑著反問他：「難道你要我說你只是我的情夫？」

「妳說得對？」天行既尷尬又高興地一笑。

「不管怎樣，我認為我已經是你的妻子，沒有人能改變我這種想法。」她坦率而又堅決地說。

她緊緊地握著她的手，深深地望著她，半天說不出話來。

他們一行回到旅社時，已是掌燈時分，吃過晚飯後就回房休息。

晚上湖上一片冷清，很靜很靜。天行突然想到廬山的蘆林深山寂寂，那年他和祖母、文珍、香君他們住在廬山時，也享受了這種寂靜。往事歷歷，當年文珍在廬山時心中就有隱憂，心情很不穩定，他沒有發覺，香君多次暗示他也沒有注意。現在事過境遷，人事全非，他卻在蘆之湖和美子兩人共度這寂靜的良宵，回首前塵，不禁百感交集，他心中更有一分隱憂，不知道他和美子的這分情感會是怎樣的結果？

美子發現他心神恍忽，不禁問他：

「你又在想些什麼！」

他毫不隱瞞地告訴她在廬山的那段往事，她卻同情而體貼地說。

「我倒希望我有機會陪你上廬去住一段時間。」

「但願老天成全。」他誠惶誠恐說。

他們在蘆之湖住了三天才回東京。加藤夫婦看見他們很高興，尤其是美子，彷佛變了一個人，她對天行的關切比以往更甚，儼然妻子一般。

加藤遲疑了很久，才從口袋裏取出一封電報，慢吞吞地對天行說：

「您家裏打了電報來。」

天行一聽到「電報」兩字便如雷擊頂，美子也大吃一驚，她知道如果沒有急事決不會打電報來。加藤看他們兩人這個樣子，慢慢把電報遞給天行，安慰他說：

「你也不必驚慌，沒有別的大事，只是你祖母病了。」

天行取出電文一看，只有「祖母病重速回」六個字，他看過以後美子就搶過去看，她看了一獃，又望望天行，天行一句話也講不出來，竟黯然落淚。

「我看你該回去看看？」加藤對天行說。

天行如夢方醒，就要進房去收拾東西，美子卻對他說：

「你也不必急在這一刻，這邊有些事情還得安排。」

「這邊的事就拜託妳了。」他對美子說。

「我當然會替你辦，不過我要送你。」美子說。

「沒有關係，」加藤對他們兩人說：「我會替天行辦，唐詩課由我來接，美子要送也可以，我代妳請假就是。」

他們兩人都很感激加藤。美子立刻幫助天行清理東西，只帶一口箱子和應用的東西，其他的一概不帶。他還有相當多的現金、存款，他只帶足了旅費，其餘的錢和那柄寶劍、古箏，都交給美子，他沈重地對她說：

「婆婆七十多了，我希望她的病能好，更希望能早些回來。」

「觀音菩薩保佑她，我想不會有什麼大礙？」美子說。

「如果我們的事兒有什麼意外，劍和箏妳就當作紀念，它們都是我的心愛之物。」

「見物如見人，我要好好地保存。劍我雖舞不動，箏我是會彈的。如果你不能回來，我會一直彈〈高山流水〉，我不會把它摔掉。如果我真的命薄如紙，一切我都認了。」她流著淚說。

兩人突然擁抱著哭了起來。

加藤夫婦看看搖頭歎息，悄悄走開。

天行心急如焚，他急著要去長崎搭船回國，美子要送他，他傷心地對她說：

「千里搭涼棚，終須一別，妳不要送了。」

他還記得文珍送她到前門車站時跳軌自殺的那一幕，要不是父親及時拉住，那已經造成終身憾事了，何況日本「心中」事件又比中國普遍，他最怕的就是這種悲劇，萬一船開時她跳海自殺，沒有人及時救她，而他又不會游泳，那她就死定了！他一想到這裏就不寒而慄。

「不管你回不回來，我一定要送，我要看著你離開。」她堅決地說。

他看她兩眼不可動搖的堅定眼神，忽然覺得她不但可愛而且可敬，他心裏彷彿籠罩上一層寒霜，她如果想自殺他是無力回天的。

「如果妳一定要送，妳也要先答應我一個要求？」他無可奈何地說。

「別說一個要求，十個要求我也答應。」她毫不考慮地回答。

「只要答應這一個就行。」

「你說好了。」

「我離開時妳可不能做傻事！」

她立刻明白他的意思，反而向他一笑說。

「我在小金井已經答應過你，我不會像那個長崎遊女連山一樣自殺。我不是弱者，我會承擔一切後果，永遠不會自殺。」

天行把她擁進懷裏，眼淚撲簌簌地掉下來，一滴滴地滴在她的臉上，她抬起頭來為他擦乾眼淚，反而寬慰他說：

「你不要擔心我，我倒怕你再受不起任何打擊？」

她這句話一下擊中他的要害，他真不知道他再承不承受得起任何重大的打擊？她看他不作聲，用力搖搖他說：

「你怎麼不說話？」

「妳給了我不少勇氣，以後要是再跌倒了，我還會爬起來。」

「那該讓我送你了？」

他點點頭，她在他臉上親了一下。又替他檢查了一下東西，在長崎說不一定要等好幾天？

他們一道來看加藤夫婦，向他們辭行，加藤看看美子，發現她已很正常，順便問了她一句：

「妳送不送他？」

「當然要送。」她說。

「我知道妳會送他。」加藤望著她說。

天行說了許多感激的話，加藤笑著對他說：

「你不必對我說這些話了。美子照顧你比我照顧你多，你們的情形我都知道。如果撇開中日兩國關係不說，我認為你們是天賜良緣。」

「但願我有這種造化。」天行說：「這次我回去一定要向家裏說個明白，希望我能再來，那時一定請老師主持婚禮。」

「我祝福你一路順風，也祝福你們早結連理。」

天行向他們夫婦拜別，他把天行扶了起來：

「千萬替我向令祖母請安，問候令尊、令堂和狀元夫人，你走得太急，我沒有準備什麼禮物，真過意不去。」

「老師對我的愛護教導，家祖母、家父母都會感激不盡，這比什麼禮物都重要，我更一生受益無窮。」天行說。

「我教了一輩子的書，只有美子是我最得意的學生，你和我也特別有緣。你們給了我不少安慰快樂，我得到的比你更多。」加藤說。

加藤夫人怕耽誤了天行的行程，暗示加藤不要說下去，加藤拍拍腦袋一笑說：

「人老了話就特別多，你們走吧，我不遠送了。」

天行提著箱子和美子一道出來，加藤夫婦送到大門口，黯然地望著他們兩人離去。

他們到達長崎後先打聽船期，要等五天才有船去上海，天行心急也沒有辦法，買好票後再住進一家唐人旅社候船。

天行上次經過長崎時，一下也沒有停留，這次有幾天時間，又住在中國人開的旅社，旅社的周老闆是浙江人，他的日本姓名是田中一郎。他告訴天行許多有關長崎與中國關係的掌故，這是他以前沒有看到聽到的。周老闆起先以為美子是長崎遊女，知道原委後對美子就特別客氣，對天行更是恭而敬之。

長崎有許多唐式建築，尤其是興福寺、福濟寺、崇福寺、聖福寺，都和中國寺院一模一樣，連住持都是唐僧，戒律很嚴，不是日本的花和尚。

美子要天行陪她去崇福寺燒香，本來她預備一回東京就要上寺院燒香的，想不到天行突然接到家裏的電報，便匆匆趕來長崎。

崇福寺的老和尚是江蘇人，看天行是中國人顯得特別親切。他說崇福寺的籤很靈，如果有什麼疑難，誠心禱告，會得到啟示。他替他們兩人上香、敲磬，他們兩人雙雙跪在佛前，默默祈禱。天行先抽了一枝竹籤，一看是第二十三籤，然後擲筊，一丟下去便成了一陰一陽，老和尚笑著說：「准了！」天行這枝籤就沒有再放進籤筒。美子接著抽了一枝第三十籤，她也擲了筊，全是陰，老和尚叫她再擲，再擲全是陽，她又抽了一枝籤，是第二十九籤，又擲了一筊，這次是一陰一陽，老和尚笑著說：「這次准了！」他隨即從印好的籤條中扯下天行的第二十三籤，籤上有四句詩：

天外吹皺水一池，忽傳人瑞命如絲；
風前燭影頻搖動，古樹春來再發枝。

天行看了連說：「妙！妙！」尤其是第二句，正是他耽心的事兒，一下就點破了！也更增加了他的隱憂。美子笑著問他：

「你問什麼？」

「婆婆的病情。」天行只說了一半。

「照最後一句『古樹春來又發枝』看來，沒有大礙，不久會好的。」美子高興地說。

老和尚又從籤條中扯下美子的第二十九籤，籤上的四句詩是：

卿問歸期未有期，關山迢遞水迷離；
芳心未解蒼天意，兩地相思佛笑癡。

美子看了花容陡變，臉色慘白，眼淚不自禁地流了下來。天行捐了香錢，連忙把美子拉了出來，走到山門外才悄悄問她。

「妳問的是什麼事兒？」

「我還有什麼事兒好問的？籤上不是說得很明白了？」她又哭了起來。

「籤上的詩是人寫的，未必可信？」天行拍拍她說。其實他心裏更有一種不吉的預感。

「看來你是真的不會回來了！我們註定了要兩地相思！」她哭著說。

「照我的籤看婆婆不是會好嗎？只要婆婆的病一好，我就馬上歸來。」他又安慰她。

「那我再去聖福寺求菩薩保佑你無災無難，早日平安回來。那邊的菩薩也許有求必應，也許更靈？」她擦擦眼淚，拉著天行往聖福寺走。天行心裏有點好笑，菩薩不都是一樣？那會分什麼彼此！大概是她不喜歡崇福寺的那枝第二十九籤吧？

到了聖福寺，她自己親手上香，在佛前長跪不起，口中喃喃低語，天行也聽不清楚她說些什麼？

新禱完畢，他磕了三個頭才起來，然後向捐獻箱裏塞了一捲紙票。

回旅社途中，路過一家寫真館，她拉天行進去拍照，天行也很樂意，因為他們一直沒有合照過，這次合照正好留個紀念。美子特別要寫真館老闆借給他們兩套結婚禮服，館裏有現成的，她挑選了她夢中的那種新娘新郎禮服，她先替天行穿上，自己再穿。老闆親自給他們照了坐立兩種姿勢的合照兩張，普通服裝照兩張。

照片洗好之後，她看了十分滿意，她笑著對天行說：

「結婚照和那次夢中的禮服完全一樣，但這不是夢，這是現實。」

天行也暗自高興，他心想如果家中不同意，他便可以拿出這張結婚照片為證，他們總不能不承認既成事實？

五天的時間轉眼就過去了，他們覺得時間過得實在太快。山中湖、蘆之湖、長崎，總共不到十天的日子，是他們永遠難以忘懷的。

她替天行收拾好行李之後，天行一提起箱子，她突然抱著天行哭了起來，她想起崇福寺的那枝籤，愈哭愈傷心，天行只好把箱子放下，坐在床上，她更倒在他懷裏泣不成聲，天行也心如刀割，流著眼淚說：

「妳這樣哭泣我就走不成了！」

她猛然抬起頭來，停止哭泣，兩手捧著他的下頷，兩眼盯著他說：

「那你讓我多看一眼？」

天行看她那麼癡迷，不覺淚下。她頻頻吻著他的淚水，又用手絹替他擦擦，然後擦乾自己的眼淚，裝出一副笑臉對他說：

「不要讓周老闆看了笑話，現在我們可以走了。」

天行在她額上吻了一下，再提起箱子，她裝作若無其事地陪著天行一道出來，向周老闆打了一個招呼，就邁出旅社。帳已經先付了。

船停在碼頭，天行買的是頭等艙，單人房間，她送天行到房間裏，東看看、西看看，天行問她：

「妳看什麼？」

「我看是不是缺少了什麼應用的東西？」

隨後她掀起床單，發現床舖底下有隻尿壺，她也提起來看看。天行皺皺眉說：

「不要提這個騷東西！」

她這才笑著放下。

她不再哭泣，反而裝出高興的樣子，一再叮嚀他保重身體。她怕他在船上吃不好，特別提醒他箱子裏有餅乾、蛋糕，這是她昨天晚上買的。她的細心使他十分感動，他自己就沒有想到要買什麼東西在船上吃。

「妳自己也要保重身體。」他對她說。

「我會保重，不過你回家後我要專心讀書，要把唐詩寫得和你表妹的一樣好。」

「我相信妳辦得到。」天行握著她柔軟如綿的手說。

「只是到現在我還有一點不明白?」

「那一點不明白?」

「籤上說:『芳心未解蒼天意,兩地相思佛笑癡。』我真不明白蒼天是什麼意思?難道蒼天是存心折磨人?故意要讓我們兩地相思,它好看笑話嗎?」

「我說了籤上的詩是人寫的,妳不過湊巧抽著罷了。」

「為什麼別的籤不讓我抽,單准這一籤呢?」

他心裏也正嘀咕,為什麼他也會抽中那一籤呢!他也不明白,但他不好講出來,只好對她說:

「現在不要狐疑,做菩薩的也不能專看人的笑話,妳說是不是?」

她聽了嫣然一笑說:

「我總覺得我們並沒有什麼不對,不管是人是神?都不應該破壞我們的婚姻?」

突然傳來「開船了!開船了!送客的人請上岸」的叫聲,她聽了一驚,隨即擁著他深深一吻,眼淚一顆顆地滴在他的臉上,然後低著頭跑出艙來,天行緊緊跟在她的背後,直送到船舷,她剛踏上碼頭,跳板就抽了上來。

船漸漸離開碼頭,她在碼頭上一面擦眼淚一面揮著手絹。天行也在揮手,他的心在陣陣撕痛,直到船出港口,他才看著她突然背轉身去,雙手蒙著臉哭泣……。

第四十四章 傷心又遇傷心事 癡情更念癡情人

天行這次離開長崎比上次離家飄洋過海的心情更加複雜難受。上次離家有許多親人送他，這次離開長崎卻只有一位紅粉知己美子送他。文珍的愛卻是青梅竹馬、血親，再加心許的純情的愛；而美子的愛卻是身心完全奉獻的完完整整的異國異性的愛。文珍想跳軌殉情，沒有成功；美子卻未跳海，決心承擔一切愛的後果。這和遊女連山不同，和一般日本良家婦女也不一樣。他還不明白她對自己為什麼這樣傾心？付出這麼大的代價？是她把他當做漢唐的化身？是前世的緣還是孽？他內心對她抗拒了那麼久，山中湖的那幾句話：「你就是顧慮太多，你已經錯過了兩次機會，難道還想錯過第三次？」使他一下子完全崩潰。他不是太上，不是聖人，只是個血肉之軀。他十分耽心血肉之軀所造成的後果。她背轉身去雙手蒙臉孤伶伶地在碼頭上哭泣的情景使他心碎，他不知道她一個人回東京是怎樣的落寞？傷心？如果他家裏不同意他們兩人的婚姻，她又怎樣向自己的家人交代？近鄉情怯，他一想起祖母臨別時交代他的話：「聽說東洋女人溫柔體貼，百依百順，你可別忘記東洋人對我們沒安好心，掉進陷阱。日後你的親事還是回來決定好，我希望能夠親眼看見你成親。」就不禁連打幾個寒噤。

由於船上的顛簸難受，一到上海他就改乘火車到南京。對這個十里洋場紅塵萬丈的上海他也無心逗留，但他已經感覺到上海的不安定氣氛，他連夜擠上火車，離開上海。火車經過這草長鶯飛的人間天堂江南，他也無心欣賞窗外的風景和車廂內的嬌滴滴的江南美人。

車到南京他忽然想到福王弘光來。這位「深居宮中、漁幼女、飲火酒」，重用奸相馬士英的明朝末代帝王，而使朱舜水有志難伸，抱著一腔孤憤流亡日本，宏揚漢學，形成了重實用的水戶儒學，啟發了明治維新思想，反而使日本西化，排斥漢學，欺凌中國。這種楚材晉用的結果，是朱舜水所未想到，而後代中國人卻不得不接受這一惡果。

他從下關到浦口的渡船上，望著明孝陵所在的紫金山和城外的玄武湖，俯視滾滾的長江，不禁感慨萬千。

車過濟南，他又想到那年遇著洋教士和二毛子欺侮店小二威嚇地方官的故事；車到天津又想到義和團挖鐵路和電線桿兒的故事，車到前門車站他不禁熱淚盈眶，近鄉情更怯，他幾乎不敢下車。

他不知道什麼日子能夠到家？所以事先沒有通知家裏。當他坐著東洋車到家門口時，高管家一面接過他的箱子，一面問候。卜天鵬及時趕了出來，兩人見面都說不出話來。天行突想起祖母的病，連忙向他們探聽病情。高管家說：

「二少爺，您走後老夫人天天想念您，真的想出病來。」

「婆婆現在怎樣了？」天行急著問。

「現在沒有大礙，說不定她老人家一看見您病就好了？」

天行撂下他們兩人，先跑到母親那邊，龍太太已經迎了出來，天行向母親一跪，龍太太的眼淚就流了下來，龍太太拉著他說：

「快去看看婆婆，婆婆想你想得好苦！」

天行一站起來就往後面跑，在第四進的走廊上卻和從後面匆匆趕來的蝶仙碰個正著，幸好天行及時剎住腳步，不然蝶仙會被他撞得人仰馬翻。即使這樣，蝶仙還是花容失色，雙手撫著胸口說：

「哎唷我的二少爺！您終於回來了！老夫人做夢也想著您呢！」

「對不起，蝶仙姐，恕我莽撞！」

天行一面說，一面快步急走，趕到老太太房裏，梅影正扶著老太太慢慢坐起來，天行叫了一聲「婆婆」，就搗蒜般地在她面前跪下，伏在她的膝蓋上抬不起頭來。

老太太也高興得老淚直流，摸著他的頭說：

「孩子，你終於回來了！抬起頭來，讓婆婆看看你！」

天行抬起頭來，看婆婆更消瘦了，頭髮幾乎全白。他記得離家時她的頭髮白的不多，三年不見，怎麼白得這樣快？他一時悲從衷來，流著淚說：

「婆婆，請恕孫兒不孝！」

「孩子，回來了就好了，起來，起來！」老太太攙著他說：「看見你我覺得我的病一下子就好了許多。」

天行站了起來，老太太和梅影都上下打量他，蝶仙和龍太太也趕了進來，老太太憐愛地說：

「孩子，你瘦多了！」

「老夫人，在家千日好，出外一時難。」梅影說：「二少爺在日本，那有在家裏安逸？」

天行想把在日本的情形告訴祖母，但覺得祖母年紀很大，身體很虛弱，怕萬一刺激了她反而不好，話到口邊又縮了回來，蝶仙打量了他一眼說：

「二少爺走路疾如風，剛才我差點兒被他一陣風撞到。」

「剛才我是急著來看婆婆，險些得罪了蝶仙姐。」天行說。

「她一聽說二少爺回來，就急驚風似的跑了出去，撞倒了活該！」梅影笑說。

「不止我想念你，」老太太望著天行說：「全家上上下下沒有人不想念你。」

「婆婆，這真罪過，我怎麼值得大家這麼掛念？」天行左右看看不見香君，心裏空空蕩蕩，有一種說不出來的落寞。

香君的事兒大家都不便提，龍太太瞭解兒子的心理，她索性向他直說：

「天行，娘不得不告訴你一件事兒，希望你看開一點。」

「娘，您不說我也知道。」天行望著母親說。

「你知道什麼？」龍太太故意問他。

「香君嫁了一個白癡是不是？」天行說著幾乎流下淚來。

龍太太一愣，大家都不敢作聲。隨後龍太太鎮定起來，望著兒子說：

「是不是雲姑告訴你的？」

「香君自己的信上也說了。」

「她寫了信給你？」龍太太又問。

「不錯，」天行點點頭：「是託雲姑轉的。」

「香君這孩子倒是怪伶俐的，」龍太太說：「可惜她命運不濟，偏偏遇上了那麼個老子，我們也沒有辦法。」

「娘，她老子無非是為了錢，那筆錢我們家裏還拿得出來，怎麼能讓她嫁給一個白癡？」

「不單是錢的問題，當初我們也不知道男的是個白癡。」龍太太說。

「不是錢的問題還有什麼問題？」天行問。

「孩子，當初我是有意讓她給文珍陪房的。」老太太說：「想不到文珍出了岔兒，她老子又不願意她給你作小，我們明知道她不願意出嫁，但她是烏爾固爾的女兒，當初並沒有賣斷，所以我們也沒有辦法留她。」

「其實烏爾固爾是貪圖男方的家財。」蝶仙說。

「一個是想仗洋人的勢，一個是想貪白癡的財，都把自己的女兒當籌碼，這成什麼世界？」

天行憤憤地說。

他一直默默忍受，從來沒有說過這樣的重話，梅影、蝶仙知道他受了不少委屈，不敢作聲。

老太太心裏憐愛他，精神又不好，也沒有講話，龍太太是母親，向來不婆婆媽媽，她對兒子說：

「你的話是沒有錯，不過我們倒沒有虧待香君。烏爾固爾借的錢婆婆沒有要他還，要他給香君陪嫁。另外我們還做了四季的衣服，打了一對金鐲子送她，這都是看在她服侍你一場的分上。」

「娘，這些對香君都沒有什麼意義，她不是一個貪財好貨的女人。」

「娘知道，這也是盡我們的一片心。」

「你回房休息好了，不要再為這些事兒煩心。」老太太對他說：「香君嫁了，我要蝶仙照顧你，你該可以放心了。」

「婆婆，我這麼大的人了，不再需要別人照顧。蝶仙姐還是侍候您好。」

「我有梅影、璧人兩人侍候足夠。」老太太說：「要是你哥哥回來，我還要把璧人還給他。」

「對了，你有沒有哥哥的消息？」龍太太問他。

天行搖搖頭，老太太歎口氣說：

「天放這孩子就像斷了線兒的風箏一樣，真教人擔心！」

「你哥哥是不是也在幹那不要腦袋的事兒？」龍太太問。

「他只說去做生意，我也不知道他幹什麼事兒？」天行含糊地說。

「他做什麼生意？」老太太流著眼淚說：「他那種性子，那是個做生意的人？我真後悔當初讓他去唸士官，我情願讓他在家裏吃一輩子的閒飯，也免得我提心吊膽！」

「娘，您也不必過分擔心，一根草、一滴露，吉凶禍福全看他自己的造化。」龍太太說。

「妳倒比我想得開？」老太太向媳婦苦笑：「我是愈老愈放不下心，我希望子子孫孫都在我身邊，我也不知道我還能活幾天？」

老太太終於流下淚來，大家都很感傷。天行安慰她說：

「婆婆，您一生積德行善，您會長命百歲。」

「我倒不想活成個老妖精，只是我還有個心願未了……」老太太望著他欲言又止，同時咳嗽起來。

龍太太連忙和梅影她們扶著老太太躺下，要她休息，不要再講話，同時對天行說：

「婆婆累了，你也去休息一下。」

天行覺得祖母現在真是風前燭、瓦上霜了！但願崇福寺那枝籤最後一句「古樹春來再發枝」會應驗。

蝶仙帶他去原來的房裏休息，她已經替他收拾得乾乾淨淨，和他離家時一模一樣。他一走進自己的房間，自然想起香君，只是景物依舊，人事全非，他不禁落下淚來。

蝶仙看他這樣也很同情，不能不安慰他：

「二少爺，你也不要難過，自己的身體要緊，我看你比離家時瘦了好多。」

「蝶仙姐，人非木石，孰能無情？香君對我那麼好，妳說我怎麼能不難過？何況她嫁的是個白癡？」

「二少爺，也只怪她福薄，不能侍候您一輩子。」

「我並沒有那麼自私，一定要她侍候我一輩子，如果她能嫁個通氣兒的好丈夫，我也高興，偏偏為了錢要她嫁個白癡，這豈不是佛頭上著糞？」

「二少爺，我們女人都是黃連命。」蝶仙也黯然地說：「看了小姐和香君的婚姻，我和梅影姐也傷透了心，決心這一輩子也不嫁人。」

天行聽了一征，望著她不知道怎麼說好？像蝶仙這麼漂亮風趣，灑脫的人，居然不想出嫁？他看著她又自然想起美子，美子和她的長相，身裁真有些相似，只是美子的書讀得更多，服飾不同，性格有些差異而已，蝶仙看他發獃，不禁笑問：

「二少爺，你怎麼不講話，望著我發獃？」

天行搖搖頭，定定神，自言自語：

「沒有想到！真沒有想到！」

「二少爺，你沒有想到的事兒恐怕還多著呢！」

「還有什麼沒有想到的事兒？」天行連忙問。

「您好好地休息幾天，以後您自然會知道。」

「妳先告訴我，妳和梅影姐是真的決定不嫁人嗎？」

「當然是真的！」蝶仙用力點頭。

「這怎麼成！」

「怎麼不成？」蝶仙反問他：「我和梅影姐是老夫人從小買斷的，和家裏沒有瓜葛，他們不會管我們的事，我們可以自主。」

「婆婆也不願意耽誤妳們的青春。」

「老夫人在一日，我們就侍候她一日，老夫人歸天以後，我們自有打算。」

「文珍、香君已經不幸了，妳們兩位又何必自苦？」天行望著她苦笑。

「因為她們不幸，所以我們才不想走她們的路。」

「各人的際遇不同，妳們就是嫁人也未必會和她們一樣？」

「二少爺，俗話說：『不是冤家不聚頭。』好不了的。」蝶仙淡然一笑：「我們在府上過慣了這種生活，嫁了人還會有這麼稱心如意？我們又何必自找苦吃？」

「妳的話也有道理，不過這總不是辦法。」天行搖搖頭。

「二少爺，難道我們女人就非嫁人不可？」蝶仙望著他說：「素蘭姐嫁了人又如何？她現在還不是在紫竹菴念阿彌陀佛？」

天行被她問得啞口無言。他想起應素蘭也是如花似玉的美人，連她師父月印也是個美人，月印還是大家閨秀。還有古美雲更是聰明絕頂的美人，做了許狀元幾年的如夫人，就成了小寡婦，而且淪落風塵，現在以金谷園營生，她手下的鶯鶯燕燕，又沒有一個人不是美人胎子。這究竟是怎麼回事兒？難道真是天妒紅顏？他瞿然而起，說了一聲：「我要去看看雲姑！」就往外走，蝶仙在他後面叫：

「二少爺，你還沒有吃飯呢！連茶都沒有喝一口！」

他一陣風似的走了，蝶仙站在他的房門口直搖頭。

天行來到金谷園，小賣兒首先發現他，一面向他問好，一面向裏面傳話，金谷園裏鶯聲燕語，絲竹之音不絕於耳，一來到此地，便不知人間還有愁苦。他還沒有走到古美雲的香閨，掛在簷下籠中的一隻白鸚鵡就向裏面尖聲尖氣地傳話：

「客人來了！客人來了！」

天行一怔，不禁止步。看著這隻羽毛雪亮的大鸚鵡，牠不停地向他點頭，他以前在這兒住了三天，似乎沒見過這隻鸚鵡？不知古美雲是什麼時候從什麼地方謀來的？

裏面聽見鸚鵡的叫聲，首先出來的是小玉姑娘，她已經長得亭亭玉立，又是個絕色美人！她一看是天行，立即眉開眼笑，兩隻雪白的玉手向右邊腰眼兒一拖，拂了兩下，同時向裏面說：

「大娘，二爺！龍二少爺來了！」

金大娘聞聲而出，笑臉相迎。古美雲跟蹤而至，她看見天行又驚又喜。天行看她一身珠光寶氣，風姿綽約，還是當年模樣，紅顏未改，十分高興地叫了一聲「雲姑」。古美雲滿臉堆笑，伸手拉著他，望著他臉上說：

說。

「你怎麼瘦了？」

「大概是一路來沒有吃好睡好的關係。」他漫聲應著。

「乾娘看見你回來，我想她的病會好一大半了？」她把他帶到書房，扶著他在書桌前坐下

「雲姑，婆婆到底是什麼病？」

「連大夫也說不出個所以然來，」她淡然一笑：「人老了嘛！不論是受了一點風寒，或是心裏不寬暢，都容易生病。我看乾娘多半是想念你們的兩兄弟想起病來的。」

「我看婆婆頭髮全白了，身體是大不如前。」

「伍子胥過昭關一夜都急白了頭髮，乾娘想你們兩兄弟想了三年，頭髮怎麼不白？」

「真是罪過？我在日本不知不覺就過了三年，」

「難道你不想家？」

「傷心之地，我真不敢回來！」

「前一陣子，乾娘確實相當危險，所以你爹打個電報催你回來。要是再不回來，恐怕她支持不下去了？」

「本來『父母在不遠遊』，何況祖母還在？雲姑，您知道我也是迫不得已才遠涉重洋的。」

天行說著不禁眼圈一紅。

「這何須說？尤其是文珍生了一個兒子、乾娘嘴裏不說，心裏更難過，病也加重了許多，你

爹娘也是啞子吃黃連，苦在心裏。」

「雲姑，香君為什麼也落得這樣的下場？不是我私心，我實在為她不平。」

「這教我怎麼說好？」她向他苦笑：「只能說她福薄命苦！你情劫重重吧？」

天行默默無語，淚水點點滴了下來。

小玉端了果盒、蓋盌茶來。古美雲問他吃過飯沒有？他才說：

「雲姑，我在家裏茶都沒有喝一口就趕了過來。」

古美雲連忙吩咐小玉通知廚房趕快送飯菜過來，又拿了一疊雲片糕要他先充飢，他說不餓。

「人又不是鐵打的，怎麼會不餓？」她愛憐地白了他一眼：「你看你瘦了這麼多！」

廚房很快送了飯菜過來，小玉問在什麼地方吃？古美雲吩咐放在客廳裏，又對小玉說：

「我陪二少爺吃。」

小玉把菜擺好，把飯添好，再請他們出來吃。

天行出來一看，雖然只有五菜一湯，可是香味四溢，筷子、湯匙都是銀的，盌是景德鎮的金邊細瓷。日本人的飲食餐具真不可同日而語。

「日本的飲食你習不習慣？」古美雲問：

「船到橋頭自然直，不習慣也得吃。」他說。

「加藤先生怎樣？」

「他很好，對我愛護備至，這又是託您的福。」

「當年他在北京，您祖父可也待他如上賓。」

「他倒是一位不忘本的日本人。」

「現在東交民巷的日本人氣燄更盛，完全不把我們中國人放在眼裏。」

「日本國內也是一樣。」

「對了，你哥哥到底怎樣？他在那兒？」

「我也不知道。」

「為了他的事，乾娘一直怪我。」

「雲姑，這怎麼能怪您？」

「乾娘年紀大了，你哥哥又杳如黃鶴，她不怪我怪誰？」古美雲不禁失笑。

「哥哥不和家裏通信是有道理的。」

「他是不是在玩命兒？」她輕輕地問。

天行點點頭。

「難怪乾娘耽心，也難怪她會怪我。」

飯菜雖好，天行卻食而不知其味。古美雲剛吃過不久，完全是陪他。兩人草草吃過之後，又回到書房，天行一坐下就對古美雲說：

「雲姑，我在日本，爹寫信給我從來不提文珍和香君，要不是您在信中告訴我一些消息，這次又附了香君的信，我不但不知道文珍生了孩子，也不知道香君嫁了個白癡。但我覺得爹還有些事兒瞞著我？」

古美雲望望他，試探地問：

「你回家有沒有見到你爹？」

「爹不在家，娘和婆婆也沒有說什麼，倒是蝶仙姐話中好像有話？」

「她說什麼沒有？」

「我沒有細問，就跑來看您。」

「你爹不提文珍香君的事兒自然有他的道理。」

「什麼道理？」

「他知道你和他們兩人的感情太深，他怕你分心，所以他一字不提。而且乾娘也不要我提文珍的事兒，他們心裏還憋著一口氣。」

「不止這些，一定還有什麼事兒瞞著我。」

「既然你回來了，我說出來也無妨。」古美雲望著他說：「不過這件事兒不論你同不同意？你可得先沈住氣。」

「雲姑，什麼事兒？您快說！」他霍然而起，衝到古美雲面前說。

「你看，我還沒有說出來，你就沈不住氣？」她向他笑笑，又扶著他坐下。

天行感到事情不尋常，又繼續追問，古美雲才淡淡地說：

「家裏給你訂了親。」

天行跳了起來，大聲地說：

「這麼大的事情怎麼不給我知道？不問我同不同意？」

「你看，你怎麼變得這麼毛躁？」古美雲笑著按他坐下：「以前你不是這個樣子的？」

「雲姑，您不知道我心裏有多難過？我簡直快瘋了！」他跺著腳說，眼淚都快掉了下來。「請您快告訴我，究竟是怎麼回事兒？不然我馬上回日本！」

古美雲看他急得要發瘋的樣子，也大吃一驚，但她到底久經世故，心裏已經明白七、八分，要他先喝口茶鎮靜一下，隨後才對他說：

「你要體諒你爹的苦心，他這樣做也是不得已的，不是他獨斷專行。」

「雲姑，您直截了當說好了，我實在受不了！」他又急躁起來。

「事情是這樣的，」古美雲慢吞吞地說：「江西巡撫周而福周大人，和你家也是世交，去年他調到京裏任兵部侍郎，攜眷上任，就常來你家走動，乾娘看周小姐生得也很標緻，人又老實，心裏很喜歡，周巡撫夫婦十年前見過妳，又知道你中過舉人，就想結這門親，乾娘也認為門當戶對就答應下來。」

「怎麼不先讓我知道？」他氣得滿臉通紅。

「這有兩個原因。」

「兩個什麼原因！」

「一來是乾娘生了病，二來是怕你不合意，賴在日本不回來。」

「爹怎麼不先問問我在日本有沒有合適的對象？」

「你從來不提這件事兒，家裏一直認為你沒有對象，怎麼問你？」她不禁好笑：「難道你有了合適的對象不成？」

「雲姑，我不但有了合適的對象，而且我們已經結了婚。」

古美雲也霍地站了起來，瞪著他說：

「你這孩子！這麼大的事情，你怎麼也不給家裏知道？」

「我怕祖母不同意，我想趁這次回家當面說明，希望祖母諒解。」

「好，你們祖孫父子都是一樣的心理，那誰也不能怪誰。」古美雲笑著說。

「雲姑，這真是陰錯陽差！現在我真不知道如何是好？」

「你說說看，到底是怎麼回事兒？」

天行原原本本地告訴她，她沈吟了一會才說：

「川端美子的確是一位癡心的好日本姑娘，可是你們並沒有正式結婚，還沒有夫妻的名分。」

「只要家裏同意，我會回日本補行婚禮。」

「恐怕不可能了！」古美雲歎口氣說。

「雲姑，怎麼不可能？」他突然抓住古美雲的兩肩，搖著她說。

古美雲被他搖得花容失色，暈頭轉向，過了半天，慢慢吁了一口氣，撫著胸口向他苦笑：

「你把我當誰？我怎麼經得起你這麼搖晃？」

「雲姑，恕我鹵莽！」他突然向她一跪，淚流滿面地說：「我真快瘋了！」

她也淚如泉湧，雙手把他扶了起來，輕言細語地對他說：

「乾娘年紀大了，現在又病懨懨的，你爹正希望你回來成親，給乾娘沖沖喜。這件事兒你千萬不可鹵莽，要是頂撞了他老人家，說不定一口氣兒就接不上來。她還有一口氣兒在，就是希望能親眼看見你成親，你明不明白？」

「雲姑，那我怎麼辦？美子又怎麼辦？」他淚流滿面地說。

「我知道你最苦！」她拍拍他說：「但是乾娘疼你一輩子，這又是她唯一的希望，何況你去日本時，她又向你講了那一番禁忌話兒，你應該記得？」

「雲姑，祖母的話我時刻記在心上，我一直不敢接受美子的情感。但是她待我太好，像香君一樣的侍候我，像文珍一樣的愛我，又不計任何犧牲，我不是太上，我是血肉之軀，我於心何忍？」

「美子這樣的姑娘確實難得，對你來說是大幸也是大不幸！我看她的事兒只好和你爹從長計議，周小姐的事兒倒是迫在眉睫。」

他突然想起他和美子拍的那兩張照片，從皮匣子內取了出來，遞給古美雲說：

「雲姑，這是我和美子在長崎照的，給爹看了是不是可以做個擋箭牌？」

古美雲一看就連連稱讚，又連聲歎息：

「真是我見猶愛，我見猶憐！可惜恐怕你爹提都不敢向乾娘一提！」

「雲姑，爹為什麼不敢提？」

「怎麼你急糊塗了！」古美雲向他笑道：「你爹是個孝子，在這個節骨眼兒上，他討乾娘的歡心都來不及，還敢把犯忌的事兒向她提起？那不是要她的老命？你爹敢擔個不孝的罪名，遺憾終身？」

天行倒抽一口冷氣，眼淚直往肚裏流。過了很久才說：

「雲姑，您說，又這樣半路殺出個程咬金，使我措手不及，我怎麼對得起美子？」

「你有沒有對美子許下什麼諾言？」

「我雖然沒有許下諾言，但加藤老師知道我們的事情，她又是個黃花大閨女，我會終身良心不安。」

「我會和你爹寫信向加藤解釋。」古美雲說：「這不是你負心，你是身不由己，逼不得已。」

「雲姑，周家的婚事能不能退？」

「萬萬不能！」古美雲連連搖頭：「乾娘和你爹是一言既出，駟馬難追，何況又有你姑爹退婚的事兒在先，他們怎麼會再做這種混帳事兒？讓周小姐像你一樣變成受害人？」

「雲姑，這跟我和文珍的情形大不相同。」天行大聲說：「我和周小姐面都沒有見過，毫無感情可言，她能受什麼傷害？」

「你這就錯了。」古美雲向他笑笑：「周家也是仕宦之家，周小姐也是千金小姐，你們家要是一退婚，他們怎麼做人？周小姐還要不要出嫁？」

「雲姑，這豈不是把我逼進死胡同了？」天行兩手一攤，萬分無奈，隨後又牙一咬，腳一頓：「早知如此，我就會橫著心和哥哥一樣不回家來！」

古美雲望著他苦笑，又愛又憐地說：

「你說是這麼說，我知道你和天放不一樣，你橫不下心來。」

天行像隻洩了氣的皮球，低著頭落淚。古美雲走到他身邊，輕柔地拍拍他說：

「雲姑最瞭解你的心情，知道你最痛苦，但國事、家事、不幸的事兒你都遇上了，你又不願揹個忤逆不孝的罪名，不顧祖母的死活，龍家的名聲，只求自己快樂逍遙，我說得對不對？」

天行猛然抬起頭來，望著古美雲熱淚縱橫地說：

「生我者父母，知我者雲姑！雲姑，您替我想想看？我怎麼對得起美子？」

「美子的事兒由我和你爹從長計議，會對她有個交代，你不必過分耽心。」

「還有，文珍、香君、美子，在我心裏根深柢固，我心裏再也容不下別人，何況我對周小姐一無所知，要是牛頭不對馬嘴，那我這一輩子不是無期徒刑？」

古美雲聽了一笑，又拍拍他說：

「你別說得這麼可怕，人非木石，相處久了自然會有感情。」

「雲姑，她要是一枝不通氣的旱菸桿兒，我又有什麼辦法？」

古美雲也不清楚周素真的氣質、性格，只聽說人很標緻，她正不知道如何回答是好？龍從雲卻和金大娘說著笑著走了進來。

龍從雲本來不大來金谷園，他回家時聽說兒子回來了心裏十分高興，他左等右等卻不見天行回家，他怕兒子又住在金谷園，傳到周家的耳朵裏就不大好聽，所以趕了過來。

父子相見本來是很歡樂的事情，可是他猛然一見兒子不但瘦了許多，臉上也罩著一層愁雲。不禁心頭一凜。天行雖然叫了一聲爹，強作歡笑起立相迎，但他覺得很不自然。古美雲招呼他坐下，小玉端過茶來，古美雲才慢慢打開僵局，向他娓娓敘述天行在日本的情形，對他和川端美子的關係，說得更加詳細得體。

龍從雲聽完之後對兒子說：

「你和美子的事兒我不怪你；你和周小姐的婚事我想雲姑已經和你講過，這有種種原因，有的你已身受，我不必再說，有的我就不得不對你說個明白，美雲，妳說是不是？」

「我已經向天行提過，二哥您再說一遍那就更好。」古美雲說。

龍從雲又向兒子說：

「一來是你哥哥到現在還杳無消息，婆婆耽心得很；二來你也老大不小了，文珍兒子都生了，你也早該成家，這是婆婆朝夕掛在心上的事兒，你去日本時她就對你說過，她要看著你成親；三來周家是世交，門當戶對，不會在你姑爹面前丟人。所以婆婆和我才替你訂下這門親，現在婆婆正在病中，你回來正好成親，替婆婆沖沖喜。你做孫子的也該盡這分孝心。」

天行一言不發，龍從雲又接著說下去：

「至於美子小姐我不會虧待她的，但你們不可能成親。婆婆認為日本人包藏禍心，現在東交民巷的日本兵更不可一世，我們遲早會吃大虧，我也不希望我們龍家捲進更大的糾紛。」

「美子和加藤先生一樣，對我們中國人都很好。」天行說。

「那沒有什麼用的，他們只是少數。」龍從雲說。

「你爹說了他不會虧待美子的，這你就可以放心了。」古美雲對天行說：「我會和二哥好好商議，讓你和美子小姐都能安心。」

「雲姑，我一輩子也不能安心。」天行說。

「你也不必這麼自苦，」古美雲向他笑道：「好在日本風俗和我們不大相同，日本男女關係比較隨便，美子小姐的條件那麼好，還怕不能嫁人？」

「我也知道你心裏很不好受，」龍從雲又對兒子說：「但是你遇上了這個時代，遇上了這許多尷尬事兒，婆婆對你又是愛比海深，現在為了婆婆的健康，你在她面前可不能發一句怨言，我看你就委屈一下吧！」

第四十五章　流淚眼對流淚眼　斷腸人看斷腸人

天行回家以後，除了在祖母面前強作歡笑之外，總是悶悶不樂，尤其是他一個人在自己的房間裏，更是不吭一聲，沒有一絲笑容，龍太太知道兒子心裏不痛快，曾暗中囑咐蝶仙小心照顧。一連兩天蝶仙只是小心侍候他，既不問他在日本的情形，也不提周素真的事兒，到了第三天她實在忍不住，故意逗他說：

「三少爺，您這樣不開心，是不是嫌我笨手笨腳？」

他聽了過意不去，連忙向她陪個笑臉說：

「蝶仙姐，妳說這話兒真愧煞我了！妳侍候老太太那麼多年，老太太沒有半點兒不如意，我叨老太太的光，豈敢人在福中不知福？我憑什麼嫌妳？」

「我知道我沒有香君伶俐，做起事來恐怕很難如您的意？才惹您這樣不開心。」

「蝶仙姐，我們這個屋裏要論伶俐聰明，誰也比不上妳，請妳千萬不要多心，我心裏實在有一本苦經，恐怕這一輩子也唸不完，不止這幾天。」

「二少爺，您要想開一些，千萬別悶壞了身體。」

天行不作聲，這幾天他正想念美子想得很苦，他曾經好幾次動筆寫信想告訴她家裏決定了他的婚姻大事的消息，但心中一直不忍，覺得這太殘酷，因此往往寫了一半又撕掉，最後決定還是讓古美雲和父親先寫信告訴加藤，加藤自然會轉告她，這比他直接寫信告訴她要好一些。可是他心裏一直不得平靜，連夜都夢見她，她還是對他一往情深，那麼純真、坦率，而又堅定，小金井雨中賞櫻、山中湖、蘆之湖，長崎的種種情景，如在目前，揮也揮不去，摔也摔不掉，這和他初到日本時想念文珍、香君的情形不同，對她們兩人的想念是古典的、純情的，對美子的想念既是情人又是夫妻的一種刻骨相思。

蝶仙看他黯然無語，又笑著湊近他說：

「二少爺，您生我的氣了？怎麼不理我？」

「蝶仙姐，我倒想問妳一句話兒，」他也望著她說：「那一位到底是何等人物？」

「二少爺，您怎麼和我打起啞謎來了？」蝶仙故意笑著逗他：「您說的是那一位呀？」

「婆婆看中的就要過門的那一位呀！」

「哦，您說的是未來的二少奶奶呀！」蝶仙望著他笑笑，兩眼翻了幾翻說：「若論長相嘛，確實不在表小姐和香君之下。」

「我不是要一隻花瓶，我要的是這個……」他指指自己的腦袋說。

蝶仙看看他的樣子又好笑，隨後雲淡風輕地說：

「二少爺，她腦袋瓜兒裏面裝些什麼我怎麼知道？」

「她是不是笨頭笨腦，妳該看得出來？」

「二少爺，老天爺生人可不一樣，一樣的五穀吃出百樣的人，您這教我怎麼講？」她向他苦笑。

「她比文珍、香君如何？」他望著她說。

「二少爺，這怎麼能比？」她向他一笑：「普天之下，您只有一個表妹文珍，一個丫頭香君，再也沒有第二位了，怎麼能比？」

「當然能比！」他固執地說：「是聰明？是笨？通不通氣兒？一眼就可以看出來。」

「二少爺，既然一眼看得出來，老爺要您去看看，您怎麼不去呢？」

「既然不能打退堂鼓，我又何必去？那不是多此一舉嗎？」

「二少爺，我只奉勸您一句話兒……」

「什麼話兒？」

「您千萬不要拿您那位少奶奶和表小姐香君兩人相比。」

「為什麼？」

「像表小姐那樣清純、文靜、蕙質蘭心，像香君那樣聰明伶俐、善解人意的，我還沒有看見第二位。」

「這樣說來，那她顯然是個俗物了？」

「哎呀我的二少爺，我可沒有這麼說呀！」蝶仙笑著叫了起來。「我就是吃了熊心豹子膽，我也不敢胡說八道呀！」

「她還沒有過門，妳就怕了起來？」

「不是我怕她，她既不是母夜叉，也不像您說的那麼不堪哪。」

「我看也好不了多少，表面像一朵花兒，肚子裏一包草的女人可多的是！」

「二少爺，您可不能一竹篙打倒一船人哪？」

「那妳怎麼不說真話，讓我亂猜？」

「二少爺，不是我不說真話，我也只見過一面，訂了親以後她就沒有再來，您想想看：只見一次面怎麼看得準？不過我可以告訴您，她不是表小姐和香君那一類的人。」

「那自然就是一個俗物了？」他肯定地說。

「二少爺，我不懂什麼雅？什麼俗？」蝶仙向他笑道：「如果您說表小姐、香君是雅，那我也只好承認你那位少奶奶是俗了。」

蝶仙剛說完這幾句話，前面就傳說：「姑奶奶表小姐來了！」蝶仙一聽到前面傳話，連忙跑出去迎接。原來龍從容自母親生病以後，就三天兩頭來看望老太太，文珍生產已經滿月，所以她也和母親一道來。蝶仙悄悄告訴她們說天行已經回家，她們都喜出望外，匆匆趕到天行這邊來，天行已經站在門口迎接。文珍先說了一聲：「表哥，您好？」眼淚就掉了下來。他看文珍已經胖了不少，顯得豐潤多了，完全像個少婦，比少女時更加漂亮，他真是又喜又悲。她們母女兩人看他瘦了許多，都十分詫異。

「我以為你在日本可以散散心，比在北京好，想不到你反而瘦了！」龍從容上下打量他一眼說。

「姑，這真是一言難盡。」他一臉苦笑。

「家裏給你訂了親，你知不知道？」龍從容又問。

「回家以後我才知道。」

「姑奶奶，老爺正忙著辦喜事呢！」蝶仙插嘴。

文珍坐在一邊默默流淚，天行苦笑說：

「姑，我現在是個傀儡人兒，一切聽爹安排。」

文珍望了他一眼，又低頭流淚。龍從容對他說：

「婆婆現在正病著，不論好歹，您也只好忍耐忍耐。」

「姑，我一隻手還能扭轉乾坤來？」他向龍從容苦笑：「縱然是一杯毒藥，我也得喝下去。」

文珍聽他這麼說，突然雙手蒙臉哭了起來。

「不要再難過，走，我們去看看外婆。」龍從容牽著女兒的手說。

天行和蝶仙跟著一道過去。

老太太歪在床上坐著。她看文珍和天行跟著女兒一道過來，觸景生情，也不禁黯然落淚。她問了文珍產後一些情形，龍從容代她回答了。

「娘，您現在是不是好一點兒？」龍從容問。

「天行回來以後，我覺得已經好多了。」老太太說。

「娘，您就是一心掛著兩個孫子，才惹出這場病來。」

「九江老家的孫兒我顧不得了，天放、天行一直跟在我身邊，我帶親了，除非我兩眼一閉，兩腳一伸，不然我就是放不下心來。」

「娘，您也真想不開。」龍從容笑道。

「人往高處走，水向低處流，這是天性。妳和天行未必能體會我這種心情？」老太太望望女兒和孫兒說。

「娘，天行知道您生病了，馬上趕了回來，這還不算孝順？還不算體會您的心情？」龍從容說。

老太太高興地一笑，望望天行說：

「我沒有看走眼，他是很好。可惜天放那孩子就像出了籠的鳥兒，不論我怎麼盼望？連一個字兒也不捎回來。」

「婆婆，哥哥也有不得已的苦衷？」天行說。

「他有什麼苦衷？」老太太反問。

天行不敢直說，老太太歎口氣說：

「我看一來他是隻花腳貓兒，二來說不定他還怪我偏心呢？」

老太太話音剛落，古美雲就在房門口笑著說：

「乾娘，您是有點兒偏心。」

她話音未落，人就走了進來，手中提了一籃蘋果，在老太太面前一晃，再向大家打了一個招呼。

她一來氣氛就輕鬆愉快多了。老太太也笑著罵她：

「就只有妳敢揭我的短兒，惹我生氣。」

「老祖宗，您現在該樂了？容姐、文珍、天行都在您身邊，我也來湊上一腳，您該可以不藥而癒了？」

「我是好了不少，說不定天行成親的那天，我真可以起來看著他拜天地祖先呢。」老太太愉快地說。

「日子定了沒有？」古美雲問。

「他老子說下月初十是個好黃道吉日，就定在那一天。」

古美雲望望天行，天行如泥塑木雕一般，毫無反應。

她拉著天行出來，悄悄告訴他說已經寫信給加藤，詳細說明原因，請他安慰美子小姐，不會虧待她的。

「不知道爹寫信了沒有?」天行關心地問。

「你沒有問他?」

「我不方便問。」

「照理應該寫了,我那天就提醒過他。」古美雲沈吟地說,隨後又問他:「你有沒有寫信給美子小姐?」

「我寫了幾次都半途而廢,我實在難以啟齒,我也怕她受不起這個打擊?」

「我先催催你爹,過幾天你再寫。」

「爹正在忙著辦這邊的囍事,我怕他把那邊的美子忘了?」

「不會的,你爹不是這樣的人。」古美雲搖搖頭說:「乾娘知不知道美子小姐的事?」

天行搖搖頭。

「文珍知不知道?」

「她剛來,也沒有讓她知道的必要。」

「其實她的一顆心還在你身上。」古美雲向他一笑。

「我回來只是徒然增加彼此的痛苦,毫無益處。」

「也不能說沒有益處,乾娘可得到不少安慰。」

「等婆婆病好了以後,我還是想到日本去。」

「恐怕不容易了。」古美雲笑著搖搖頭。

老太太叫他們過去，他們只好過去，老太太故意問古美雲：

「妳有什麼事兒要瞞著我和天行說？」

「乾娘，我和天行好久不見，自然也有些悄悄話兒要和他說啦！」古美雲笑著回答。

「以後我只許妳到我這兒來，可不許他到妳那兒去。」老太太說。

「乾娘，我那兒又沒有刺，不會傷著他，您怎麼不讓他去？」古美雲笑問。

「他就要成親了，妳那兒有許多狐狸精，我怕她們會將他迷住。」老太太笑著說。

大家都笑了起來。天行走後老太太很少說笑話，她這一說笑大家都跟著開心。古美雲更逗著她說：

「乾娘，您放心，我那兒的狐狸精只迷冤大頭，可不迷自己人。」

「這可說不定？」老太太笑說：「俗話說：『鬼迷熟人。』」

大家又笑了起來。古美雲笑著把天行文珍使開，然後又笑著對老太太說：

「乾娘，您疼天行也不是這樣疼法！您真是聰明一世，糊塗一時。」

「我又沒有發燒，怎麼糊塗起來了？」

「乾娘，您想想看，他們表兄妹好久不見，您老讓他們挺在您面前，也不讓他們談談心，豈非糊塗了？」

「還是妳這個猴兒精，」老太太點頭笑道：「我真沒有想到這一層。」

「乾娘，天行受了好多委屈，他對您可真是一片孝心。」

「這我知道，」老太太高興地點點頭。「他真是我的好孫子。」

「乾娘，周小姐我可沒有見過，不知道她能不能使天行稱心？」

「這倒難說？」老太太沈吟了一下說：「若論模樣兒，倒也不輸文珍、香君；若論靈性兒，恐怕不如她們？」

「天行和別的男人不同。」古美雲說：「他最看重的就是那點靈性兒。」

「天下那有那麼多有靈性兒的姑娘？有周小姐那分模樣兒也就不可多得了。」老太太說。

「如果您不急著給他成親，讓他自己挑選，那就不難了。」

「他一去日本就是三年，這一次我差點兒就見不到他了，那有時間讓他精挑細選？」

「乾娘，他成親以後，您還讓不讓他到日本去？」古美雲試探地問。

「現在天放連個影兒都見不到，我還能讓他再跑掉？」老太太望著她說：「等天行成親以後，我再找妳算帳。」

大家都笑了起來，古美雲眉眼兒一皺說：

「乾娘，幸好您現在就說了這句話兒，明兒我就開小差，看您找誰算帳？」

大家鬨笑起來，老太太指著她直笑，笑得說不出話來，半天才喘過一口氣兒說：

「為了怕妳也跑掉，我現在就要梅影、蝶仙把妳綁起來。」

「乾娘，她們兩位早就被我買通了，不會綁我的。」

梅影、蝶仙笑得花枝震顫，伸不直腰來，老太太和龍從容也笑得喘不過氣兒，古美雲卻自己望著大家好笑，坐到床沿，輕輕拂著老太太的胸口，又拍拍她的背說：

「乾娘，您這麼一笑，一身的病也給您笑跑了。」

「天行回來以後，我覺得真好了不少，」老太太笑說：「現在妳這麼一攪和，我看我想死也死不了了。」

這一陣子大家確實很開心。蝶仙趁著老太太母女和古美雲閒話家常時溜到天行這邊來，文珍看她過來，便問老太太怎樣？蝶仙把剛才的情形告訴她，她也不禁莞爾一笑。

「雲姑真是婆婆的開心果兒。」天行也笑著說。

「二少爺，雲姑奶奶還暗中為你說了不少好話兒。」

「我現在已經逼進了死胡同，說再多的好話也是枉然。」天行說。

香君也來探望老太太的病，這是她婚後第一次來探病，她聽見天行在房裏說話，連忙跑了過來，一看果然是天行，又有文珍、蝶仙在座，她驚喜得眼淚直流，一面擦眼淚一面問天行：

「少爺，您是那天回來的？」

「前天，」天行站起來回答，同時仔細打量香君，看她一身新娘打扮，辮子盤上了後腦，梳成少婦髮型，和文珍一樣。身穿紅襖紅裙，人也長高了一些，完全像個大人。

「少爺，您怎麼瘦了？」香君也打量他說。

「香君，妳想我怎麼胖得起來？」天行反問她一句。

「少爺，不是我埋怨您，」香君眼圈兒一紅說：「早知如此，您真不該去日本的！」

「我現在也很後悔，但是已經遲了。」天行說。「妳出嫁以後，生活還好吧？」

「少爺，您接到我的信沒有？」香君問。

天行點點頭。香君反問他。

「少爺，您說說看？我怎麼好得起來？」

「妳現在是少奶奶了，應該好些。」

「少爺，別人說這話兒我不怪他，你說這話兒好教我傷心！」香君哭了起來。

「對不起，我也是黃連樹下彈琴，妳怎麼認真？」

「少爺，我們都是流淚眼對流淚眼，斷腸人看斷腸人，您還有心情尋我開心？」

文珍聽了香君的話也暗暗流淚。蝶仙看了他們三人一眼，打趣地說：

「香君，妳和二少爺剛見面，應該高興才是，怎麼妳兩隻眼睛倒先掛起泡泡兒來了？」

「蝶仙姐，人家可沒有妳這個快樂逍遙神仙命！」香君艾怨地說。

「香君，我那是神仙命？」蝶仙笑著回答：「我已經對二少爺說過，看了你們走的腳印兒，我可不會再踏上一步。以後我要及時行樂，我不會一把眼淚一把鼻涕過日子。」

「我和小姐都是身不由己，我做夢也沒有想到我會嫁個白癡？」香君流著淚說。

「香君，妳丈夫真的是個白癡嗎？」天行急著問。

「他見了人只會楞頭楞腦，嘻嘻傻笑，少爺，您說這是不是白癡？」香君擦擦眼淚說。

「當初妳怎麼不反對呢？」天行說。

「少爺，您說這話兒就有些好笑了！」香君白了他一眼：「當初我爹先收了人家的重聘，我又沒有見過人影兒，知道他是橫鼻子直眼睛的？直到拜了堂，生米已經煮成熟飯，我怎麼反對？連小姐都反對不了，何況我？少爺，現在輪到您了，您又如何？」

天行被她說得臉上紅一陣、白一陣，啞口無言。香君又抹抹眼淚說：

「不是我生得賤，現在已經事過境遷，我才敢在您面前斗膽說句心裏的話！我情願給少爺作小，也不甘心嫁這麼個大傻瓜！」

「其實我早知道妳有這個心意，不是現在。」蝶仙笑著對香君說：「可惜我們這位二少爺一誤再誤。」

「蝶仙姐，妳怎麼也說這種話兒？」天行奇怪地望著蝶仙。

「怎麼？難道還有別人說過這種話兒？」蝶仙笑著打量他。

文珍、香君也睜大眼睛打量他。

他想到那夜在山中湖就是因為美子說的這種話兒才使自己的防線完全崩潰，現在又造成另一個悲劇，他真不知道怎樣才好？他覺得冥冥中彷彿有一隻怪手專門在戲弄他。

「蝶仙姐，我彷彿鬼摸了頭，老是顛三倒四，陰錯陽差！看來還是哥哥無牽無掛好。」

文珍香君順便問起天放，他直搖頭。香君又問他看過未來的二少奶奶沒有？他也連連搖頭。

「我是傀儡人兒，我正要上演傀儡戲，到時候妳們來看吧？」他向文珍、香君自嘲地說。

文珍、香君心中也不是滋味，這和當年老太太暗示他們三人結成連理的情形完全相反。楊通的一著子，攪亂了滿盤棋，造成了連環悲劇，文珍不禁感慨地說：

「說來說去都該怪我爹！」

「小姐，姑老爺不但害了您，也害了……」香君望望天行，臉一紅，及時改口：「我該去看老夫人了。」

隨即腰一扭，走了出去。

他們三人也跟著她一道過來。老太太看香君來了更高興。香君在榻前向她磕頭，老太太連忙吩咐梅影把香君扶起來，慈祥地對香君說：

「妳現在是新人了，回來是客，以後不必這麼多禮。」

老太太同時吩咐廚房多準備幾樣菜招待香君。

老太太也知道她丈夫的情形，所以不問她婚後生活過得怎樣？只囑咐她常來。

古美雲看見香君就想起她寫給天行的那封信，對她又愛又憐。看看天行、文珍一道過來，她又想起美子和天行的合照，這三位如花似玉，蕙質蘭心的紅顏知己，他卻一個也不能得到，對天行就更加同情了。

廚房裏通知開飯，蝶仙連忙過來照顧，梅影、璧人留在房裏服侍老太太。

天行很久沒有和這些親人同桌吃飯，香君以往是站在旁邊服侍大家，現在大家卻要她同桌，又推她坐首席，她無論如何不敢。

「照理說我應該侍候兩位姑奶奶和少爺、小姐，現在能賞我一個座兒我就夠光彩了！我怎敢忘本？」她坐在旁邊的位子上不肯移動。

「現在妳是新娘子，新人為大，該我來侍候妳了。」蝶仙說。

「蝶仙姐，您別折煞我了！一切我自己來。」香君說。

天行看著滿桌子的菜，色香味俱佳，想起日本飲食那麼簡單，他覺得有些浪費，但不好說出來。龍從容問起他在日本的生活情形，除了美子以外，他大致說了出來。她們對於睡覺不用床鋪，又沒有房門，吃飯坐在塌塌米上，覺得有些好笑。等天行一說出日本男女在露天溫泉同浴的事兒，蝶仙就驚叫起來：

「他們怎麼這樣不知羞恥？」

「風俗習慣不同，不能一概而論。」天行說。

「打死我也不敢下去洗什麼溫泉的。」蝶仙紅著臉說。

文珍、香君雖然已經成親，也滿臉羞紅。

天行也告訴她們很多相同的事，和兩國的歷史文化關係的密切情形。

飯後，她們休息了一會兒，便紛紛回去。古美雲笑著對天行說：

「心裏發悶時就到金谷園去，乾娘要罵也只會罵我，我的臉皮厚，不在乎，你可千萬別悶出病來。」

「雲姑奶奶想得可真周到，也真有擔當。」蝶仙說。

她把蝶仙拉到一邊，悄悄對蝶仙說：

「有些話兒現在我還不便對妳說，天行有一肚子的苦水，又不能吐。香君嫁了，不能再侍候他，一切就拜托妳了。」

「您放心，我會將就著他。」蝶仙也悄悄回答。

龍從容和文珍最尷尬，她們又不能請天行到她們家去，反而不知道怎麼說好？龍從容躊躇了一會才說：

「你成親的日子我和文珍一定會來。」

「姑，您們如果有什麼不便，也不必勉強。」天行說。「反正在我來說，這並不是什麼喜事兒。」

文珍聽了眼圈兒一紅，龍從容拍拍他說：

「我知道你心裏的苦處，不過在這個節骨眼兒上，你要盡量讓婆婆高興。」

「姑，您知道的沒有雲姑清楚，爹和雲姑已經向我交代過，我有眼淚也只會往肚裏流，不會讓婆婆不開心。」

「天行，這真難為你了！」龍從容也眼圈兒一紅，和文珍黯然離開。

香君最後向他告辭，他不禁一怔說：

「妳也要走？」

蝶仙連忙提醒他說：

「二少爺，香君已經出嫁了。」

他重新打量香君一眼，看她的裝束和以前完全不同，才恍然大悟，拍拍自己的腦袋說：

「我真該死！我怎麼會這樣糊塗？」

「少爺，我也想侍候你一輩子，可是身不由己，我不能不回去。」香君紅著兩眼說。

「妳是該回去的，我不能自私。」他向香君苦笑。

「少爺，以後我會常來看您。」

「方便嗎？」他問。

「我心如日月，有什麼不便的？」香君坦然一笑。

「香君，古人說：『得一知己，死而無憾。』我瞭解妳，妳也瞭解我，這就夠了，人生夫復何求？」

「少爺，承您看得起，沒有把我當丫頭，我就感激您一輩子。如果真有來生的話，我會再侍候您的。」說著她就身子一扭，低頭碎步跑開。

天行望著她急速而去，癡癡獃獃。蝶仙用手在他眼前一晃，輕盈淺笑地對他說：

「二少爺，回房休息吧！」

他搖搖腦袋，貶貶眼睛，笑問蝶仙：

「蝶仙姐，難道這就是人生？」

「二少爺，我沒有您這麼大的學問，我不懂什麼叫做人生？」蝶仙搖頭一笑，故意裝糊塗。

他怔怔地望著蝶仙，他知道她是他家裏最聰明伶俐的人，怎麼現在忽然糊塗起來？真有些好笑。

蝶仙看他怔怔地望著她，故意逗他：

「二少爺，您不認識我了？」

「我覺得一切都變了！」他悵然地說：「文珍胖了，香君高了，妳也和以前不大一樣。」

「我那一點兒不一樣？」她指著自己的鼻尖笑著反問他。

「我也說不上來。」他茫然一笑。

「我就是燒成了灰，還是老樣。」蝶仙一面說一面把他推回房間：「我看您耗了元神，該休息休息了！」

天行回到房間，仍然心神恍惚，若有所失。他忽然想起川端美子，覺得應該寫封信給她，既然古美雲已經寫信告訴加藤，大概父親也已寫過？他就不必再費更多的筆墨了。他只寫了兩句話告訴她：

「崇福寺的籤很靈，我心已碎。」

他把信封好以後，就交給蝶仙：

「蝶仙姐，拜託妳給我發了。」

蝶仙一看收信人是川端美子，不禁一驚，輕輕笑問：

「二少爺，您這封信是不是寫給一位日本小姐的？」

他點點頭。

「二少爺，這到底是怎麼回事兒？真把我搞糊塗了！」

「蝶仙姐，妳是真糊塗還是假糊塗？」他笑著反問。

「二少爺，我是真糊塗！我真不明白這到底是怎麼回事兒？」蝶仙急著說。

「那我告訴妳好了！」天行冷靜地說：「川端美子是我的日本妻子。」

蝶仙震驚得倒退兩步，過了一會才說：

「二少爺，您別和我開玩笑了！」

「蝶仙姐，我幾時和妳開過玩笑？」他隨即從皮篋裏取出和美子合照的那兩張照片來交給她說：「妳看看，是假是真？」

蝶仙看了照片更驚得目瞪口呆，隨後又連忙還給他說：

「現在千萬不能讓老夫人知道。」

「真想不到！妳和爹、雲姑三人一樣的說法。」

「二少爺，您說給我聽聽，到底是怎麼回事兒？」

天行便一五一十地告訴她。她聽完後深深地歎口氣說：

「這不但苦了美子小姐，更苦了您！」

「蝶仙姐，不知道我的苦有沒有個盡頭？」

第四十六章　是緣是孽誰能解　似幻似真夜夢多

直到拜堂揭開紅綢頭蓋時，天行才見到周素真的廬山真面目：瓜子臉，一對大而微突的眼睛，原來她是天生的深度近視。鼻子生得很端正，山根直挺，準頭圓潤，《麻衣》、《柳莊》都說女人生有這樣的鼻子，準會嫁個傑出的丈夫，鼻為夫星也。嘴唇也稜角分明，不大不小。皮膚相當白嫩，不在兩位伴娘梅影、蝶仙之下。美中不足的是左眉高，右眉低；額頭窄小一些，顯得不夠開朗、聰明。和梅影相比，缺少那股清秀脫俗之氣；和蝶仙相比，更缺少那種黑白分明，善解人意，清可鑑人的眼神；和美子相比，缺少那股瀟灑、溫柔而又堅毅的精神；和文珍相比，缺少那分智慧、文靜；和香君相比，缺少那分伶俐、活潑、聰明。個兒比蝶仙、梅影都矮，更沒有美子那麼亭亭玉立，玉樹臨風之姿。她唯一強過她們這些人的就是那隻鼻子。

天行看看她心裏有一種說不出來的味道，他不斷地在心裏問自己：

「我的新娘子怎麼會是她？」

老夫人十分高興地坐在廳堂中間接受他們兩位新人的磕頭。龍從雲夫婦坐在老夫人的兩邊，看著欠子完成終身大事。

客人很多，酒席擺滿了五進房屋。龍家在北京的親朋好友故舊都來了，只有楊通、楊仁父子未到，因為龍從雲未發請帖。龍從容、文珍母女是得到口頭通知，而且受到暗示不讓他們父子兩人進門。

婚禮十分熱鬧，喜氣洋洋，天行也強作歡笑，內心卻痛苦不安，因為在拜堂前不久高管家收到美子的一封信，順便交給了蝶仙，蝶仙又悄悄塞給他，他匆匆看了信封一眼連忙塞進內衣口袋，不知信上寫些什麼？

新房設在原來文珍、香君住的那個房間，佈置得喜氣洋洋，天行原來的房間還是做他的書房。梅影、蝶仙一直陪著新娘子，文珍、香君也在新房裏陪伴。她們兩人是同樣的心情，她們心裏都在想：這個房間本來是她們住的，新娘子卻不是她們，她們反而成了客人，世事真是難料的很！

客人散去之後，天行乘隙溜進自己的房間，關起門來看美子的信：

天行夫君：

令尊與狀元夫人致加藤老師的信我都看過。你的信我也收到，雖然只有兩句話，但我已十分瞭解。

我抽到崇福寺的那枝籤時就知道不是吉兆，你雖然安慰我是巧合，但我一直不能安心。那天送你上船之後，我獨自回來時一路哭到東京。看到你們的信之後，我自然十分悲傷，但心情反而平靜多了，我只好認命。我不怨天尤人，因為一切都是我心甘情願的。

我知道你不是一位負心的人，不然我也不會這麼癡心。我早知道陳仁舍和連山的故事，雖然事已至此，我還是不會步連山的後塵，請你千萬放心。

你留下的錢和令尊寄來的錢都會用盡，但你留下的古箏書劍將會伴我終生。還有你的辮子——當初我要你的辮子不是沒有用心。你保存了你表妹的秀髮，我也會保存你的辮子。婚姻歸婚姻，愛情歸愛情；沒有愛情的婚姻是不幸，沒有婚姻的愛情更純真。古人謂：「人生得一知己，死而無憾。」我們相處三年，足夠我回憶一輩子，你知道我們日本人喜愛櫻花，櫻花開的時間雖短，但開的十分燦爛。我們從山中湖到長崎那幾天的生活亦復如是，但我們的愛情卻像你們的國花梅花，經得起雪和霜。我們國粹派的格言是：「花以櫻花為美，人以武士為高。」我現在要套用一下：「花以櫻花為美，愛以純真為高。」

本來我想作一首詩寄你，可惜我沒有你表妹的高才，一時不能成篇，下次也許會寄來。

儘管「關山迢遞水迷離，兩地相思佛笑癡」。我還是會想念你，永遠想念你，直到老死。

祝福你

美子於東京

看完了這封信以後，他癡猷了半天。他想：眞是桃花潭水深千尺，不及美子愛我情。

突然他聽見啄木鳥般的敲門聲，他連忙把信夾進書裏，走過來開門。一看是蝶仙，他稍稍放心，蝶仙悄悄地對他說：

「二少爺，您該到新房去了。」

「我想留在這個房間。」

「那怎麼成？」她眉眼一皺，向他一笑，左頰露出一個酒窩。他突然覺得她笑得很像美子。她又接著說：「老夫人會生氣的。」

他一聽說老夫人會生氣，立刻清醒過來，輕輕歎口氣，走了過去。

他看文珍、香君也在新房裏，他突然想起這原來是她們兩人的房間。文珍、香君一看見他進來就起身告辭，他對她們兩人說：

「妳們何必走？這本來是妳們的房間。」

「二少爺，您怎麼說傻話？」蝶仙向他一笑：「今天是什麼日子？」

梅影也抿著嘴笑。

文珍、香君黯然離開，梅影起身告辭。蝶仙不便再侍候天行，她退後幾步，笑著對天行說：

「二少爺，祝您早生貴子。」

然後把房門悄悄帶上，和梅影一道來到文珍、香君的客房。今天她們兩人都不回去，文珍的兒子有奶娘帶，她不必餵奶。

「今天老夫人很高興，她總算親眼看見二少爺成親了。」梅影說。

「二少爺心裏可真難受。」蝶仙說。

「那當然，」梅影接嘴。「他剛才就說那是表小姐和香君的房間，教她們不必出來。」

「二少爺要不是一時情急說溜了嘴，就是多喝了兩杯？」蝶仙說。

「酒醉心下明，」梅影說：「何況二少爺並沒有醉，他說的是心裏的話。」

「其實二少爺傷心的還不止此。」蝶仙說。

「難道還有別的事兒？」梅影說。

「現在他已經圓房，我說給妳們聽聽也無妨。」蝶仙說：「不過最好還是放在心裏，不要傳出去。」

「是什麼機密事兒？」梅影問。文珍、香君也望著蝶仙。

「妳們想想看，二少爺在日本三年，難道真沒有日本小姐愛他嗎？」

「可是他寫信時從來沒有提過？」梅影說。

「那是因為他離家時老夫人有言在先，所以他不敢提。」蝶仙說。

「難道他真的有了日本女朋友？」梅影問。

「不但有，而且實際上已經是夫妻。」

「妳怎麼知道？」梅影問，文珍、香君也兩眼盯著蝶仙。

「是二少爺私自告訴我的。」蝶仙說，隨即把天行的話轉述一遍，又加上一句：「我還看了他們兩人的照片。」

「照妳這樣說來，二少爺是在接到雲姑奶奶和香君的信後，知道小姐生了孩子，香君許了別人，他才和那位癡心的日本小姐私自成親的？」梅影說。

「不錯，事情就是這樣。」

「那位日本小姐長得怎樣？」梅影又問。

「我們都趕不上她。」

「我說啦，不然二少爺怎麼會屈就？」

「其實，二少爺不單是以貌取人，聽說那位日本小姐還是學漢學的大學生，是加藤先生的高足。」

「這就難怪了！」梅影說。

「恰巧今天二少爺拜堂前，高管家交給我一封信，我一看正是日本小姐寄來的，我悄悄交給二少爺，他也悄悄塞進口袋，不知道她信裏寫些什麼？」

「照這樣看來，今天二少爺這個洞房花燭夜，可是兩樣的心情了！」梅影說。

「我冷眼旁觀，這位二少奶奶，恐怕不容易稱二少爺的心啦！」蝶仙說。

文珍、香君一直沒有作聲，香君這時忽然感慨地說：

「少爺大概是前世打散了好鴛鴦吧？不然今生今世他怎麼會一波三折，受這種刻骨銘心的痛苦呢？」

「但願這位表嫂能夠使他稱心如意，不然又會是一個悲劇。」文珍說。

「如果不是你們兩位之間半路殺出個程咬金來，也就不會發生這許多枝節了。」梅影望著文珍說。

「蝶仙姐，我和香君現在的身分不同，有許多不便，以後二少爺的事兒，只好偏勞妳了。」文珍說。

「這我知道。」蝶仙點點頭：「幸好二少爺還不嫌我笨頭笨腦，他有什麼心事，大概也不會瞞我？不過今兒晚上我可幫不上忙，只好讓他和新娘子嘀咕了。」

蝶仙說得大家一笑，梅影笑著罵她：

「我們這許多人，就只妳一個人貧嘴！」

「本來嘛，二少爺已經夠苦了，如果我們也跟著愁眉苦臉，那日子多不好過？」蝶仙笑著說：「我一想起二少爺和新娘子從未見面，不知道他們兩人怎麼開口？心裏就好笑。」

「這有什麼好笑的？」梅影說：「從前的人不都是這麼圓房的，還不是照樣生孩子？」

蝶仙笑了起來，文珍、香君卻紅著臉不作聲。梅影看她們兩人紅了臉，有點兒後悔剛才說的話，便拉著蝶仙說：

「我們走吧，讓小姐和香君好好休息一下。」

蝶仙知趣，隨著梅影告辭出來。

他們兩人走後，香君對文珍說：

「小姐，我現在才明白，少爺在日本怎麼瘦了那麼多？」

「說來說去，他比我們兩人還要痛苦。」文珍說。

文珍結婚後，她們兩人一直沒有在一塊兒住過，心裏有不少的私話兒要相互傾吐，兩人你一句，我一句，談個沒完，一會兒歎氣，一會兒流淚，一會兒又不禁嗤的一笑，她們始終不明白老天爺為什麼這樣作弄人？香君忽然感慨地說：

「人還是不要長大的好，我真想回到以前侍候妳和二少爺的那段日子！」

「我看那只有等到來生了！」文珍歎口氣說。

「小姐，人是不是真有來生？」香君問。

「照佛家說法人有六道輪迴，那就是有來生了。」文珍說。

「縱然人有輪迴，可是我們誰也不知道自己的前生是什麼？」

「就是這一點難解？要是知道那就好了！」

「所以這樣的輪迴也就沒有什麼意思了！我們到現在還不知道和二少爺是緣還是孽？是他欠我們的？還是我們欠他的？」

「還有那位日本小姐和這位二表嫂，我們真不知道是誰欠誰的？」

「照我看來，二少爺才是我們最大的債戶，他欠了我們不少的眼淚。」香君淚光閃閃地說，又不禁嗤的一笑。

「我這筆債他是還不清的。」文珍哀傷地說。

「還有那位日本小姐的債他也還不清。」香君說。

「人家未必像我這樣愛哭！」文珍抹抹眼淚說。

香君聽了她的話想笑，看她那楚楚可憐的樣子又不敢笑。

她們直談到雞叫三遍才迷迷糊糊地睡著。文珍一睡著就做了一個夢。

她夢見周素真和天行吵架，周素真哭哭啼啼地說：

「原來你還沒有忘記你表妹？那你為什麼要娶我？」

「我一輩子也不會忘記她！不是我要娶妳，是我婆婆和我爹逼我娶妳。這是雙方家長的事兒，妳可不能怨我。」

「我不怨你怨誰？」

「妳怨我我又怨誰？」

「你怨你姑爹。」

「妳怎麼知道是他搗的鬼？」

「牆有縫，壁有耳，已經傳了幾年，誰不知道？」

「妳既然知道，就不該答應嫁我。」

「不是我要嫁你，是我爹的主意。」

「那妳怨妳爹好了！」

「我爹也不知道你去了日本還忘不了你表妹。」

「這是個死結兒，妳休想把它解開。」

周素真委屈地哭了起來，文珍一驚而醒。

文珍一聽原來是睡在她旁邊的香君在夢中哭泣。她沒有把香君搖醒，香君又哭又說夢話：

「白癡，你這個氣死人的白癡！我前世作了孽，欠了你的……」

香君說了又哭，咿咿唔唔不停。哭了一會兒又說：

「好一個不明白的少爺！既沒有體會小姐當時的心情，也不瞭解我的苦心，小姐嫁了彼得之後你又負氣遠走日本，去了日本又不回來，害得我有口難言，好夢成空，還落個這樣的下場，我真死也不甘心……。」

她說了又哭，終於哭醒。

文珍輕輕問她：

「妳做夢了？」

香君抹抹眼淚，嗯了一聲，又反問她一句：

「妳沒有睡著？」

「剛才我被妳哭醒了。」

「我做了一個夢，似幻似真。」

「我聽見妳說夢話。」

「難道真是日有所思，夜有所夢？」

「大概是吧？我也做了一個夢。」

「妳夢見什麼？」

「我夢見他們兩人吵架。」

「怎麼吵起架來？」

「因我而起。」

「小姐，但願這只是個夢。」

「我也不希望他們因我而吵架，不然我很尷尬。」

「就是嘛！雖然我們和少爺缺少夫妻緣分，但我們的感情並沒有改變，何況這兒每一個人，每一樣東西我們都有感情，能夠常常來往才好。」

「我看這位二表嫂倒也是個沒有什麼心機的人，大概不會多心？」

「這樣的人才好相處，尤其是我這種身分。」

天快亮了，他們發覺有人從窗口走過，從後面向前面走，是男人的腳步，後面除了天行外，沒有別的男人，因此香君說：

「該不是少爺吧？」

「怎麼會起得這麼早？」文珍說。

「少爺有早起練拳的習慣。」

「今天可不同呀！」

「或許他更不好意思貪睡呢？」

「妳說的倒也有理。」

從窗前走過的正是天行，他想到前廳參加練拳。他幾乎和卜天鵬同時到達大廳，卜天鵬也奇怪地問：

「今天你怎麼也起得這麼早？」

「我很久沒有練拳，恐怕荒疏了！」天行說。

「也不在乎今天。」卜天鵬笑道：「你在日本是不是時常練？」

「加藤老師的房子小，院子也小，練的時候不多。」

「你的劍怎麼沒有帶回來？」

「送給日本朋友了。」

「劍是你的心愛之物，那一定是很好的朋友了？」

他點點頭。其他的人都已來到，看到他連忙問好，也有些奇怪，但不便說出來。

他跟著大家同時練，他覺得身手沒有從前靈活，別人都有進步，他反而退步了。他覺得練武更如逆水行舟，不進則退。

練劍時他取用天放的劍，這柄劍和他留給美子的那柄劍是同時鑄造的，重量、式樣完全相同，只是劍柄上各刻一個「放」字「行」字。他一拿起這柄劍自然想起哥哥，卜天鵬也問他怎麼一直沒有天放的消息？他搖搖頭說自己也不知道，但他知道天放一定在南方做推翻滿清，建立民國的工作，但他不敢講。

練完拳劍他又回到後面來，從文珍、香君窗口經過時香君叫住他：

「少爺怎麼起這麼早？」

「這是我的習慣。」

「今天可不同呀！」

「沒有什麼兩樣。」他搖搖頭說：「妳們睡得好吧？」

「夜長夢多。」文珍回答，同時打量他一眼，看他是不是吵了架。

他也望望她，沒有作聲，香君提醒他說：

「少爺，您和少奶奶該向老夫人請安了。」

他點點頭，默默離去。

蝶仙已經在服侍新娘子梳粧，看他進房連忙對他說：

「二少爺，我這就去替您打洗臉水來。」她替周素真插好了金簪，就趕到廚房去。

周素真看看他沒有作聲，她還很羞怯，她看他在換衣服，也不知道幫他一下。

蝶仙打好洗臉水來，服侍他漱洗好了，就陪著他們兩人先到前面來向龍從雲夫婦請安，經過文珍、香君房間時他們在門口問了一聲好，文珍說了一聲：「二表嫂好。」香君說了一聲：「二少奶奶好。」也陪著他們一道去請安。

龍從雲夫婦看他們來請安，自然很高興，龍太太留心打量了兒子、媳婦一眼，發現兒子沒有一點兒新郎官的興奮表情，顯得出奇的平靜、冷漠；媳婦臉上也沒有一絲兒笑意。龍太太心裏納悶，但不便問。他們兩夫婦又陪著兒子媳婦一道去向老太太請安。

老太太昨天打起精神在禮堂接受孫兒、孫媳的叩拜，也許真是人逢喜事精神爽，孫兒、孫媳結婚沖喜真有作用？今天一大早她就到佛堂來拜了觀音大士，坐在佛堂裏休息，佛堂裏香煙繚繞，充滿了檀香味和肅穆氣氛。

她看見孫兒、孫媳來到，後面又跟著兒子、媳婦、外孫女兒和蝶仙、香君等一群人，便笑臉相迎。她吩咐天行親自上香，要他們新婚夫婦先拜觀音後拜她，天行照著吩咐行事，新娘子由蝶仙攙著一同跪拜。

老太太比任何人都高興，她終於親眼看到天行成親，但她一看到文珍站在母親身邊，不是站在天行身邊，高興之中也不免有些戚然。她隨即吩咐開飯，並且特別對孫媳婦說明：

「昨天吃的都是油膩的東西，今天早晨陪我吃頓素，清清腸胃，也積點兒陰德。」

新娘子只是唯唯諾諾，沒有講什麼話。她和文珍、香君、蝶仙、梅影這些人站在一起，外表並不遜色，但應對進退方面卻差多了，不像一個大家閨秀，倒像一個小家璧玉。

早餐雖是素菜，卻比平時更豐富，盤盤碟碟擺滿了一張大八仙桌。老太太問新娘子口味對不對？她只說：「很好。」問她在家中的生活情形？她也只回答三言兩語。她一直在江西老家和祖母同居，很少住在父親的官邸，去年才隨父親進京，顯然沒有見過多少世面。

早餐後香君、文珍和她母親都先後告辭回去，龍從容臨走時悄悄對天行說：

「本來姑姑應當請你們過去，好好招待你們一番，現在只好免了，我想你不會見怪？」

「姑，不必多此一舉，我心領就是。」天行回答。

文珍不知道說什麼好？她看了他們兩夫妻一眼，隨後輕輕地說了一句：「我會常來看你們。」就和母親一道離開。

新娘子回門時，周而福在八國飯店請了幾十桌回門酒，請客的大廳正是文珍和彼得結婚的地方。客人都是達官貴人、富商巨賈。他替天行介紹了不少當今顯要和商場中有頭有臉的人物。有些是天行本就認識的，有些卻是初見面。

客人向周而福夫婦和新郎、新娘敬酒時，楊通突然出現，天行不禁一怔，楊通卻若無其事。他先舉杯向周而福說：

「周大人，恭喜您做了岳老爺，我敬您一杯。」

楊通先乾杯，周而福隨意喝了一口。楊通又向天行和新娘敬酒，他厚著臉皮對天行說：

「天行，真是士別三日，刮目相看，祝你學成歸來，新婚如意，姑爹先敬你一杯。」

天行一看見他心裏就氣。他不知道是周而福請他來的還是他自己高攀的？他故意別過頭去和別人說話，裝作沒有看見聽見。周而福提醒他說：

「天行，你姑爹向你敬酒。」

天行哦了一聲，隨便虛晃了一下。楊通乾杯，連臉都不紅一下，又自己斟了一杯酒向新娘舉起杯子說：

「周大小姐，在下楊通，敬您一杯。」

周素真反應不快，她的杯子還沒有舉起來，楊通就仰著脖子一飲而盡，還連說：「多謝賞臉！」

周而福的回門酒場面比楊通為彼得、文珍舉行婚禮的場面更大，達官貴人更多，風光十足。散席之後，天行悄悄問周而福：

「岳父，我姑爹是您請來的還是他自己送上門來的？」

「是我請來的。」周而福笑著點點頭。

「像我姑爹這種人，其實不值得請。」

「你錯了！」周而福莫測高深地一笑：「我就是要請他這種人。」

「為什麼？」

「我知道你嘔了他一肚子氣。」

「您怎麼知道？」天行十分驚訝。

「牆有縫，壁有耳，別人都知道，我怎麼不知道？」周而福向他笑笑。

「那就更不應該請他了？」

「就是因為這樣，我才非請他不可。」

「要是他不來呢？那您不失了面子？」

「他不敢不來，」他摸摸上唇鬍髭一笑：「因為我正在臺子上，他巴結都來不及呢。」

天行想想楊通確是這種人，看他那副諂媚的樣子心裏就噁心。周而福看他不作聲，又笑著對他說：

「我請他來完全是為你出口氣，也讓他見識見識。」

天行這才知道他這位岳父大人可不簡單。

周而福打量女婿一眼，又意味深長地說：

「對付你姑爹這種人，其實很簡單。」

「我姑爹的心機可深得很。」

「『君子喻於義，小人喻於利』。府上以君子之風對付小人，這就不行了。」

「我們是正道而行。」

「一種藥不能治百樣病，像你姑爹這種人，就是要用偏方，要他知道厲害。讀書人不能迂，一迂反為小人所制。你明不明白我的意思？」

天行點點頭。可是他更明白：知道是一回事兒，做不做得出來又是一回事兒。

「你祖父是讀書人，也是位雅人，可是他並不迂，所以他貴為戶部尚書，而且是個能臣。當時我還年輕，只是個小京官，我就獲益不少。」

天行並不知道周而福和祖父的關係，也懶得打聽。原以為他不過是一個普通官僚，現在聽他這麼一說，才知道他的歷練很深。

「你還年輕，既有功名，又留學日本，你應該可以繼承你祖父的志業？」周而福不待天行答話又繼續說。

「我倒不想像祖父一樣做官。」天行說。

周而福望了他一眼，沈吟了一下，反問他：

「那你想幹什麼呢？」

「我只想教書、讀書，自由自在。」

周而福聽了好笑，望著他說：

「古人『學而優則仕』，而你只想教書讀書，那可是一條清苦的路子。」

「我要的是自由自在，不想受任何拘束。」

「『鐘鼎山林，人各有志』，當然我不能勉強你。」周而福說：「令尊就風雅了一輩子，沒有做過官，他這一分家業當然也要人繼承，不過聽說令兄和你不大一樣？」

「家兄好動，他在日本學的又是軍事，我們兩人的路子是不大相同。」

「現在正練新軍，需要人才，他怎麼不回家來？」

「這我就不清楚了。」

周而福世故地笑笑，也不再問，隨即打發下人送他們兩人回家。

蝶仙看他們回來，就忙著服侍。天行洗過臉，換過外衣之後就回到書房休息。

蝶仙服侍新娘子時，新娘子很不好意思，她沒有大家小姐頤指氣使的派頭，反而有些忸怩。她覺得蝶仙不像個丫頭，倒像大家閨秀，比她自己尊貴多了。她羞怯地對蝶仙說：

「以後妳不必服侍我，只服侍少爺好了。」

「少奶奶，那怎麼成？」蝶仙向她笑道：「我是老夫人指定來服侍您們兩位的。」

「要妳這麼尊貴的人來服侍我，那不折煞我了？」她紅著臉說。

「少奶奶，您是主子，我是丫頭，何必這麼客氣？」

「我橫看豎看，妳也不像丫頭？」她望著蝶仙說。

「承少奶奶抬舉，像我這樣的丫頭不止一位，老夫人身邊還有梅影、璧人，再加上從前專門服侍二少爺，最近才出嫁的香君，都是和我一樣的身分，您也都見過的。」

「我總覺得妳們個個都像大家千金。」

「少奶奶，只怪當初我們都投錯了胎，沒有您這麼好的命。」

「我也不知道當初我是怎麼亂碰亂撞地投進了娘胎？」周素真茫然笑笑。

「少奶奶，大概您前世積了大德？才投了個小姐胎？我們這些人大概都是前世作踐了丫鬟，所以這一輩子輪到自己作丫鬟了。」蝶仙笑著解嘲。

「不過我看妳們倒是生活在天堂裏，從前我和祖母住在老家，還趕不上妳們呢！」

「這都是託老夫人的福，再加上少爺、小姐待人寬厚，不把我們當做丫頭，所以我們真比一般人家的閨秀還過得好。」

「聽說表小姐從小就在這兒長大的是不是？」

蝶仙看了她一眼，過後才微微點頭。

「先前少爺和我爹談起姑老爺，心裏很不滿；姑老爺向他敬酒，他也愛理不理，我反而有些過意不去。」

「怎麼？岳老爺也請了姑老爺？」蝶仙十分驚訝。

她點點頭。

「老夫人和我們老爺已經和姑老爺斷絕來往了，岳老爺請他，那不是抬舉他了？」

「爹說他的意思剛好相反，是為少爺出口悶氣。」

「這樣說來倒也有理，」蝶仙點頭笑道：「姑老爺最是勢利，給他一點兒顏色也好。」

「他不但苦了少爺，也苦了表小姐。我爹又要我湊上這一腳，我還不知道如何是好？」

「少奶奶，少爺、表小姐人都很好，您不必耽心。」蝶仙安慰她說。

「可是他們的感情比我深厚，聽說表小姐的學問好，人又聰明，我怎麼趕得上她？」

蝶仙心裏也暗自替她耽心，還有那位美子小姐她不知道，香君的情形她也不瞭解。

「當初岳老爺知不知道這種情形？」蝶仙問。

「聽爹今天的口氣，他好像都知道。」

「少奶奶，岳老爺既然知道，您就放心好了。」

「嫁雞隨雞，嫁狗隨狗，我不放心又怎麼辦？」她一臉苦笑。

蝶仙也無話可說，她找了一個藉口到天行這邊來，她看天行坐在書房裏兀自發楞，不知道他心裏想些什麼？她突然想起那天拜堂前悄悄塞給他的那封信，故意輕輕問他：

「二少爺，那天我塞給您的信您看了沒有？」

「看過。」他點點頭。

「信上說些什麼？」她笑著問他。

「妳自己看好了。」他隨手把夾在書裏的那封信交給她。

「我能看嗎？」她拿著信怔怔地望著他。

「不告訴她就行了。」他用手指指隔壁說。

「二少爺，只怕紙包不住火，她遲早是會知道的。」

「到時候再說，這也不能怪我。」

蝶仙仔細地看美子的信，一字一句都不放過，不明白的地方又隨時問他，看完之後立刻把信交還他，輕輕歎口氣，搖搖頭笑說：

「二少爺，我真不知道您是什麼命？偏偏遇上這些多情多義的美人，又偏偏不能成親！」

「和我成親的偏偏又是一根不通氣的旱菸桿兒！」他自嘲地苦笑，笑得比哭還悽涼悲苦。

第四十七章 長崎路上斑斑淚 江戶窗前首首詩

天行寫了一封長信向加藤報告回國後的情形，除了感謝他的愛護照顧之外，信中還有這樣一段話：

當初東渡，原已意懶心灰，詎料甫抵江戶，即遇伊人。僕本恨人，故遲遲未敢造次，無奈芳心誤託，造化弄人，情劫重重，更見憾事。皇天負我，我負伊人，耿耿此心，無時或已；悠悠歲月，情何以堪？

另外他還覆了美子一封長信，說明自己的心情。勸她忘記他，擇人而嫁，以免耽誤青春。

一個月後，他接到加藤的信：

天行賢棣如晤：

華翰拜讀，敬悉一是。

令尊與許夫人手書早經言明種切，賢棣身不由己，愛情與孝道實難兩全，且　貴我兩國關係，尤亂人意。令祖之顧慮不無道理，此實為汝與美子悲劇之主因。我國維新之後，突飛猛晉，軍權高張，為禍為福，未可逆料，而　貴國甲午、庚子大敗，國勢日弱，內憂未已，外患方殷，令祖垂暮之年，遭此憂患，其心情可知。

汝與令表妹既肇悲劇於先，與美子又勞燕分飛於後，無不種因於此，否則汝亦不致東渡江戶，更添一頁傷心史也。如汝為日人，或美子為唐人，當已早締良緣，共效于飛之樂，余更額手稱慶矣！美子不惟人比花嬌，更兼具　貴我兩國女性美德，愛情至上，無怨無尤。余自歎伯道無兒，更視如己出，自當照拂，毋勞錦注。順頌

潭吉

加藤中人手啟

天行讀過加藤這封信後，十分感激。他曾經說過：「生我者父母，知我者雲姑。」現在他覺得應該加上加藤中人。

他帶著這封信到金谷園來，拿給古美雲看，古美雲看過之後也感慨地說：

「加藤不但是日本的漢學家，簡直是你祖父一流的中國讀書人！」

「如果日本人都像他這樣，我們兩國之間永遠都不會有戰爭。」天行說：「我和美子也不會有這種悲劇。」

「人心不同，各如其面，這是不可能的。不但加藤這樣的日本男人不多，美子那樣的日本女人也少，我們中國人也不個個都是好的，像你姑爹……」

「天生萬物，良莠不齊，人與人之間的差異實在太大了！」

「你怎麼會突然有這種感覺？」古美雲笑問。

「雲姑，不瞞您說，我發覺周素真比起文珍、香君、美子她們來，實在差得太遠了！」

「她也是大家閨秀，那怎麼會呢？」古美雲歪著頭望著他說。

「雲姑，我也奇怪！她那樣的父親怎麼會生出她這樣的女兒來？」

「是不是書讀少了？」

「書讀少了倒沒有太大的關係，那種天生的淺薄、幼稚、庸俗、小家子氣，我實在受不了！」

「你可以教導她呀！」

「當初我也這麼想，但是鴨子趕不上架，神仙也沒有辦法。」

「我看她人很好嘛？」

「人是不壞，就是心兒沒有開竅。」

「你是『曾經滄海難為水，除卻巫山不是雲』的。」古美雲向他笑笑：「是不是你的標準太高？」

「完全不是。」他用力搖頭：「她要是有文珍、香君、美子一小半兒的聰明智慧，我也就心滿意足了。」

「這真沒有想到，」古美雲也搖頭笑說：「乾娘選了那麼多聰明漂亮的丫頭，怎麼會選上這麼個孫媳婦兒？是不是她看走了眼？」

「表面看來倒也像一朵花兒，其實是紙紮的。我看婆婆是急著要我成親，為了門當戶對，不在姑爹面前丟人；再不就是人老了、病了，眼也花了，沒有看準？」

「我倒要問你，加藤的信你給乾娘看了沒有！」

「雲姑，除了我以外，您是第一位看到這封信的人。」

「你可以給乾娘瞧瞧。」

「我和美子的事兒我一直不敢對她講。」

「現在事過境遷，給乾娘知道了也沒有什麼關係。」

「蝶仙姐是知道的，不知道她講了沒有？」

「我猜現在大概只有兩個人不知道？」

「那兩個？」

「一是乾娘，二是你那位少奶奶。」

「她渾渾噩噩，八成兒不知道。祖母卻很難講。」

「乾娘現在身體怎樣？」

「現在好多了。」

「你的犧牲也有代價。」她拍拍他說：「我同你一道回去看看她。」

她隨即吩咐金大娘，小玉、小貴兒，小心照顧金谷園，她便和天行一道過來。

湊巧文珍也來探望老夫人，她是天行一離開家門就來了的，她看過老夫人之後就和蝶仙在天行書房裏聊天。古美雲和她打了個招呼，先到老夫人那邊看看，天行回到自己的書房，周素真回了娘家。

文珍看他和古美雲一道回來，知道他是去了金谷園，不禁對他笑說：

「二表哥，你現在是成了親的人了，金谷園那邊還是少去的好，免得二表嫂多心。」

「平生不做虧心事，半夜敲門心不驚，我怕她多個什麼心？」他坦然回答。「何況雲姑又不是外人？」

「你的話是不錯，萬一傳到您岳老爺的耳朵裏，恐怕難免是非？」

「她父親倒不是個不通氣兒的人，不像她是隻趕不上架的鴨子。」

文珍微微一怔，望望蝶仙，蝶仙笑說：

「我們二少爺大概是在外面灌了西北風回來，氣兒不順？」

「外面無風無沙，我何曾氣兒不順？」他望著蝶仙說。

「您不是氣兒不順，怎麼對著我們說氣話兒？」蝶仙反問他。

「蝶仙姐，我說的不是氣話兒，是良心話。」

「您到雲姨那兒有什麼事兒？」文珍問他。

「我拿封信給她瞧瞧。」

「是不是美子小姐來的？」蝶仙連忙問。

他搖搖頭，隨後才說：

「是加藤老師來的。」

「既是加藤先生的信，我可不可以看看？」文珍笑問。

「當然可以。」他從口袋裏掏出那封信遞給她。

文珍迅速地看完這封信，隨手轉給蝶仙說：

「想不到加藤先生真是一位長者，一位解人？只可惜我無緣認識那位美子小姐！」

他隨即從一本書裏取出美子的那封信遞給她，她看著看著不禁流下淚來。

「怎麼妳也看《三國》落眼淚？」他故意打趣。

「我真替您高興，您到日本後居然遇到這樣一位紅粉知己！」她抹抹眼淚說：「她比我強多了。」

「妳們兩位倒是惺惺相惜！」他自嘲地一笑：「可惜我福薄如紙。」

「二表嫂知不知道您這檔事兒？」文珍問。

「她什麼也不知道。」他搖搖頭。

「不知道也好，免得她煩心。」文珍說：「我看以後我都不宜多來。」

「妳怕什麼？那有個外孫女兒不來外婆家的道理？何況香君說過，我們心如日月；美子也說過：『愛情歸愛情，婚姻歸婚姻。』我們的犧牲還不夠大？誰也沒有權利阻止妳來！」

天行的聲音愈說愈大，文珍驚得目瞪口呆，蝶仙連忙按著他輕輕地說：

「我的二少爺！您怎麼火起來了？您可千萬別驚動了老夫人！」

「要不是為了她這塊老天牌，我才不閉著眼睛成這門親，我早回日本去了。」

「我的二少爺，您真是愈說愈離譜兒了。」

「蝶仙姐，我一肚子的火，憋了這幾年，妳又不是不知道？我怎麼離譜兒了？」他睜大眼睛反問她：「我要是哥哥，我老早回日本了！」

「我的二少爺，您要是一走，我就活不成了！」蝶仙急出了眼淚。

文珍也在暗自飲泣。天行看她們這種樣子，重重歎了一口氣，也不禁掉下兩滴清淚。

「我們知道您心裏的委屈，」文珍抹抹眼淚說：「可是事情已經到了這種地步，再也回不了頭了。」

古美雲悄悄走了過來，看他們這種情形，也不免微微一怔，過後又對天行說：

「我已經向乾娘提過了，加藤先生的信呢？我拿給她瞧瞧。」

蝶仙連忙把加藤的信遞給古美雲，天行又從文珍手裏拿過美子那封信，交給古美雲說：

「雲姑，這封信您也不妨給婆婆瞧瞧。」

古美雲接過美子那封信，沒有問是誰寫的，一看開頭就一口氣看了下去，看完之後望了天行半天才說：

「我真沒有想到，美子小姐不但貌美如花，又這樣多情多義，聰明豁達？」

「雲姨，您看過她？」文珍連忙問。

「我沒有看過她本人，只看過他們兩人的照片。」古美雲指指天行說。

「我也看過他們兩人的照片。」蝶仙說。

「可不可以給我看看？」文珍問天行。

天行從皮篋裏取出照片來交給她。她看了一眼又打量蝶仙說：

「蝶仙姐，我看她倒有幾分像妳呢？」

「我是丫頭，人家是千金小姐，她是日本人，我是中國人，八竿子也打不到，那怎麼扯的上呢！」蝶仙不禁好笑。

「雖然是兩個人，那神氣兒到有幾分相似。」古美雲說：「乾脆，讓我一起拿給乾娘瞧瞧好了。」

說著她就從文珍手裏拿過那張照片，風擺柳地走到老太太那邊去了。

「二表哥，美子既然是這麼好的姑娘，你們的關係又非比尋常，這次回來時您怎麼不先向外婆說明呢？」文珍說。

「婆婆正在病中，不但不能退婚，爹還要我沖喜，雲姑勸我不要惹婆婆生氣，怕我造成終身憾事，我怎麼能講？」

「像美子這樣的姑娘，就是在北京恐怕打著燈籠火把也不容易找到。」文珍說。

「我的表小姐，妳好像很同情她似的？」蝶仙向她一笑。

「我不但同情她，我實在很佩服她。」文珍說：「我就沒有她那種勇氣。」

「可惜她不在北京，不然妳們倒可以成為知己了。」蝶仙笑著說。

「海內存知己，天涯若比鄰。」文珍說。

「我的表小姐，妳出口成章，妳這可是對牛彈琴啦！」蝶仙望著她笑：「我可沒有喝妳們兩位那麼多的墨水兒。」

璧人突然走了過來，恭恭敬敬地對天行說：

「二少爺，老夫人請您過去。」

天行望了文珍、蝶仙一眼，她們兩人先起身，陪著他一道到老太太這邊來。

老太太一看見天行，就憐愛地笑著對他說：

「乖孫兒，婆婆委屈你了！」

天行心裏本來悶了很久，老太太這麼一說，他反而覺得有些內疚，後悔不該讓她知道。

「婆婆，這也不能怪您，只怪我沒有福氣。」他黯然地說。

「美子是個好姑娘，可是東交民巷的鬼子兵愈來愈猖狂。加藤的話沒有錯，如果她是中國人，或者你是日本人，就不會有今天這種結果。因為我們風雨飄搖，不然你和文珍的事兒也不會使我們祖孫三代受這麼大的窩囊氣了。」

「乾娘，只怪我多事。」古美雲連忙打岔。「過去的事兒就不必再提了。」

「不過美子姑娘的情形不同，他們兩人雖無夫妻之名，卻有夫妻之實，我們不能虧待人家。」老太太說。

「三哥不是已經匯了錢去嗎？」古美雲說。

「我想只要她一天沒有出嫁，我們就要負責一天。」老太太說。

「這樣也好，天行也可以安心一些。」古美雲說：「乾娘，這件事兒要不要讓少奶奶知道？」

「我看不一定要告訴她，」老太太說：「日後萬一知道，我向她解釋一下就行了。事情已經過去，不會再起什麼風波。」

老太太把信和照片統統交還天行，還叮囑他說：

「這些東西你要好好保存，一夜夫妻百夜恩，不要忘記人家。加藤是你祖父的故交，要時常去信請安，才是做人的道理。」

天行唯唯而退，他走後老太太又對蝶仙說：

「天行受了很多委屈，心情一定不好，妳要好好地侍候。」

「老夫人，您交代的事兒，我豈敢大意？」蝶仙笑著說。

「他和少奶奶的情形怎樣？」老太太問。

「老夫人，您教我怎麼說好？」蝶仙向老太太苦笑。她不敢直說。

「妳直說無妨。」

「老夫人，我覺得二少爺和少奶奶搭不上調兒，他們好像是一個牛頭，一個馬嘴，我在旁邊也拉不上縴。」

「素真那孩子看起來不算笨，他們到底是那根筋不對勁？」老太太也丈二金剛，摸不著頭腦。

「少奶奶是個老實人，沒有什麼心眼兒，好像也沒有見過多大的世面，她的人就像一張白紙；偏偏我們這位二少爺，書讀得多，又見多識廣，更是個文人雅士，他需要的是能夠談談心的紅粉知己，不是一隻花瓶，也不是一位給他鋪床疊被、生兒育女的床頭人。」

蝶仙一流水地說下來，古美雲也想起天行向她說的那些話，兩相對照，覺得蝶仙真是一位解人，一下子就搔著癢處，不禁嗤的一笑。

「妳笑什麼？」老太太問她。

「乾娘，我真佩服蝶仙的眼力和口才，現在您該明白了吧？」

「當初我真沒有想到。」老太太搖搖頭說。「天行這孩子也真是的，夫妻就是夫妻，世間那有幾個紅粉知己？」

「老夫人，話可不能這麼說，」蝶仙笑著插嘴：「二少爺自己看上的可都是紅粉知己，雲姑奶奶，您說是不是？」

「我也說過他是曾經滄海難為水，除卻巫山不是雲的。」古美雲笑道：「可是他不承認，他說只要少奶奶有文珍、香君、美子一小半兒的聰明智慧，他就心滿意足了。他還說她的心眼兒沒有開竅，鴨兒趕不上架呢！」

老太太聽了又好氣又好笑，蝶仙笑了起來，又笑又說：

「老夫人，他對我也是這麼說的，表小姐也親耳聽見。」

老太太望了文珍一眼，歎了一口氣說：

「想不到他變得這麼挑剔？這真教我為難了！」

「乾娘，您不知道，天行是一向如此，不是現在才變的。」古美雲說：「當文珍的事兒發生以後，他在我那兒住了三天，他去日本之前，我們又談了很多，如其說他要一個同床共被的妻子，不如說他要一個情投意合的終身好朋友。」

「這就古怪了？」老太太沈吟起來。

「外婆，其實一點兒也不古怪，」文珍說：「二表哥不是一般俗人，他心裏寂寞得很，他是需要一個真正瞭解他，能夠陪他共度一生的人。」

「文珍說得不錯，」古美雲點點頭：「金谷園那麼多如花似玉的美人，他連正眼兒也不瞧一下。他欣賞的是蕙質蘭心的女人，最討厭庸俗、淺薄、幼稚的女人，不管她生得怎樣漂亮？」

「雲姑奶奶說得對，二少爺就是這樣的人。」蝶仙說。

老太太望望她們，過了一會才說：

「照妳們這樣說，這件事兒我是做錯了？」

「乾娘，天行的婚事真是一著錯，滿盤輸。當初文珍如果不出岔兒，也就不會有這些憾事了！」

「天意！莫非這是天意？」老太太說。

「乾娘，這不是天意。」古美雲搖頭笑笑，望望文珍，沒有再說下去。

「美雲，妳說我該怎麼辦？」老太太望著古美雲說。

「乾娘，您的病剛好，不必再為這些事兒操心。好在天行還看得起我，和我還談得來，我會慢慢勸他。」古美雲一面說一面望著老太太：「不過有一件事兒您得答應我？」

「什麼事兒？」老太太也望著古美雲的臉上問。

「妳不能阻止他去金谷園？」

「妳那種地方他怎麼能常常去？」老太太兩眉一皺：「尤其是現在他已經成親，傳出去了可不大好聽。」

「乾娘，這總比把他關在家裏抽大菸好？您想想看，他總該有一條生路？不能把他逼進死胡同。不然我真怕他這樣長久下去會悶出大病來！」

老太太聽古美雲這麼一說便不自覺地點點頭，她知道憂能傷人，她的病也是這麼引起的，她更怕孫兒悶壞了身體。

古美雲看老太太不自覺地點頭，又頂上一句：

「乾娘，您是不阻止了？」

「那我就把他交給妳好了，以後要是出了什麼紕漏，我就唯妳是問？」老太太似笑非笑半假半真地說。

「乾娘，佛說我不入地獄誰入地獄？」古美雲向老太太笑說：「為了您們祖孫兩人，就是一座刀山我也得上。」

「這真難為雲姑奶奶了！」蝶仙說。

「反正上凌煙閣的事兒沒有我的分，上刀山、下油鍋，可少不了我了！」古美雲望望蝶仙說：「蝶仙，日後乾娘要是雞蛋裏挑骨頭，妳可得替我申冤啦！」

蝶仙和文珍被她說得一笑，老太太卻盯著她說。

「總而言之一句話：妳可不能把他帶壞了！」

「乾娘，這您又太不瞭解天行了！他是真君子，不是假道學，他年紀輕輕，可很有定力，豈是我能帶壞的？」

「妳不要把他捧得太高，他血氣方剛，說不定會做出糊塗事來？」老太太說。

「乾娘，我也不必給您開保單，不過我相信我看他看得比您清楚。」

龍從雲高興地從外面回來，手上拿了兩封信，一進門就揚起手上一封信對老太太說。

「娘，天放有信回來。」

大家精神為之一振，龍從雲又接著說：

「不過他說生意做得並不順手，失敗了幾次，現在正在東京籌集資本，準備東山再起，他倒是很有信心。」

他隨即把另一封信交給蝶仙說：

「這是二少爺的信，妳交給他。」

蝶仙一看是美子來的信，連忙跑了過去。

龍從雲把天放的信交給老太太，老太太一路看下去，看到後面又喜又驚，忽然自言自語起來：

「美子姑娘有了，這如何是好呢？」

古美雲連忙把信拿過來看，前面的話和龍從雲說的意思完全一樣，後面有一段這樣說：

此次重來東京，特別造訪加藤生先，始知天行已回國成親。美子小姐私語我謂，已有身孕，伊無怨無尤，誠為一不可多見之女流，不知大人與天行如何善後？兒不久即回國東山再起，團圓之日當在不遠也。

古美雲看完信又交給老太太，雙手一拱說：

「恭喜乾娘！賀喜乾娘！您今兒個真是雙喜臨門。」

「妳別和我窮開心。」老太太笑著罵她：「天放有了消息我自然高興，只是美子姑娘肚子裏的這一塊肉，我真不知道怎樣是好呢？」

「娘，您不是早想見曾孫嗎？這豈不是一件好事兒？」龍從雲笑著說：「您老人家不必操心，兒子自會處理。」

「我實在再也沒有這個精神，這就要看你的神通了！」老太太望著兒子說。「總之，這件事兒你要給我辦得四平八穩我才放心。」

「娘，美雲是我現成的軍師，您大可放心。」龍從雲望望古美雲笑說。

「二哥，你又來拉我當這個差？天放的事兒乾娘還一直怪我呢！」古美雲望望他們母子兩人說：「萬一這件事兒給我弄砸了，乾娘準不會讓我進門啦！」

「這可是妳說的？」老太太向她笑道：「解鈴還需繫鈴人，當初天行去日本，妳也有份。」

「二哥，您看？好事兒沒有我的份，出了紕漏就怪到我頭上來了！您看這公不公平？」古美雲裝作一臉委屈，苦笑地望著龍從雲。

「美雲，公道自在人心。」龍從雲向她一笑：「沒有妳我就沒有主意，公不公平我心裏明白得很。」

大家都輕鬆地一笑。文珍已悄悄溜到天行這邊來。

美子的信天行和蝶仙已經看過，正放在桌上，兩人相對無語。文珍不知道美子信裏寫些什麼？她望望桌上的信笑問天行：

「二表哥，我可不可以看看？」

「我沒有什麼事兒要瞞著妳的，妳看好了，或許妳還能給我一點兒主意？」天行立刻把信遞給她。

美子的信是這樣的：

天行夫君：

長信收到。我先報告你一個消息！我有了你的骨肉了。而且我已當面告訴令兄，他正在東京忙他的事兒。如果我日後生女，我會取名為川端龍女；如果生男，我會取名為川端龍子。表示這是你我的骨肉，我想你該不會反對？

你勸我擇人而嫁，我真又好氣又好笑。如果我沒有你的骨肉，或許我會考慮？但是一有了你的骨肉，我的想法就完全不同了。我不能讓你的骨肉受人歧視，你該知道一個沒有父親的異國孤兒的遭遇？我身為母親，自然要全心全力保護他。我寧可犧牲自己，也不能讓自己的骨肉受到任何傷害。我們女人和你們男人不同，女人只有一次真愛，尤其是我們日本女人，如同男人的奴隸，男人可以亂愛，女人無異於男人的玩物，我又何必作踐自己？我愛你使我覺得我始終沒有喪失女人的自尊，雖然我無福成為你的妻子，但我真正愛過一次，我也就不虛此生了。

現在我無法分享你的愛，我也不想奪人之愛，希望你生活幸福。今後我的責任是平安生下我們的骨肉，小心照顧，這也是我的精神寄託。你給我留下了孩子，我更要活下去。

美子於東京

又，日前成詩一首，自忖不如令表妹才華遠甚，故未寄出。此乃寄情紀事之作，故不計工拙，附錄如後，以傳心聲：

山中湖畔證前緣，藕斷心連尚有絲；
漢學如今成絕響，武人當道費猜疑。
長崎路上斑斑淚，江戶窗前首首詩；
哭到櫻花零落盡，相思深處夜遲遲。

文珍看完詩信，半天沒有作聲。蝶仙對她說：

「表小姐，原先我對日本女人的印象並不太好，以為她們不重貞操。我真沒有想到，日本會有美子小姐這樣貞潔的才女？」

「蝶仙姐，任何事兒都不能一概而論，」文珍說：「看了美子小姐的詩、信，我更佩服她的才氣和人品。」

「她的詩，她的信，使我內疚更深。」天行說：「我不能逃避責任，我真想再去日本。」

「難，難，難！」蝶仙一連說出三個難字。

「我看你再去日本是不可能的了。」文珍也說：「我覺得你以後倒可以託大表哥去日本時就便照顧她，我猜大表哥對她的印象也很好？」

「如果照哥哥的意思，我們早就正式成了親，她也早生孩子了。」天行說。

「如果您在感情的事兒上也像大少爺那樣快刀斬亂麻，也就不會有今天這些苦惱。」蝶仙說。

「蝶仙姐，我怎麼死得了這條心？」天行痛苦地說。

文珍瞭解他的意思，心中暗自泣血，卻故意打岔：

「哦，對了，大表哥到底做什麼生意？我還沒有弄明白？你該清楚？」

「他那是做生意的人？還不是玩命兒！」天行說。

文珍一怔，蝶仙機警地輕輕地說：

「二少爺，您這話兒可不能讓老夫人知道！」

「我不會那麼傻，」天行笑道：「反正您們兩位是不會說的。」

「那大表哥是在外面革命了？」文珍說。

「妳怎麼知道這個新詞兒？」

「爹可耳朵長得很，他還知道是那些人？」文珍說：「想必大表哥是和孫先生他們一塊了？」

「只可意會，不可言傳。」天行說。

古美雲走了過來，望著天行笑說：

「天行，恭喜你快做父親了！」

「雲姑，您怎麼知道？」

「你哥哥剛來了信，他提到美子的事兒。」

「雲姑，想不到我給美子丟下了一個爛攤子？我真慚愧得很！」

「這你放心，乾娘讓你父親和我來處理這檔事兒，我會小心謹慎。」

他聽她這麼說，大為放心。這檔事兒既然通了天，他和古美雲又可以無話不說，這對美子會有不少方便。他連忙站起來向她一揖：

「雲姑，這就拜託您了。」

「你不必客氣了。」古美雲向他搖頭擺手一笑：「誰教我是你的雲姑呢？乾娘說過，你去日本我也有份，她還會放過我嗎？」

他們三人都被她說得一笑。隨後璧人又送來天放的信給天行看。

他看了天放的信，發現哥哥從來沒有讚賞一個女人，獨對美子另眼相看。他想起哥哥早就要他面對事實，忘記過去，接受美子的感情，他就是忘記不了文珍，也希望有機會成全香君，再加上祖母臨別的那一番話，使他對日本存有太多的戒心，以免造成悲劇。直到香君許配了石獃子，他才完全絕望，而且深受刺激。山中湖之行原為一遣愁懷，美子卻一言道破他的弱點，毅然以身相許，他這才完全接受她的感情。想不到還是造成了悲劇？哥哥信中說她：「無怨無尤，誠為一不可多見之女流。」使他又喜又悲。她真是柔情如水，剛氣內斂。文珍「藍田種玉，恨非其人」。而美子卻因為有了他的骨肉，更增加了他生存的勇氣和決心。他又拿出她的信重讀一遍，她能寫出這種律詩，也使他喜出望外，他認為她具有天生的詩人氣質，一落筆就是詩人吐屬，且又哀而不傷。「長崎路上斑斑淚，江戶窗前首首詩；哭到櫻花零落盡，相思深處夜遲遲。」這四句詩更使他低迴不已。他覺得她的詩不在加藤之下，一股女性的靈氣尤有過之。他教她唐詩三年，工夫沒有白費。

古美雲看他那副樣子，也笑著拿過美子的信來看，看完之後她又笑著還給天行說：

「難怪你這麼神魂顛倒，原來美子還能寫出這麼好的漢詩？」

「雲姑，當初我也沒有想到。她很佩服文珍的詩才，想不到她們兩位是一時瑜亮。」

「我不會作詩，這我倒要請教文珍了。」古美雲望望文珍說。

「雲姨，從美子小姐的詩看來，她更是個性情中人，我最喜歡『長崎路上斑斑淚，江戶窗前首首詩；哭到櫻花零落盡，相思深處夜遲遲』這四句，真是才女吐屬，風流蘊藉，哀而不傷。」

天行暗自叫絕，文珍的看法竟和他不謀而合！

「文珍，我很奇怪，妳對美子小姐怎麼沒有一點兒妒意？」古美雲望著她笑說。

「雲姨，知音難得！所以古人說得一知己，死而無憾。二表哥在日本三年，得到這樣一位紅粉知己，也就不虛此生了！我高興都來不及，還妒什麼？我倒真想和她結個手帕交呢！」

「妳們到底是讀書人，我就想不到這上面來。」蝶仙望著文珍笑笑。

這時周素真突然回來，蝶仙連忙替天行把美子的信收起，大家都不作聲。古美雲轉身向外，向她打了一個招呼，她笑著望望大家，渾然無覺。